中國近世文學思潮

主編　劉增傑

撰　稿

劉增傑　關愛和　李慈健

袁凱聲　趙福生

文史哲學集成

文史哲出版社印行

國家圖書館出版品預行編目資料

中國近世文學思潮 ／ 劉增傑等撰稿. -- 初版.
-- 臺北市：文史哲，民 86
　　面 ；　　公分. --（文史哲學集成 ；378）
ISBN 957-549-058-4 (平裝)

1. 中國文學 - 歷史 - 近代（1600-　　）

820.907　　　　　　　　　　　　86001069

文史哲學集成 ⑱

中國近世文學思潮

主　　編：劉	增	傑
著　　者：劉增傑	關愛和	李慈健
袁凱聲	趙福生	

出　版　者：文　史　哲　出　版　社
登記證字號：行政院新聞局局版臺業字五三三七號
發　行　人：彭　　　正　　　雄
發　行　所：文　史　哲　出　版　社
印　刷　者：文　史　哲　出　版　社
　　　臺北市羅斯福路一段七十二巷四號
　　　郵撥〇五一二八八一二　彭正雄帳戶
　　　電話：（〇二）三五一一〇二八

定價新臺幣 四六〇元

中 華 民 國 八 十 六 年 二 月 初 版

中國近世文學思潮

目　錄

思潮絮語（代序）

流出全部的自我──流線型汽車和獨輪小車──
我中有你，你中有我──三次反思：世紀性的
輝煌──大河──破除心理惰性──力戒苛求

　　去年夏天，我和幾位青年朋友撰寫的一部思潮史著作①出版
的時候，我曾經寫了洋洋萬言的長序：《文學的潮汐》。該文縱
論近二百年文學思潮發展的總體特徵、階段特徵等等，試圖尋找
思潮發展的基本線索和規律。應該說，我當時的態度是極爲認眞
的。

　　可是，書出版不久，我就開始對這篇文章感到不安。文學發
展的無序性，規律的內在性、隱蔽性，使所謂規律的尋找並非易
事。何況，當代生活、當代文學還和我們是如此靠近，以至文學
和感情都還來不及必要的沉澱和汰選。在近距離中寫思潮史，不
僅直接受著執筆者個人感情的左右，而且也受著生活中各種現實
力量有意無意的干擾。文學本身是一團亂麻，在一般情況下，理
出頭緒來，需要後人的冷靜與超脫。這樣說來，《文學的潮汐》
一文中的所謂規律云云，是靠不住的，它充其量只不過歸納了我
當時的一些感受。

　　所以，當想起來要爲本書作序的時候，我決計不再寫板起面
孔的大塊文章，而只想老老實實地把自己思考過的幾個具體問題，
以短文的形式，寫出來與讀者交換看法。短文的風格不追求一致。

有話就說，無話打住；有的也許較長，有些則類似煉語。這種任意爲之的寫法，頗像北方農村牛屋裏冬夜的閒聊：在牛糞氣夾雜著燃燒穀糠的煙霧中，人們相互敘說著散漫無章的故事。

流出全部的自我

激情澎湃的郭沫若，在談到中國新文學運動的發展態勢時，說過一段很有氣勢的話：

> 黃河揚子江系是自然暗示跟我們的兩篇偉大的傑作。承受天來的雨露，攝取地下的流泉，融化一切外來之物於自我之中，使爲自我之血液，滾滾而流，流出全部的自我。有崖石的抵抗則破壞！有不合理的堤防則破壞！提起全部的血力，提起全部的精神，向永恆的平和之海滔滔流進！
>
> ——黃河揚子江一樣的文學！（《我們的文學新運動》）

這段話，用來概括20世紀中國現代文學思潮發展的特徵，頗有幾分肖似。

不是麼？中國現代文學思潮，既承繼了中國傳統文學的美質，又汲取著（即使有時是生吞活剝地汲取著）世界文學新潮的甘泉，「融化一切外來之物於自我之中」，曲折而又艱難地向前滾滾而流，希冀「流出全部的自我」。中國文學思潮的發展，正有著母親河——黃河揚子江的氣勢和風韻。

「流出全部的自我」，這可以看作是對中國文學思潮發展的至高要求。經過千回百轉，中國文學之潮，將會創造出具有現代意識、民族個性的文學，創造出無愧於黃河揚子江的文學！

這滾滾向前的流動之河，滔滔奔湧，勢不可擋。郭沫若在這篇文章中還呼喚：「我們要如暴風一樣喚號，我們要如火山一樣

爆發，要把一切的腐敗的存在掃蕩盡，燒葬盡，迸射出全部的靈魂，提呈出全部的生命。」這些話，同樣顯示出了年輕詩人建構新文學的信心和勇氣。郭沫若的這種上承雨露，下攝流泉，融合新機，發展自我的青春之氣，洋溢於字裏行間，表達了五四時期昂揚向上的時代精神。

「流出全部的自我」，這是中國現代文學思潮發展的一個漫長的過程。前面的路也許還會有新的險阻。但我們相信：中國文學之潮，將會隨著時間的推移，在即將到來的新世紀，日益接近自己的目的地。

流線型汽車和獨輪小車

在談到中國現代文學思潮發展的特點時，黃藥眠說的如下一段話，頗爲耐人尋味：

> 在中國文壇上我們可以看見許多由外國帶回的近代國家裏的最時髦的流派，如未來主義、象徵主義、唯美主義，但同時也能看見大鼓詞、說書、唱詞、小調京戲，那些比較適合於落後民眾趣味的文學。這兩種文學，正如1939年的最新式的流線型的汽車和中世紀的獨輪小車同時在南京路上走一樣，它們是同時並存著，而且各有各的讀者群眾，很少有相互的交涉。

（《抗戰文藝的任務和方向》）

黃藥眠用「最新式的流線型汽車」和「中世紀的獨輪小車」的「同時並存」這一生動的比喻，來概括中國現代文學思潮的發展特徵，的確是很有見地的。即以40年代文學爲例，不同地域的文學，其面貌就有著極大的差別：解放區有工農兵文學；淪陷區則既有爲侵略者張目的漢奸文學，也有或隱或現表露某些反抗內

容的救亡文學；上海孤島是一個多樣的文學世界；大後方更呈現了文學的多種思想色彩和藝術格調。不僅不同地域的文學「同時並存」，同一地區的各種文學思潮也往往相互依存，相互對立，共生共長。

　　承認這種「同時並存」，對文學研究者來說，就是要打開研究的視野，以開放的眼光來看待文學思潮。不能把眼睛僅僅盯著少數文學現象，而對多數文學現象則視而不見，或對自己不熟悉、不感興趣的文學派別，簡單地罵幾句「反動」，一帶而過；承認「同時並存」，就要克服獨樹一尊的小家子氣，在文學上對各種文學思潮，善於做細緻的具體分析。魯迅在《答徐懋庸並關於抗日統一戰線的問題》一文中，談到建立文藝界抗日聯合戰線時說，「我以為文藝家在抗日問題上的聯合是無條件的，只要他不是漢奸，願意或贊成抗日，則不論叫哥哥妹妹，之乎者也，或鴛鴦蝴蝶都無妨。」在這裏，魯迅從文學思潮的角度，至少舉出了三種類型的文學，要求人們承認它們的存在，並作為聯合的友軍，共同發展抗日文學事業。

　　「承認並存」，主要講的是研究者的胸懷。要求研究者從褊狹的、既定的思維模式中解放出來。至於對每一種文學現象具體的價值判斷，當然要通過深入的研究工作才能解決。就這一點來說，黃藥眠把大鼓詞等簡單地說成是「適合於落後民眾趣味的文學」，也同樣是值得商榷的。

我中有你，你中有我

溝灣裏膠泥黃又多，
挖塊膠泥捏咱兩個；

捏一個你來捏一個我，
捏的就像活人脱。

摔碎了泥人再重和，
再捏一個你來再捏一個我；

哥哥身上有妹妹，
妹妹身上也有哥哥。

這段情詩，寫的是作品的男女主人公眞摯的愛情。他們是那樣的親密無間，聖潔純眞的恩愛之情令人感動。

不過，我在這裏卻想起了文學思潮發展中的相互影響，相互滲透，乃至相互交叉、融合問題。40年代文學思潮的發展，就呈現了這種奇異的文學景觀。當時，現實主義文學思潮雖然雄踞盟主地位，然而，現實主義文學中卻融入了浪漫主義的成分；而一些現代主義意味頗濃的作品，也有著現實主義詩藝的滲入。就文學流派看，這種你中有我、我中有你的現象更爲明顯。例如，1948年活躍於上海詩壇的中國詩歌派（有人稱爲「九葉派」），就是融西方現代派詩藝，中國古典詩歌的技法，以及現實主義的某些因素於一爐，三位一體，形成的一個詩歌流派。錢鍾書的《圍城》，也很難簡單的用什麼什麼主義可以對號入座的。再以40年代出現的五大創作潮流而言，工農兵文學思潮，反思文學潮，歷史劇創作潮，諷刺與暴露文學創作潮，以及七月派文學，它們之間雖有著不同的表現形態，但相互影響和紐結也是相當突出的。

看到同一時期各種創作潮流的相互接近，乃至發現它們之間存在著的某種互補關係，在文藝批評上，就有可能避免用既定的

尺子去硬套作品，避免把豐富的文學現象，生拉硬扯地讓它們歸屬於某某主義。還是先有作品，後有尺子；先有思潮，後有「主義」，我們不反對在文學思潮研究中現實主義、浪漫主義、現代主義等等名稱的科學使用，但是我們反對「主義」的濫用。頭腦中有了你中有我、我中有你觀念，才會看到文學思潮發展中的多種表現形態，比較全面的認識這個相互依存的文學世界。

三次反思：世紀性的輝煌

五四時期是反思文學浪潮第一次奔湧突進的年代：

當魯迅在《狂人日記》中發出了「從來如此，便對麼？」的吶喊；

當胡適在《建設的文學革命論》中斷言：「這兩千年的文人所做的文學、都是死的，都是用已經死了的語言文字做的，死文字決不能產生活文學。……中國若想有活文學，必須用白話，必須用國語，必須做國語的文學」；

當茅盾發問：「我們中華的國民文學爲什麼至今未確立，我們中華的文學爲什麼不能發達的和西洋諸國一樣？」②

當成仿吾探詢：「是數千年以來以文章自負的國民，也入了循環的衰頹的時代了？還是數千年來的宏富的文章終於不過是一些文字遊戲？」

這些共同的聲音表明：一個反思文學的時代已經到來。五四時期的民族反思，總體上說，包括政治性反思、文化性反思、自審性反思等內容，文學反思是民族反思的重要組成部分。在當時創作的大量作品中，對於傳統文化觀念的批判，對於重建民族文化結構的思考，都達到了前所未有的歷史深度。不同文學流派的反思，具有各自的藝術個性：創造社對個性解放思想的張揚，爲

藝術而藝術主張的提倡，實際上是對傳統的「文以載道」思想針鋒相對的挑戰；主張為人生而文學的文學研究會，其反思則往往體現在對於不合理人生的譴責，強調應該發揮文學對社會的積極作用。魯迅的作品，以及問題小說、鄉土文學中的精品，都是這次反思文學浪潮的重要成果。

第二次反思文學浪潮發生在抗日戰爭中期和後期。隨著抗日戰場上軍事的失利，政治的日趨腐敗，作家的心態由抗戰初期的熱烈與興奮，轉為沉穩與沮喪，反思文學悄然興起。許多作家開始探尋民族活力萎縮、社會制度黑暗、凝滯的內在因素，要求在民族的自我反省、自我批判中建構新的民族精神。老舍在《四世同堂》中通過人物之口沉痛陳言：「抬眼看看北平的文化，我可以說，我們的文化或者只能產生我這樣因循苟且的傢伙，而不能產生壯懷激烈的好漢！我自己慚愧，同時也為我們的文化擔憂！」比起五四反思文學浪潮，抗戰時期的反思文學缺乏理論建樹，但在創作上卻留下了紀念碑式的作品。巴金的《憩園》、老舍的《四世同堂》、曹禺的《北京人》以及錢鍾書、師陀、沈從文的部分作品，都是這一時期反思文學的上乘之作。

70年代末，沉寂多年的反思文學又呼嘯而起，由潺潺小溪迅速發展為喧嘩的文學大潮。「傷痕文學」、「反思文學」、「改革文學」、「尋根文學」等等，都或明或暗，融入了第三次反思文學的浪潮。就創作成就而言，雖然尚未像前兩次那樣出現赫赫大家，但它明顯地受到了五四反思文學的養育，其批判鋒芒也已超過了第二次浪潮中對改善具體生存條件的呼籲，多數作品，已開始進入對人類普遍命運的關注，具有較深的哲學意蘊。

反思的民族是成熟的民族。反思的文學是成熟的文學。正是反思文學的成就，才帶來了20世紀中國文學的輝煌。反思文學也

許是人類文學中最顯著的品格之一。有反思文學在，就意味著人們將會回過頭去認識自己的缺憾和處境，民族的精神疾患就有可能得到療救，從而爲民族的新生帶來曙光。有反思文學在，人類最終將有可能更準確地認識自己，把握自己，創造自己，在感情上達到相互溝通，取長補短，從而在這個小小的諾亞方舟上，和舟共濟，開創未來。反思不是自我否定，而是自我發現，民族自覺，是一種正視現實存在的勇氣和在此基礎上的精神上的超越。

20世紀即將過去，而反思文學的浪潮卻不會終結。魯迅說過：「只知責人不知自省的人的種族，禍哉禍哉！」③只有思維發展至成熟階段，才會有自查式的清醒，開始自我的客觀審視，獲得個體活動最大的自由度，創造出自省、自覺、自勵的反思文學。在新的世紀，反思，仍然應該成爲一種不可或缺的文學精神。

大 河

錢鍾書研究文學思潮的論文並不多，可是，他卻以《圍城》這樣潮頭性的傑作，在現代文學思潮發展史上占有重要位置。近年來，海內海外，對錢鍾書的研究和評論，可說是熱鬧非凡。然而，說得給我印象最深的，卻是柯靈的這幾句話：

> 像一條靜穆的大河，不管夾岸的青山，平遠的田疇，嵯峨的城郭，冷落的村莊，也不管麗日和風，雷電雨雪，只是不捨晝夜，湯湯地向前流去，默默地向人世供奉舟楫灌溉之便，魚蝦荇藻之利。

這就是錢鍾書，這就是他的作品。這是一條吸納百川的大河，一條永不枯竭的大河，特別是一條靜穆的大河。柯靈的「靜穆」二字，可說是畫出了錢氏的靈魂。記得錢氏自己說過：「寂靜可以說是聽覺方面的透明狀態，正好像空明可以說是視覺方面的靜

穆。寂靜能使人聽見平常所聽不到的聲音，使道德家聽見了良心的微語（Still small Voice），使詩人聽見了暮色移動的潛息或青草萌芽的幽響」，寂靜並非是聲音全無，聲音全無是死，不是靜；所以但丁說，「在地獄裏，連太陽都是靜悄悄的」（《一個偏見》）。靜穆或寂靜不是死氣沉沉、不辨是非的雍容端莊，更多地體現著一位大成者的徹悟，海洋般的深沉；或者說，是一種精神超前者的孤獨。這孤獨，藝術地化為幽默和諷刺，成為一種啓示，昭示後人。這是一位沉默的精神財富的奉獻者。他的睿智的耕耘所收穫的果實，不僅對於中國人，而且是對人類智慧的添加！從這個意義上說，錢鍾書是屬於世界的。研究錢氏著作所體現的中國文學思潮，研究他在中西文學融合方面所取得的成功，應該說是刻不容緩的。

破除心理惰性

文學思潮的研究同樣需要保持心靈的自由狀態。這首先應該從破除研究者的心理惰性做起。心理惰性一旦形成，往往使研究者保持長期不變的文化心理定勢。如果某位文學權威或別的什麼大師有言在先，他就只能理所當然地一呼百諾，人云亦云，不敢越雷池一步，不敢在新的現實面前做出新的結論。這種惰性心理患者，總認為權威和大師早已窮盡了真理，自己充其量只不過戰戰兢兢地擔任「注經者」的角色。

這種心理定勢，使研究者在精神上停滯了，麻木了，呆板了，沉悶了，遲緩了，以至任何來自外部世界的刺激，與自己原有模式不相符合的新思想、新語言、新格局，都會被視為異端，而在傳統文化心理定勢與認識思維機制所共同構成的封閉性結構內部，引起高度的排異性、保守的防禦性反應。這樣，研究模式的僵化

危機視而不見，萬古不變的老一套的研究方法，年復一年、日復一日地在舊的矩陣中排演。長此下去，非但不能擺脫研究困境，反而會誘發人們產生虛假的安適感，以及建築在幻覺基礎上的自我陶醉。

須知：任何時代的文學，它的積極成分和消極成分，它的思想價值和藝術價值，從來不可能即時即地地表露無遺，需要在以後的歷史發展中逐漸得到明晰的判斷。行進中的文學歷史，當時所呈現出來的面貌，並不足以說明它的歷史本質，有時積極因素掩蓋著消極因素，有時消極因素又把積極因素掩埋，造成歷史的假象。研究者只有進一步摒棄惰性，解放思想，發現自我，然後才能發現文學，發現文學思潮的多姿多彩，還給文學思潮研究一個華美的世界。

力戒苛求

文學思潮的發展是一種歷史過程。看待思潮家，應該具有清醒的歷史意識。閱讀近二百年來思潮家發表的著作和論文，在讚嘆他們的目光犀利、見解獨異的同時，有時也難免產生一種言不盡意之感；或惋惜他們所下結論的武斷，或對他們只在問題的表層徘徊而感到遺憾。

但仔細想來，這種惋惜卻是多餘的，因為我們不能要求前人做今天的人才能做的事情。

公正地說，任何一個時代的研究者，都只能在歷史和自身的局限中從事創造。每個人只能站在歷史安排就的位置上，用當時使用或可能使用的方法說話，用歷史時代給予深刻影響的樣式思維。這決定了研究的超前性事實上只可能是個別的例外。研究一般總是立足於現實，在現實提供的條件和加給的局限中，接近當

時可能達到的研究水平。如果把文學的進展比作登山活動，後人總是站在比前人高的山頭上向下俯視；但所站位置的前頭，還有更高的重巒疊嶂。用這種歷史觀來分析以往思潮家的研究成果，就會避免對歷史和思潮史家的過分苛求。

【附　註】

① 　《19—20世紀中國文學思潮史》，6卷本，1992年河南大學出版社出版。

② 　《文學和人的關係及中國古來對於文學者身份的誤認》，《小說月報》第12卷第1號，1921年1月10日。

③ 　《六十一　不滿》，《魯迅全集》第一卷，1981年人民文學出版社出版。

第一章　嘉道之際學風士風的轉換與文學主潮

──19世紀文學氣度不凡的開場

嘉道之交：一個風雲際會的年代──清初之學、乾嘉之學、道咸之學：清代學術的推移嬗變──嘉道之際士階層自救與救世的雙重任務以及士林風氣的刷新──言關天下的社會參與熱情與崇尚心力自作主宰的創新衝動──嘉道文學議論軍國、臧否政治、慷慨論天下事的總體特徵──衰世、昏時、艱難之天下：文學對社會總局的感性評價──救敝與改革的夢幻──劍氣簫心：一代士人的自憐意緒

　　嘉道之際，中國正處在鴉片戰爭的前夜，處在一個山雨欲來、風雲驟集的年代。此時，清政府統治已由強盛的巔峰走向低谷，東方帝國王朝盛世的釉彩雖未剝落殆盡，但其王霸之氣，已蕩然無存，衰敗之象，處處可見。在17世紀末至19世紀中葉的百餘年內，全國人口由1億5千萬猛增至4億3千萬，資源、生產力水平與人口比例的矛盾加劇，流民無以為業，士人仕途擁擠，成為國內政治不安定的重要根源；承平日久，官場腐敗之風愈演愈烈，政府權力機能減弱，威信下降，令不行而禁不止，尾大不掉，貪污成風；直接關係到國計民生的重大問題，如漕運、鹽法、河工三

大政，舉步維艱，弊端重重，貨幣與稅收制度混亂不堪，嚴重影響著國家經濟體制的運轉；西北、西南邊疆地區，外擾不已，東南沿海，鴉片貿易劇增，白蓮教與南方秘密會社起事頻繁，屢禁不止。各種社會危機，重重疊疊，紛至沓來，如同地火在奔湧匯聚，集勢待發。

即使沒有後來外敵入侵所引發的鴉片戰爭，清王朝所面臨的諸種危機，也必然會誘發巨大的社會動盪。其中的消息，最先爲生活在這一時期具有敏感觸角和強烈社會責任感的知識群體所窺破。作爲時代與社會的先覺者，他們充分意識到自身在由盛轉衰歷史變局中的地位和作用，匡濟天下與挽狂瀾於既倒的救世熱情，施展才華抱負和治平理想的巨大衝動，使他們不願放棄眼前可遇而不可求的歷史契機。他們一方面像驚秋之落葉，以聳聽之危言向全社會預告危機，另一方面，則上下求索，尋求補救彌縫之良方。他們以補天自救爲基本出發點的奔走呼號，促使經世致用思潮在嘉道之際再度興起，其最終完成了學風由純粹古籍考辨和性理玄想向悉心於治平外王之道，士風由「避席畏聞文字獄，著書都爲稻粱謀」①向「相與指天畫地，規天下大計」②方向的轉換。學風、士風的重要轉換，又爲嘉道之際議論軍國、臧否政治，慷慨論天下事文學主潮的形成，作了一個堅實的奠基。

一 風雲際會與學風士風的轉換

中國傳統學問，有內聖與外王之分。內聖之學，講求內省、悟道，注重個體道德修養和自我完善；外王之道，講求隆禮、治民，注重事功實政與經邦治國。中國古代士人，以「通古今，決然否」自期，以修身養性、明道救世作爲人生進退的依據與選擇。在其無比輝煌、神聖的修身、齊家、治國、平天下的人生理想中，

修、齊屬內聖之學，治、平爲外王之道。就每個士人來說，內聖之學獨善其身，爲做人的必修功課；外王之道兼濟天下，是行世的基本取向。獨善與兼濟，視遇與不遇。就學術思潮更迭而言，時平多推尚修齊內聖之學，以利斂欲；世亂而看重治平外王之道，以佐折衝。內聖與外王的顯晦起落；取決於社會治亂的需求。在封建士人獨善與兼濟的選擇、社會秩序據亂而昇平的過程中，內聖與外王之學顯示出奇特而富有規律性的思想調節功能。這種調節功能的實現，又往往以學風、士風的轉換作爲表徵。清代學術思想的發展，便充分證明了這一點。

清代學術的發展，可謂雲蒸霞蔚，波瀾壯闊。200餘年間，學術思潮更迭推移，簇擁變幻，其中最富有獨特學術精神而爲後人稱道者，爲清初之學、乾嘉之學、道咸之學。

清初之學，在黃宗羲、顧炎武、王夫之等一批思想家手中完成。他們身經戰亂，飽嘗憂患，論及亡國慘痛，多歸咎於明末學風士風空談心性而不講實務。他們以爲宋明理學教人讀書養性、侈談義理，養成了空疏學風。士林中講求道德至上、鄙視經濟事功，造就了無用人才，終至於招禍罹難、空談誤國。欲矯明末學術之弊，須棄明心見性之空言，興修己治人之實學，建立求本求實、通經致用的學風和明道淑人、任天下之事的士風，達到事功與道德、外王與內聖之間新的綜合與新的平衡。清初之學以返本清源、引古籌今爲職志，一代學人在研習古籍和精考經、史的學術活動中，秉承「爲往聖繼絕學，爲萬世開太平」、明道救世、學爲天下的治學宗旨，在博學於文、行己有恥、通經致用、實事求是的一系列理論命題中，貫穿著鑑往訓今、撥亂反正、澤被天下的學術精神。清初之學，爲清代學術作了一個氣勢不凡的開場。

清初之學，生成於戰亂甫定之際，而乾嘉之學，則極盛於百

年承平而文網漸密之世。清入主中原後，便立宋學爲官學。宋學承程、朱之緒，講求性道綱常，於統治者大有便利。但宋明理學經清初思想家的討伐攻擊，已是威風掃地，一蹶不振。再加上清代理學家在理論上並無建樹，故宋學雖被立爲官學，但終因缺乏生氣活力，無力領導學術潮流，漢學一派，則乘虛而登堂入室。漢學又稱樸學，它的形成，與清初之學有著密切的聯繫。漢學承繼了清初之學返本清源的學術指向和綜名核實、無徵不信的治學方法，以六經等儒家典籍爲學問本源，以實事求是的努力，致力於與之有關的音讀訓詁、典章制度的研究。漢學家對儒家經典著作求實證僞的研究成果，使宋學自稱得於孔孟的道統諸說漏洞百出。這種傾向發展下去，必然構成「治統」的動搖，這是統治者所不能允許的。自康熙年間武裝反清勢力被剪滅之後，清朝統治者方有餘力對付思想界。他們推行高壓與招撫並用的政治與文化政策，整飭士林異端，迫使其向規範化方向發展。漢學至乾、嘉時期大盛，但清初之學歷史反思與文化檢討的思想光芒在漢學中已消失殆盡，漢學最終成爲一個以爬梳古籍、整理國故爲主的無害學派，走上了墨守故訓、厚古薄今、繁瑣求證、脫離社會實際的歧途。

乾、嘉漢學的興盛，顯示著清朝統治者武功之外的「文治」碩果。由通經致用、引古訓今的清初之學到穿穴故紙、煩瑣考證的乾、嘉之學，清代學術發展在政治強力的箝制下，走向了自身的變異。耽讀古籍，輯佚辨僞，對於一向以「通古今，決然否」自期的中國封建士人來講，是一種打發寂寞、消磨心志的無可奈何，既不能「決然否」，豈非枉「通古今」！他們並不甘心於「爲往聖繼絕學」的書齋生涯，而時時覬覦著「爲萬世開太平」的機遇。當政治壓制的外力稍有鬆弛，他們便會跳出書齋，奔走呼

號以恢復社會良知，擔當明道救世的責任。

歷史的事實正是如此。嘉道之際，清王朝盛極而衰、敗象叢生。國內矛盾，愈演愈烈，海警焱忽，軍問沓至。一方面是變局在即，扶危折衝，亟需大計良策；另一方面是清王朝面對變局，顧此失彼，無力控馭學界士林。這種風雲際會的結果，是經世實學思潮的再度興起，這便是道咸之學。

所謂道咸之學，實即鴉片戰爭前後中國士人對近代中國自強自富、補天自救道路的最初設計和學術性探討。它以嘉道之際學風、士風的轉換爲發軔，以洋務運動的初興爲歸穴。活躍在嘉道之際的知識群體，充當了一葉驚秋的社會角色。

生活在鴉片戰爭前夕的知識群體，中如龔自珍、魏源、林則徐、陶澍、賀長齡、黃爵滋、阮元、包世臣、姚瑩、方東樹、管同、沈垚、潘德輿、魯一同、徐繼畬等人，是領一代風騷的文化名流。他們雖然社會地位不同，生活道路不同，治學旨趣不同，但面對山雨欲來的危局，共同表現出入世救世的熱忱，並自覺地把這種熱忱演化爲對經世致用之學的呼喚。他們以共同的努力，開創著一個新的學術與文學時代。

學術研究無裨於世，士林風尚疲軟委靡，是知識階層最感痛心之事。救世必須首先解救自身，與清初之學相似，道咸之學的興起，也是從學風、士風的批判拉開幃幕的。沈垚痛斥當時學風脫離社會現實之弊端道：

> 漢宋諸儒，以經術治身則身修，以經術飾吏則民安，立朝則侃侃岳岳，宰一邑則俗阜人和。今世通經之士，有施之於一縣而窒者矣，有居家而家不理者矣。甚至恃博雅而傲物，借經術以營利。故垚嘗憤激言：今人之通（經），遠不及明人之不通。其故由古人治經原本有益身心，今人治經，但求

名高天下，故術愈精而人愈無用。③

通經在於致用。自詡通經，近無益於修身，遠不足於安民，此種通經，於世何用！「術愈精而人愈無用」之類的話，與清初思想家對晚明學風的評價頗爲相似，但沈垚的批評，已經是一種再否定了。清初思想家有感於性理之學空談誤國，而提倡經世實學，但經世實學，幾經周折，經世精神漸趨湮沒，實學走上煩瑣考證的歧途，其無益於世用與空談性理者同，甚或過之。沈垚以形象的比喻比較前明宋學與清代漢學之得失道：「譬之於身，前明人於一指一拇之微，或有所窒滯，而心體通明，自足以宰世應物。今人於一拇一指，察及羅紋之疏密，辨其爪之長短厚薄，可謂細矣，而於一手一足之全，已不能遍識，況一心之大，一身之全乎。」④漢學欲矯宋學空談之弊，結果是得小失大，過猶不及，與空談心性之宋學，同蹈脫離社會實際的覆轍。

漢、宋之爭，是清代學術史上的一大公案。作爲經學中的兩個學派，漢學與宋學在治學路徑與治學方法上有所不同。宋學治經，意在生發敷陳性命義理之精義，講求綱常名教之大端，旨歸於攻心斂欲而不拘泥於經書章句；漢學治經，重在經書文本的疏通解讀，講求綜名核實、無徵不信、步步求證，崇尚強聞博記、訓詁考據的功夫。圍繞著孰是孰非、誰優誰劣，兩派之間攻訐爭訟不已，無不表現出唯我獨尊的學霸、學閥作風。嘉道之際，漢宋之爭雖餘音未了，但有志之士，已無意於像阮元那樣，字斟句酌地爲兩派作出學術性評價，他們對漢宋兩學，幾乎持一種肆意輕詆的態度。這種肆意輕詆，很大程度上是爲了借此打破學界死水一潭的寧靜，破除學術禁錮，推倒已有的學霸、學閥偶像，爲新的學術精神的確立開闢道路，掃除障礙。超越漢宋兩學的樊籬，回歸先儒經世致用的傳統，這是一代士人面對現實而自然做出的

學術選擇。

在漢宋兩學並遭厄運、爲人鄙視之際，今文經學悄悄興起。今文經派以去古未遠的西漢董（仲舒）、優（勝）之學對抗漢學家事奉的馬（融）、鄭（玄）之學（即古文經學），以「微言大義」、「以經術爲治術」的治學宗旨貶抑與否定漢學家精考於音韻訓詁、典章制度的治學宗尙。今文經學的復興，使早已厭倦漢、宋之學者耳目一新，在嘉道之際破除漢、宋學禁錮，建立新的學風方面，起到了超乎這一學派實際學術意義的重大作用。龔自珍、魏源是今文經學的中堅，他們對漢學、宋學煩瑣、空疏、唯我獨尊的作風尤爲不滿。魏源以爲漢學「爭治訓詁聲音，爪剖釽析」，其結果是「錮天下聰明智慧盡出於無用之一途。」⑤漢學家「畢生治經，無一言益己，無一言驗諸治」⑥，而宋學則造就了一批「口心性，躬禮義，動言萬物一體」的廢物。他們「民瘼之不求，吏治之不習，國計邊防之不問，一旦與人家國，上不足制國用，外不足靖疆圉，下不足蘇民困，舉平日胞與民物之空談，至此無一事可效諸民物。」⑦於己於人，於家於國，均無裨益之學，謂之俗學；名爲治經，實誤天下者，謂之庸儒。俗學病人，甚於俗吏；庸儒誤國，貽害無窮。

在對俗學、庸儒激烈討伐的同時，龔、魏依據今文經學「以經術爲治術」的思想，倡言一種學、治一致的治學路徑和學術精神。龔自珍以爲：「一代之治，即一代之學」，先王治世，「是道也，是學也，是治也，則一而已。」⑧先王之道：「君與師之統不分，士與民之藪不分，學與治之術不分。」故爲學不但要研乎經史之書，還要通乎當世之務：「不研乎經，不知經術之爲本源也；不討乎史，不知史事之爲鑒也；不通乎當世之務，不知經史施於今日孰緩、孰亟、孰不可行也。」「經史之言，譬方書也；

施諸後世之孰緩、孰亟，譬用藥也。」⑨學與治之關係，猶如方書與用藥，學、治一致，方能藥到病除。魏源以爲，古聖先王之道無他，「以足食足兵爲治天下之具」而已，「井牧、徭役、兵賦，皆性命之精微流行其間。」⑩捨實事實功，則無王道可言。爲學在於通古，爲治在於達變，通古而合於達變，方可語學，方可爲治。其又論學風轉移之關捩道：「今日復古之要，由訓詁聲音以進於東京典章制度，此『齊一變而至魯』也；由典章制度以進於西漢微言大義，貫經術、政事於一，此『魯一變而至道也。』」⑪在龔自珍「一代之治，即一代之學」、「學與治之術不分」的先王治世之道與魏源「貫經術、政事、文章於一」的西漢今文經派治學之道中，蘊含著明確的治、學統一，學以致治的價值取向，這種價值取向要求學術立足於天下之治，立足於現實問題的研究和解決，士人本身，不是高頭講章與瑣碎餖飣的生產者，而應是通古知今、行天下之治的實踐者。

學、治一致的學術路徑與學術精神，集中概括了嘉道之際知識群體立足現實、通經致用的普遍意向和共同追求，正因爲如此，經世致用思潮才有可能成爲一種超越各流派門戶畛域的學術思潮。在經世思潮的裹挾下，一些原來抱有門戶之見者，開始修正原有的治學宗尙，使之符合於學術新潮。他們議論時政、揭發弊端，尋求救世之方，致力於漕運、鹽法、錢幣、兵餉、農事諸種大政的研究，探討邊疆域地之學，以各自的勤奮與努力，創造著實學思潮的實績。

嘉道之際經世實學思潮的興起，與清初之學構成了一種回應。但嘉道實學思潮作爲道咸之學的發軔和中國近代思想史的開端，則又表現出與清初之學不同的內在意蘊。首先，清初思想家經世致用思想是在抗清行爲失敗之後，試圖通過對歷史文化的研究，

以鑒往訓今、以古證今、引古籌今的方式貫徹實現的，其側重於思想建構與文化反思，期望獲得遠功而非近利；嘉道實學思潮崇尚學、治一致，學以致治的學術精神，它更關注於現實變革，更注重學術對現實社會政治、經濟的直接效應，力求「毋憑河，毋畫餅」、「以實事程實功，以實功程實事」⑫，具有更濃烈、更急切的功利色彩。其次，清初思想家側重於思想建構與引古籌今，其運思、立論顯示出博大精深的氣象，同時，他們對歷史文化的普遍適應性、再生性一往情深，相信以古為鑒，便可治今；而嘉道之際思想家更關注於學以致治，其思想建構缺乏系統和博大氣象，他們於救世雖也多是「藥方只販古時丹」⑬，但對歷史文化又持有樸素的適者生存、不適者變革的進化觀念與批判眼光，以為「天下無數百年不弊之法，無窮極不變之法」⑭，「善言古者，必有驗於今矣」⑮，「善治民者不泥於法。」⑯再次，清初之學，建立在對陽明心學及晚明人文主義思潮的思想批判之上，帶有正本清源，向儒家本源文化靠近的傾向；而嘉道之際的經世之學，學術淵源出於多端，雜採百家，匯為一體。其中如龔、魏的思想構成，既充溢著陽明心學的唯意志論和晚明人文主義思潮漠視規範、自作主宰的思想品格，又深得今文經學變易合時與微言大義的治學精神，引經據典不是為了正本清源，而是「以經術作政論」，不是引古證今，而是「托古以改制」，體現著從現實出發，以現實為本，而不是從經典出發、以經典為本的學術指向，清初之學與嘉道實學的不同特徵，決定了清初之學給予近代思想的發展以更多的理論啓迪，而嘉道實學的形態構成，更適應於近代社會革命的現實需求。

時平而求修齊內聖，世亂而重治平外王，嘉道經世思潮的再度興起，應合了封建思想體制自在的功能調節規律，而經世思潮

興起的本身，又標誌著士林風尚的巨大轉機。

自康、雍之際，國內社會秩序漸趨平穩之後，清朝政治便進入到一個冰凍世紀。禁忌重重，文網日密，令人動輒得咎。至乾隆盛世，統治者陶醉於文治武功的業績中，更是不允許他人置喙政事。這種「一夫爲剛，萬夫爲柔」的專制統治，造成了萬馬齊喑的政治局面。

嘉慶末年，白蓮教餘波未平，天理教攻入北京，國內政治動亂的幃幕從此拉開，清王朝的太平盛世也因此而宣告結束。尤其是天理教長驅直入紫禁城一事，震動朝野上下，連嘉慶頒布的《遇變罪己詔》，也驚呼此是「漢、唐、宋、明未有之事」。

社會動亂的形成和最高統治者的「罪己」，透露出政治冰凍世紀解凍的信息。生活在這個時期的士人階層，目睹與經歷了清王朝由盛向衰的轉變。他們在痛感學術研究無裨於世的同時，也痛感士風委靡，正直敢言之氣日衰。傳統文化的濡染，使他們遵循著士風盛衰，關乎到風俗教化，風俗教化又關乎到天下治亂的思想邏輯去面對現實，設計自我。他們認定，沒有士風的刷新振興，沒有士人的踴躍參與，起衰救敝，終究是一句無人實行、無從落實的空話。因此，他們不失時機地挺身而出，擔當起救世與促進社會進步的責任。

桐城派文人管同以天理教事件作爲殷鑒，比較明清兩代士風道：

> 我清之興，承明之後，明之時大臣專權，今則閣部督撫，率不過奉行詔命。明之時言官爭競，今則給事御史皆不得大有論列。明之時士多講學，今則聚徒結社者，渺然無聞。明之時士持清議，今則一使事科舉，而場屋策士之文及時政者皆不錄。大抵明之爲俗，官橫而士驕，國家知其敝而一切矯

之，是以百數十年，天下紛紛亦多事矣，顧其難皆起於田野
之奸，閭巷之俠，而朝寧學校之間，安且靜也。⑰

明之士喧囂驕盛，清議講學，不可一世。清驕明之弊端，以嚴厲
之策治士，不許聚徒結社，不許清談議政，士林風尚遂委靡不振。
士風委靡，言路堵塞，慷慨忠義之士用其智慧於無用之途，並非
國家幸事。箝制士口、壓抑士氣的專制政策，直接造就了寡廉鮮
恥、苟且偷安、推諉因循、好諛嗜利的官場作風和社會風氣。這
是士林的不幸，更是社會的不幸。

　　管同以一在野書生，直言批評當朝治士之策，倡言廢除議政
之禁，這在政治冰凍時期是非常不易的。它一方面說明人們對士
風不振、士氣壓抑的不滿已不可按捺，同時也說明清政府的政治
箝制已不至於出口罹難。

　　龔自珍的四篇《明良論》、數篇《乙丙之際箸議》都寫於嘉
慶末年。其《明良論》描述士大夫尸位素餐、無所作為之情態曰：

　　　今上都通顯之聚，未嘗道政事，談文藝也；外吏之宴游，
　　未嘗各陳設施談利弊也。⑱

　　　　歷覽近代之士，自其敷陳之日，始進之年，而恥已存者
　　寡矣！官益久，則氣愈偷，望愈崇，則諂愈固，地益近，則
　　媚亦益工。至身為三公，為六卿，非不崇高也，而其於古者
　　大臣巍然岸然師傅自處之風，匪但目未睹，耳未聞，夢寐亦
　　未之及。臣節之盛，掃地盡矣。⑲

士大夫無所作為、臣節掃地的原因何在？進而推究，作者則將批
判的鋒芒指向最高統治者。人主「遇大臣如遇犬馬」，而大臣也
以犬馬自為。人主對大臣「恣睢奮擊，吶籍叱咄」，而大臣也便
以廝役自處。人主既不能「待之以禮」，大臣也就不會「報之以
節」。士立身無節，不知恥辱，國之恥辱則紛至沓來。關於人君

與士風之關係，姚瑩有一形象的比喻，他認為：「人君者，風也；大臣者，播風聲也；士者，草木之待偃者也。上以功名責士，則士以功名著矣；上以氣節望士，則士以氣節稱矣；上以利祿奴役士，則士以委蛇庸碌終矣。」⑳故而士風委靡，完全是人主無道所致。

對統治者治士之策的批判及對士林風尚的檢討，初潮於嘉慶末年，這無疑是士氣復甦的前奏和起始標誌。士風的復甦，至道光初年，已成浩蕩之勢。嘉道之際士風的刷新轉移，主要表現在以下幾個方面：

㈠**士人社會主體意識和主宰精神的確立與恢復**。經歷了政治冰凍世紀之後的思想激盪，嘉道士人開始充滿自信地重新評估自身的存在價值與所應承當的社會角色。「以布衣遨遊於公卿間」的包世臣以為：「士者事也，士無專事，凡民事皆士事。」㉑姚瑩更是不無自負地說：「稼問農，蔬問圃，天下艱難，宜問天下之士。」㉒其間所表現的不僅是一種以天下為己任的抱負，且充滿著天下艱難、捨我其誰的社會主體意識和拯道濟溺的英雄氣概。林伯桐作《任說》，以為「自任以天下之重，則固天下之士也」，以天下自任，雖為布衣，「而行誼在三公之上」㉓。姚鼐弟子劉開以為：「士者，民之耳目也。民無定見，隨士之氣習為轉移，故化民必以士為先。」㉔其說都飽含著先覺覺民、無所退避的主宰精神。

動盪不安、危機四伏的年代，卻正是知識階層多夢的季節。平常時期，他們苦於階級太繁、尊卑有定、文網恢恢，缺乏自我表現的機會，而非常時期，則以為可以跨逾等級，破除舊例，大顯身手，一展雄才大略。強烈的危機感和責任心，創造由衰轉盛奇蹟的熱情與夢想，激動著不少士子之心，他們渴望獲得參政、

議政、貢獻智慧才能的機會和權力。梅曾亮寫於道光初年的《上汪尚書書》抒寫心志道：「士之生於世者，不可苟然而生。上之則佐天子，宰制萬物，役使群動；次之則如漢董仲舒，唐之昌黎，宋之歐陽，以昌明道術、辨析是非治亂為己任。」㉕丁晏在《與潘四農先生書》中慷慨陳詞道：「大丈夫得志則不負所學，慨然有志於時；不得志則閑戶窮居，不以貧賤而改行，不以困厄而尤人，講求經史，歸於實用，酌古准今，有裨治道，使後之人用其說，不難致太平安天下。」㉖進則攘臂以治亂，退則治學以培道，此種人生取向，再清楚不過地顯現出一代士人躊躇滿志的躁動心態和意氣風發的精神面貌。

㈡**士林中實際參與和躬行實踐風氣的形成。**千瘡百孔的社會現實和治、學一致的學術指向，使嘉道之際知識群體不滿足於坐而論道，他們更崇尚實際參與和躬行實踐精神。在整個社會士氣復甦、議論風生之際，姚瑩以東漢與晚明士人作為前車之鑑，向激情四溢的士林提出忠告。姚瑩以為，志士立身，有為身名，有為天下，「自東漢以虛聲徵闕，天下爭相慕效，幾如今之攻舉業者，孟子所謂修其天爵，以要人爵也。當今篤行之士，固已羞之。明季東林稱多君子，天下清議歸焉，朝廷命相，至或取諸儒生之口，固宜海內澄清矣。然漢、明之季，諸君子不能戡定禍亂，反以亡其身，無亦有為天下之心而疏於為天下之術乎？」㉗此種忠告，顯示出作者在士風高漲中的冷靜思考。救世的熱烈情緒並不能使海內澄清，東漢、明末士風不謂不盛，熱情不謂不高，但兩代之士，一為聲名所累，二乏救世之術，故空有救世之心，而終至於身敗名裂。以史作鑑，則宜摒卻虛名，不尚空談，留意於與國計民生、倫常日用密切相關問題的研究與探求。嘉道之際知識群體的社會參與活動，並不僅僅局限於清談議政，他們自覺地致

力於當世急務的研究與實踐。包世臣留心於「經濟之學」，盛名
遐邇，「東南大吏，每遇兵、荒、河、漕、鹽諸巨政，無不屈節
諮詢，世臣也慷慨言之。」㉘龔自珍在「引公羊義譏切時政、詆
排專制」㉙的同時，又留心於「天地東西南北之學」。魏源自
1822年起，受江蘇布政使賀長齡的延聘，編輯《皇朝經世文編》，
薈萃有清一代關於農、工、吏、兵諸政治理的建策。其在《例言》
中以「書各有旨歸，通存乎實用」概括此書的編輯宗旨。後人兪
樾論《皇朝經世文編》的巨大影響道：「數十年來，凡講求經濟
者，無不奉爲矩矱，幾於家有此書。」㉚精於邊疆史地者如張穆、徐
松、沈垚、何秋濤諸人，致力於蒙古、新疆等地域歷史與地理的
研究，對這些地區的經濟開發、邊疆防務提出建議，以備當事者
擇取。管同、方東樹等宋學信仰者，在高揚性理主義旗幟，鼓動
「興起人之善氣、遏抑人之淫心」，改善道德、風俗的同時，於
「禮、樂、兵、刑、河、漕、水利、錢、穀、關市大經大法皆嘗
究心。」㉛正如李兆洛所言，嘉道士人「懷未然之慮，憂末流之
弊，深究古今治亂得失，以推之時務，要於致用」㉜。這種重視
實際參與、躬行實踐的風氣，是經世實學思潮激盪的結果，同時
也構成了經世實學思潮的重要內容。嘉道之際知識群體所關心所
從事的，是與國計民生、倫常日用緊密相連的「公共事務」，雖
然這些努力並不足以挽救清王朝的衰敗命運，但他們學以致用、
上下求索的精神，無疑爲近現代知識分子樹立了良好的行爲風範。

　　㈢**士林中問學議政、聲氣聯絡之風盛行**。嘉道之際士風的復
甦與高漲，促使有志之士走出書齋，廣結盟友。他們聚談燕宴，
問學議政，使管同、龔自珍著文批評過的「今聚徒結社，渺然無
聞」，「今上都通顯之聚，未嘗道政事、談文藝」的局面大大改
觀，士林之中，朝寧學校之間，不再是昔日「安且靜也」的場所。

這種志士間的交往，是一種聲氣之求，它超越了學術宗派之間的門戶之見，而以誦史鑑、考掌故、慷慨論天下事作為共同的思想基礎。他們互相推重，砥行礪節，以培植元氣、有用於世相矚望，又以學問議論、道德文章相切磨。

士林中問學議政、聲氣聯絡之風的盛行，是士人由噤若寒蟬走向意氣風發的重要標誌。嘉道中「力挽頹波、勉成砥柱」㉝的風尚，造就培養著士人中的狂放之氣。而嘉道之際的人物品藻又以傲俗自放與慷慨任事為重要標準。姚瑩稱湯鵬「慨然有肩荷一世之志，每致書大吏，多所議論。」㉞吳昆田稱潘德輿「每酒酣耳熱，慷慨論天下事，輒俯膺流涕。」㉟又稱魯一同「憂傷時事之艱危，於國家田賦、兵戎諸大政，與夫河道變遷，地形險要，以及中外大勢，無不究其端委而得其機牙。」㊱諸如此類的人物品藻，不勝摘舉，從中也可顯見一時士林之宗尚。

嘉道之際學風士風的轉換，為活躍在這一時期的知識群體帶來了新的精神氣象。他們由埋頭經籍、讀書養氣轉向「相與指天畫地，規天下大計」㊲，由謀稻粱而著書、視議政為畏途一變而為「舉凡宇宙之治亂、民生之利病、學術之興衰、風尚之淳漓，補救彌縫，為術具設」㊳，顯示出旺盛的生命活力與剛健之氣。在經世實學思潮崛起、知識階層政治參與和社會主體意識不斷加強文化氛圍中生成的嘉道之際文學，顯示出獨異的風貌和耀眼的光彩。

二　言關天下與自作主宰的文學精神

漫步在嘉道之際的文苑詩海中，撲面而來的是一代士人濃烈鬱結的救世熱情，鋪天蓋地的憂患意識，鞭辟入裏的社會批判，熾熱旺盛的政治參與精神，以古方出新意的變革呼喚，起衰世而

入盛世的補天情結。當然也有先覺者獨清獨醒的孤獨，前行者「無人會、登臨意」的惆悵及不見用於世的種種痛苦與自我慰藉。

這是一個斑斕多彩的情感世界，它以一代士人富有生命力的精神風貌、審美情趣作爲支撐和依托，顯示出獨異的風韻和色彩。這裏很少有對飄逸高寄、簡澹玄遠生命情趣的玩味，更多的是被憂患意識浸泡過的社會使命感、責任感的流露；這裏很少有對人生短暫、時光不永、逝者如斯的嘆謂，更多的是對建功立業、渴求有用於世心態的表白；這裏很少再有如履薄冰、如臨深淵、避害畏禍的惴惴不安，取而代之的是慷慨陳詞，以不可一世之氣魄評論國事。文學像一只被政治參與熱情鼓盪著的方舟，責無旁貸地負載起嘉道之際士人沉重的社會憂患和由衰轉盛的改革夢想。

動盪的時代和士風的高漲，使嘉道之際知識群體在構築人生理想和思考自我存在價值過程中，存在著某種心理傾斜，他們並不安分於在縱恣詩酒、白頭苦吟中打發一生。這個時期的詩文作品十分推重兩個歷史人物，一是漢代盛世而出危言的賈誼，一是南宋衰世而倡王霸的陳亮，他們議論風生、言關天下社稷、爲帝王之師的瀟洒風采，令人神往，而無形中被奉爲追尋效仿的楷模。《左傳》中有「大上有立德，其次有立功，其次有立言，雖久不廢，此之謂不朽」㊴之說，立德、立功、立言，成爲嘉道之際知識界盛極一時的話題。在士人的自我設計中，對立功的渴望，遠遠超出立言，甚至於立德。詩人張際亮以爲：「人生斯世，雖不能奮於事功，猶當勤以著述。然事功者，德之跡也，而著述者，德之餘也」㊵。其對立功的價值評判明顯在著述之上。際亮在與林則徐的信中，深爲世人把他看作詩人、而不以國士相待而憤憤不平：「家本寒微，三族無仕宦者，亦無富人。今人所往來遊處，不無賢士大夫，然皆謂其殆詩人耳，鮮有以國士相待者。」㊶國

士與詩人，在其心目中是分量極不相同的兩種稱謂。不滿足於詩
人桂冠而期待以國士相稱，可見一時士林中的人生取向。桐城派
以文名世，但生活在嘉道之際的桐城派作家，卻同樣不甘心以文
人自處。管同認爲：「士生於世，上之不能修孔、顏之德，次之
不能建禹、皋、周、召之功，敝精疲神作文字，使愛者與俳優並
蓄，而憎者至以相訾警，其也可謂愚也夫！」「四十以來，悟儒
者當建功立德，而文人卑不足爲」⑫，激憤的言辭中，同樣表明
了對窮力於著述立言之文士事業的鄙夷。

　　不滿足於立言著述以致不朽，而渴望於建功立業、名垂青史
的人生理想，陶冶與造就著嘉道之際的文學精神。這種文學精神
在總體上表現爲社會參與意識的強化和自作主宰意識的擴張。龔
自珍早年所寫的《京師樂籍說》，是一篇耐人尋味的文字。文章
通過對京師及通都大邑必有樂籍這一社會現象的分析，揭露了霸
天下者控馭士人的心機。文章以爲，霸天下者，不能無私，故而
有種種愚民之舉。「士也者，又四民之聰明喜議論者也。身心閑
暇，飽暖無爲則留心古今而好議論。留心古今而好議論，則於祖
宗之立法，人主之舉動措置，一代之所以爲號令者，俱大不便。」
因而霸天下者於士，便有種種箝制之術。樂籍制度的設立，便是
箝塞天下遊士心志的手段之一：

　　　　樂籍既棋布於京師，其中必有資質端麗，桀點辨慧者出
　　焉。目挑心招，摔闥以爲術焉，則可以箝塞天下之游士。烏
　　在其可以箝塞也？曰：使之耗其資財，則謀一身且不暇，無
　　謀人國之心矣；使之耗其日力，則無暇日以談二帝三王之書，
　　又不讀史，而不知古今矣。使之纏綿歌泣於床第之間，耗其
　　壯年之雄才偉略，則思亂之志息，而議論圖度，上指天下畫
　　地之態益息矣。使之春晨秋夜爲奩體詞賦、遊戲不急之言，

以耗其才華，則議論軍國、臧否政事之文章可以毋作矣。如
此則民聽壹，國事便，而士類之保全者亦眾。曰：如是則唐、
宋、明豈無豪傑論國是，掣肘國是，而自取戮者乎？曰：有
之。人主之術，或售或不售，人主有苦心奇術，足以牢籠千
百中材，而不盡售於一二豪傑，此亦霸者之恨也。㊸

樂籍制度，於清朝中葉即已廢除，龔自珍在此文中大力撻伐之，
實為「項莊舞劍，意在沛公」之舉。樂籍如此，學術研究中或專
注於訓詁校勘、輯佚辨偽，或空談義理、高蹈世外，文學創作中
寄情於山水，玩味於聲韻，同樣是士人以瑣耗奇、消磨心志的方
式。士人不通古今，思亂志偃，議論圖度、指天畫地之態益息，
議論軍國、臧否政事之文不作，這是霸天下者之幸，卻是天下士
人的悲哀。人主有苦心奇術，足以牢籠千百中材，而不盡售於一
二豪傑，此文的言中之意、弦中之音，即在於呼喚豪傑之士奮發
崛起，識破人主類似樂籍的種種箝塞之術，衝破拘囿思想的牢籠，
恢復「留心古今而好議論」的元氣，振刷議論圖度、指天畫地的
精神，摒棄靡體詞賦，一切遊戲不急之言，奮力而為議論軍國、
臧否政治之雄文。因而。《京師樂籍說》所體現的內在意義，並
不僅僅是對霸天下者心術的揭露，它還包蘊著對學風、士風轉換
的渴望及對新的文學風氣、文學精神的追尋，這便是留心古今，
參與國是，議論軍國，臧否政治。這種意向在其《上大學士書》
中表白得更為直接：

夫有人必有胸肝，有胸肝必有耳目，有耳目必有上下百
年之見聞，有見聞則必有考訂異同之事，有考訂異同之事，
則或胸以為是，胸以為非。有是非，則必有感慨激奮。感慨
激奮而居上位，其有力，則所是者依，所非者去。感慨激奮
而居下位，無其力，則探吾之是非，而昌昌大言之。㊹

考古今異同而辨是非，是非明而勃發感慨激奮，感慨激奮之在上者，可身體力行於移風易俗，在下者則昌昌大言以存清議，正是這種社會參與意識與言關天下社稷的精神，合成了嘉道之際一代士人的文學期待視野。

嘉道之際士人的文學期待視野，僅從他們對詩文表現題材的分類與價值評判中即可窺知大端。管同將古文分作文士之文與聖賢之文，以「窮而後工」、「得乎山川之助者」爲文士之文，以「誠於中也，形於外也，窮則見諸文，而達則見諸政」㊺者爲聖賢之文，文士之文與聖賢之文有著不同的分量，因而主張以全力爲聖賢之文而以餘力爲文士之文。梅曾亮以爲文有世祿之文與豪傑之文：「模山範水，敍述情事，言應爾雅，如世家貴人珍器玩好，皆中度程應故實，此世祿之文也；開張王霸，指陳要最，前無所襲於古，而言當乎時，論不必稽於人而事核其實，如魚鹽版築之夫，經歷險阻，致身遭時，雖居廟堂之上，匹夫匹婦之謷笑可得而窺也，此豪傑之文也。」㊻而推豪傑之文爲尊，世祿之文爲卑。張際亮將漢以下詩分爲志士之詩、學人之詩、才人之詩，其言曰：

> 模山範水，觴咏風月，刻畫蟲鳥，陶寫絲竹，其辭文而其旨未必深也，其意豪而其心未必廣也，其情往復而其情未必厚也，此所謂才人之詩也。其辭未必盡文而其旨遠於鄙倍，其意未必豪而其心歸於和平，其情未必盡往復而其性篤於忠愛，其境不越山水花月蟲鳥絲竹，而讀其詩使人若遇之於物外者，此所謂學人之詩也，若夫志士，思乾坤之變，知古今之宜，觀萬物之理，備四時之氣；其心未嘗一日忘天下，而其遇不能安而處也。其幽憂隱忍，慷慨俯仰，發爲咏歌者，若自嘲，若自悼，又若自慰，而千百世後讀之者，亦若在其

身，同其遇而淒然太息、悵然流涕也。蓋惟其志不欲爲詩人，故其詩獨工而其傳也亦獨盛。如曹子建、阮嗣宗、陶淵明、李太白、杜子美、韓退之、蘇子瞻，其生平亦嘗仕宦，而其不得志於世，固皆然也。此其詩皆志士之類也。今即不能爲志士所爲，固當爲學人，次亦爲才人。㊷

「窮則見諸文，達則見諸政」的聖賢之文，「開張王霸，指陳要最」的豪傑之文，「思乾坤之變，知古今之宜」的志士之詩，都隱含著注目人間、拯時救世的價值標準。對聖賢之文、豪傑之文、志士之詩的推重，反映出嘉道之際士人的文學崇尚與審美情趣向社會功利方向的歸依，這種歸依趨勢，正是經世實學文化思潮激盪的必然結果。

在傳統文學體系中，士人的心靈有著面向自然和面向社會的兩大通道。文學精靈的騰飛，閃動著社會與自然的兩翼。社會一翼，聯結著修齊治平的入世熱情，自然一翼，寄托著天人合一的方外遐想。當嘉道之際士人以拯時救世、天下艱難捨我其誰自期的時候，他們自然屬意於面向社會的選擇。當他們推重聖賢之文、豪傑之文、志士之詩的同詩，也就相應地鄙視模山範水、敘述情事之文，觸咏風月、陶寫絲竹之詩；在他們呼喚「議論軍國、臧否政事」、「留心古今而好議論」之文學精神的同時，自然對「守兔園新冊，拾宋人殘唾，以自附作者之林；仿架局以爲文，調弄秋雨秋風、微雲淡月、涼露晚霞、寒鴉疏柳數十字以爲詩」㊽者，表現出不屑一顧。經術、治術、文章合一，立言而爲帝王百姓之師，這種人生目標，對大多數文人墨客來講，比吟誦性情、描摹風月更具有令人神往的魔力。它作爲士人「雖不能之，心嚮往之」的理想境界，無形中顯示著至高無上的支配和鞭策力量。他們將詩文創作視爲暢抒理想，昌言建策，慷慨論天下事的利器

和排遣社會參與衝動的重要方式，在不能出將入相、親挽狂瀾的情況下，企求在議論時政、抒寫感慨，作人間清議、寫書生憂患中，獲取自我價值實現的滿足。龔自珍「我論文章恕中晚，略工感慨是名家。」[49]張際亮「著書慟哭敢憂時」[50]，湯鵬「非爭墨客詞流技」、「微詞褒貶挾風雷」[51]的詩句，都不啻爲一種自勵、一種號召，它包蘊著旺健的入世精神。

在推尙志士之詩和聖賢、豪傑之文的同時，嘉道之際士人還有意提倡與培植一種自作主宰的創造意識。如果說，參與現實、參與政治的文學價值取向，是嘉道之際文學精神的直觀顯現，而自作主宰的創造意識，則是嘉道之際文學精神的內在蘊藉。兩者共同顯示出士風振刷的實績。

自作主宰的創造意識，首先表現爲作家對於自身在文學創造過程中獨立地位的確認。魏源以爲：「百物之生，惟人能言，最靈貴於天地。」[52]人以能言而靈貴於天地，人不但是社會、歷史活動的主體，也是文學活動的主體。文學活動，是一種獨立的創造性的精神活動，它凝聚著作家自身對外部世界的感受、理解、判斷。龔自珍將這種感受、理解與判斷能力稱之爲「心力」。「心無力者，謂之庸人。報大恥，醫大病，解大難，謀大事，學大道，皆以心之力。」[53]心無力者，不足以立世，不足以言創造。而不才者治世，則以摧殘士人心力爲要領，「戮其能憂心、能憤心、能思慮心、能有作爲心、能有廉恥心、能無渣滓心」[54]，致使天下才衰。欲起衰救敝，治世者當改弦更張，而被戮者，當振奮精神，恢復其能憂能憤、能作爲能思慮之「心力」，以充滿自信、生機勃勃的姿態，擔當起社會、歷史及文學創造的責任。龔自珍用於自勵的《文體箴》中寫道：「予欲慕古人之能創兮，予命弗丁其時！予欲因今人之所因兮，予茊然而恥之，恥之奈何；

窮其大原，抱不甘以爲質，再已成之紜紜。雖天地之久定位，亦
心審而後許其然。苟心察而弗許，我安能頷彼久定之云？」⑮對
天地定位這一人所共知的事實，尚需「心審而後許其然」，其他
萬事萬物則更勿庸論列。貢創恥因，尊尚「心審」、「心察」，
正是一種心力強健、充滿自信的表現，它蘊含著尊重個人意志、
個人感受、個人情感，尊重心靈自由、獨立思考和自我理性判斷
的思想呼喚，心力強健和個人自信心的建立，是進行思想與文學
創造的重要前提。

　　文學創造的主要任務，是展示人們的情感世界，如何看待與
表現作者的自在情感，是與崇尚心力緊密關聯的問題。與其風發
不可一世氣概相一致，嘉道之際士人主張詩文寫作應言必己出，
直抒胸臆，袒露性情，表現眞我。對於詩文之作，魏源有「復性」
之說。魏源以爲，人之本性，源於天而本於道，欲「貫經術、政
事、文章於一」，則須返乎性情，以合天道之源；「不反乎性，
則情不得其源，情不得其源，則文不充其物，何以達性情於政事，
融政事於性情乎？」⑯見道見性，方臻於天人合諧，政通情暢。
魏源又以直寄性情與否，爲詩家眞偽之一大關捩。其《致陳松心
書》寫道：「詩以言志，取達性情爲上。此詩家眞偽關，不可濫
借。」⑰詩之眞者，取達性情，皆抒胸臆，字字皆自己之詩；詩
之偽者，擬古不化，優孟學語，句句盡虛假之情。眞者與性情通，
而偽者與性情隔。

　　眞、偽之辨，是嘉道之際士人權詩衡文的重要標準。眞者，
得天趣天籟，讀其作，知其人、其世，知其心跡；偽者，揖首於
古人與成法，飾其外，傷其內，害其神，蔽其眞，塗澤文字而已。
眞者，是心力強健、蘊藉深厚、充滿自信的表現；而偽者，是泯
滅本眞、摧毀性靈、喪失自信的結果。嘉道士人崇眞黜偽，意在

恃崇眞而一無遮攔洩發幽苦怨憤、忠義慷慨之氣，借黜僞而討伐掃蕩擬古復古之俗學浮聲。梅曾亮以爲：「物之可好於天下者，莫如眞也。人之境百不同也，境同而性情不同，則其詩捨境而從心；心同而才力不同，則其詩隱心而呈才。境不同、人不同，而詩爲之徵象，此古人之眞也；境不同，人不同，而詩同爲，是天下人之詩，非吾詩也。」⑱喪失本我，作天下人皆可爲之之詩，則又有何心跡性情可言？梅曾亮又以爲：「古人之作肖乎我，今人之作肖乎人，古人之作生乎情，今人之作生乎學」，肖乎人、肖乎學則失卻本眞，失卻本眞者縱將「堯之眉、舜之目，仲尼邱山之首，合以爲士偶」，其結果必然是醜陋而「不如籧篨戚施」⑲，取範不爲不美，但若窮於拼湊而沒有生氣灌注，難免畫虎類犬之譏。姚瑩論詩，以爲世上奇作，大抵皆有所爲而後發，李、杜、白、陸之所以震耀千古，在於其以豪傑自命而不以詩人自期，其自命爲豪傑，「然後以其胸中之所磅礴鬱積者，一托於詩，一鳴其意，其蓄之也厚，故發之也無窮，其念之也深，故言之也愈切，誦之淵然而聲出金石滿天地，即之奕然而光燭千丈辟萬夫。思之愀然，聆之駭然而泣鬼神、動風雨。夫非其聲音文字之文也，是其忠義之氣，仁孝之懷，堅貞之操，幽苦怨憤郁結而不可申之志所存者然也。惟然，故觀其詩，可得其人，其人雖亡，其名可立。」⑳由此返觀嘉道詩壇，不論是王阮亭之標舉神韻，還是沈歸愚之講求格調，皆不免「以詩言詩」，很少有師李、杜、白、陸之爲人，悟其所以爲詩者，故所作徒具形聲，雖工而猶如糞壤。

梅曾亮、姚瑩之論詩，不管是正面立論，還是針砭時弊，字裡行間都充滿著求眞、自立、自作主宰的精神。龔自珍的宥情、尊情之說，則與之桴鼓相應、聲氣相投。龔自珍在《宥情》一文中，設甲、乙、丙、丁、戊數人就「情」這一問題互相辯難。對

於紛紜衆說，作者未明確置之可否，只是不厭其煩地描述了自己
縈懷於童心，留連於母愛，斬不斷襲心之陰氣，言不盡少年之哀
樂的感覺。距作《宥情》 15年後，龔自珍作《長短言自序》，
則一改《宥情》中的閃爍其辭，理直氣壯地宣稱「尊情」。「情
之為物，亦嘗有意鋤之矣；鋤之不能，而反宥之；宥之不已，而
反尊之。」「情孰為尊？無往為尊，無寄為尊，無境而有境為尊，
無指而有指為尊，無哀樂而有哀樂為尊。」情之為尊，在於它以
無住無寄、變幻莫測的形態參與著文學準備、文學創造和文學接
受的全過程，它既是文學創造者的內在憑藉，又是文學接受者的
感應媒介。龔自珍描述「情」在文學創造過程中的主導作用道：
「情孰為暢？暢於聲音。聲音如何？消瘖以終之。如之何其消瘖
以終之？曰：先小咽之，乃小飛之，又大挫之，乃大飛之，始孤
盤之，悶悶以柔之，空闊以縱遊之，而極於哀，哀而極於瘖，則
散矣畢矣。」[61]當作者調動藝術表現手段，將蓄積已久、不吐不
快的情感訴諸文字、發為聲音時，作者鬱積之情得以暢釋、轉移，
而文學創造亦得以完成。當凝聚著作者情感的聲音文字作品叩擊
著讀者心靈時，情感的巨石將在讀者原本平靜的心田蕩起波濤，
「人之閑居也，泊然以和，頑然以無恩仇；聞此聲也，忽然而起，
非樂非怨，上九天，下九淵，將使巫求之，而卒不自喻其所以然。」
[62]作品的情感轉移，遂使讀者沈浸在妙不可言的藝術享受中。正
因為「情」有如此重要的作用，故言尊之，「且惟其尊之，是以
為《宥情》之書一通；且惟其宥之，是以十五年鋤之而卒不克。」[63]
情既不可根除，則索性慫恿放任之：「雖曰無住，予之住也大矣；
雖曰無寄，予之寄也將不出矣。」[64]

　　魏源之「復性」說，梅曾亮、姚瑩之「求真」、「自立」說，
龔自珍之「宥情」、「尊情」說，共同表現出嘉道之際士人對文

學創作中自作主宰精神的追尋。這種追尋促使他們將目光超越籠蓋文壇已久的擬古復古思潮的一片混亂，超越重重疊疊、縱橫交錯的流派門戶之間的庭階畛域，而理直氣壯地樹立起「率性任情」的創作旗幟。姚瑩以爲，爲文不必拘泥於八家之途軌，而公然宣稱：「生平不爲無實之言，稱心而出，義盡則止。何者周秦，何者建安，何者唐宋，放效俱黜。」⑯龔自珍爲湯鵬詩集作序，以「詩與人爲一，人外無詩，詩外無人，其面目也完」爲詩的最高境界，龔氏轉以一「完」字稱許湯鵬之詩，以爲讀其詩，而知「海秋心跡盡在是。所欲言者在是，所不欲言而卒不能不言者在是。所不欲言而竟不言，於所不言求其言亦在是。要不肯摭扯他人之言以爲己言，任舉一篇，無論識與不識，曰：此湯益陽之詩。」⑯姚瑩所謂「稱心而出，義盡則止」，「何者周秦，何者建安，何者唐宋，放效俱黜」，龔自珍所謂「詩與人爲一」，「心跡盡在是」，都表現出一種獨立不倚、自作主宰的氣度和風範，它眞實地傳達出一代士人不甘與世浮沉的創造激情與創造渴望。

「留心古今而好議論」的社會參與意識與率性任情、自作主宰的創造激情，構成了嘉道之際的文學精神。嘉道文學精神以一代士人建功立業，創造由衰轉盛奇跡的人生理想與睥睨四海、意氣風發的宏大氣象爲依托，在盛衰交替的歷史瞬間，閃耀著奪目的光彩。龔自珍在《送徐鐵孫序》中以讚美詩般的語言抒寫著其對新的文學精神的憧憬與嚮往：

> 龔自珍曰：平原曠野，無詩也；沮洳，無詩也；磽确狹隘，無詩也；適市者，其志囂；適鼠壤者，其聲嘶；適女閭者，其聲不誠。天下之山川，莫尊於遼東。遼俯平原，逶迤萬餘里，蛇行象奔，而稍稍瀉之，乃辛恣意橫溢，以達乎嶺外。大海際南斗，豎亥不可復步，氣脈所屆，恕若未畢；要

之山川首尾可言者則盡此矣。詩有肖是乎哉？詩人之所產，
有稟是乎哉？自珍曰：有之。夫詩必有原。《易》、《書》、
《詩》、《春秋》之蕭若沈若，周、秦間數子之縝若崒若，
而莽蕩，而嘈吰，若斂之惟恐其抵，掔之惟恐其隘，孕之惟
恐其昌洋而數腴，則夫遼之長白、興安大嶺也有然。審是，
則詩人將毋拱手欲觖，蕭拜植立，撟乎其不敢議，愿乎其不
敢昌言乎哉！於是乃放之乎三千年青史氏之言，放之乎八儒、
三墨、兵、刑、星氣、五行，以及古人不欲明言，不忍卒言，
而姑猖狂恢詭以言之之言，乃亦摭證之以並世見聞，當代故
實，官牘地志，計簿客籍之言，合而以暢其詩，而詩之境乃
極。則如嶺之表，海之滸，磅礴浩洵，以受天下之瑰麗而泄
天下之拗怒也亦自然。

不屑為孱弱纖細、平庸世俗之聲，而欲肖巍峨山川蛇行象奔之逶
迤，稟承其恣意橫溢之氣脈，取原於經史子集，證之以並世見聞，
當代故實，磅礴浩洵，放言無忌，以受天下之瑰麗，而泄天下之
拗怒，這不正是一代士人孜孜以求的文學精神的形象化寫照嗎？
道濟天下的志向，敞開通達的心靈，使嘉道之際士人充滿著蓬勃
朝氣。他們奔走海內，聯絡聲氣，廣結同志，或形交，或神契，
不論師承、出身、地域，以砥礪志節相標榜，以道義文章相吸引，
儘管其藝術造詣有別，審美情趣有別，而彼此間以誠相見，互相
推重，互相勗勉，共同促進嘉道之際文學衝破政治專制的重重禁
忌，從擬古復古的泥淖迷霧中走出，而直面於社會現實與人生。
與有清一代清醇雅正的文學風貌相比，嘉道之際文學所顯示的最
鮮明、最基本的總體性特徵是議論軍國、臧否政治，慷慨論天下
事。嘉道之際文學無疑是清代文學發展過程中的一次重大轉折。

三　驚秋救敝與憂民自憐的文學主題

　　嘉道之際思想文化思潮的激盪，陶冶薰染著一代士人的政治胸襟與藝術旨趣。在經世實學崛起、知識階層政治參與和創造意識不斷加強的文化氛圍中生成的嘉道之際文學，執著於驚秋救敝與憂民自憐的表現主題。嘉道之際文學議論軍國、臧否政治，慷慨論天下事的總體特徵，在這兩大文學主題中得到充分地顯現。

　　當嘉道之際士人漸次恢復了「留心古今而好議論」的元氣，將審視與批判的目光投向社會現實的各個層面時，清王朝經濟、政治、軍事、外交的現狀，使他們痛心疾首、憂心忡忡。學風、士風轉換與文學精神確認所帶來的激動與興奮，在嚴峻的現實危機面前，頓時化做陣陣憂憤悲慨之霧，瀰漫於紙上筆端。他們以驚心動魄、聳人聽聞的盛世危言，窮形極象、痛快淋漓的衰世披露，為封建末世留下有形的存照，為天朝上國撞響夕陽西下的警鐘。這類旨在撩開天朝盛世幔幕，以振聾發聵的社會批判、富有形象性與感情色彩的文字，向社會預告危機並謀求解救方策的作品，我們稱之為驚秋救敝主題。驚秋救敝主題表現了鴉片戰爭前夕一代士人的敏感心靈與思想鋒芒，它的存在，使嘉道之際文學具有自身的不可復寫性。

　　17世紀中葉建立起來的清王朝，曾有過國力強盛的歷史。在經歷了政治穩定、經濟繁榮的康、雍、乾盛世之後，至19世紀初的嘉慶末年，這一雄踞東方的天朝帝國，開始走向江河日下的頹敗之境。封建社會發展盛極而衰的周期性振盪，動搖著封建王朝的根基，世界文明的飛速推進和西方國家帶有血腥掠奪性質的資本主義擴張，驚擾著天朝帝國萬世長存的好夢。生活在這一時代的知識群體，親眼目睹了盛衰轉換的種種跡象，他們不願以天朝

盡善盡美的幻想來欺騙自己，先覺者的社會責任感，促使他們以
自己的觀察與感受，向全社會發布危機預告，驚呼春光明媚、夏
日融融的宜君宜王時代已告結束，而秋氣蕭瑟、悲風驟至的淒冷
時節將要到來。

　　危機如同凜然秋氣，逼近社會的各個角落。當統治者尚沉醉
於武功文治的輝煌業績中時，留心古今的知識群體，已從歷史的
縱向比較中，嗅到凜然秋氣的逼近和山雨欲來的氣息。百餘年的
太平盛世之後，國內人口劇增、生齒日繁、資源匱乏的矛盾日趨
激化，加之劇烈的土地兼併，一部分農民失去賴以生存的土地而
成爲流民。仕途的擁擠及幕府制度的實行，使各級官僚集團日益
膨脹，形成越來越龐大的寄生階層。士、農、工、商四民之外浮
民的日益增多，成爲懸在清政府頭上的一把隨時可落下的利劍。
龔自珍論浮民之虞道：

　　　　自乾隆末年以來，官吏士民，狼顙狽蹶，不士、不農、
　　不工、不商之人，十將五六；又或餐煙草，習邪教，取誅戮，
　　或凍餒以死，終不肯治一寸之絲、一粒之飯以益人。承乾隆
　　六十載太平之盛，人心慣於泰侈，風俗習於遊蕩，京師其尤
　　甚者。自京師始，概乎四方，大抵富戶變貧戶，貧戶變餓者，
　　四民之首，奔走下賤，各省大局，岌岌乎皆不可以支日月，
　　奚暇問年歲。⑥⑦

生齒日繁，氣象益險，國民生計由太平之盛漸漸淪於「富戶變貧
戶，貧戶變餓者」的境地，而國家朝廷救急之策，「不外乎開捐
例，加賦，加鹽價之議」。此類救策，「譬如割臀以肥腦，自啖
自肉，無受代者。」⑥⑧浮民增多，加上承平日久，內政不修，清
政府全盛的釉彩，正日漸剝落，捉襟見肘之窘態，處處可見。管
同嘉慶末年代人作《擬籌積貯書》，驚呼京師貯糧不過僅支一歲

而已：

> 臣聞京師者，天下之大本，積貯者，國家之大務。今海
> 內飛芻挽粟，歲至京師，意京倉所積穀，多備十年，少亦宜
> 支數歲。而以臣所聞，不過僅支一歲而已，臣甚駭之。《記》
> 曰：國無六年之畜曰不足，無三年之畜曰急。以國家全盛，
> 積貯止此，設不幸東南有水旱，漕不克繼；或淮、徐、兗、
> 濟之間有大盜如王倫者阻於途，俾不得達；或畿輔倉卒有事，
> 用穀倍常時；三者有一焉，雖有研桑，不知計所從出矣。⑥

明清兩代京師之糧，多是從江南經水道漕運而至。乾隆年間，京
師積貯號稱可支二十餘歲，至嘉慶末年，海內飛芻挽粟，京都貯
儲尚不過僅支一歲，盈虛如此懸殊，怎不令人驚駭。設想一旦漕
運受阻，則京師不日將成為一座餓城。管同的京師積貯之慮與龔
自珍「各省大局，岌岌乎皆不可以支日月」之說，同是一種對衰
世的感慨與隱憂。

漕運、鹽務、河工，被清人通稱為三大政。漕、鹽、河三政
均與國計民生有著密切的聯繫，在國家經濟事務中，占據著重要
的地位。但由於長期因循舊例，經營管理不善，三大政至嘉道之
際，弊端叢生，成為國家財政收入難以堵塞的三大漏卮。漕運包
括徵糧、運糧、入倉等多項環節，每一環節都有官吏營私舞弊，
巧取豪奪，中飽私囊，最終導致糧價飛增，使運抵京師的漕米為
當地價格的十數倍。魏源言漕運過程中層層盤剝道：

> 屯艘行數千里之運河，過淺過閘有費，督運催攢有費，
> 淮安通霸驗米有費，丁不得不轉索之官，官不得不取贏於民。
> 合計公私所費，幾數兩而致一石。⑦

鹽務如同漕運一樣，由於鹽官與鹽商相互勾結，鹽官得鹽商之賄
賂，給予鹽商以種種方便，鹽商一方面哄抬鹽價，一方面逃避繳

稅，使生產者、消費者利益受損，而國庫鹽稅收入大減。至於黃
河治理，更是困擾清政府的大事。由於黃河長年失修，河底淤泥
日高，嘉道之際數十年間，河堤幾乎年年潰決。政府每年撥巨款
治河，但多被官吏貪污揮霍。薛福成《庸庵筆記》追記道光年間
南河總督衙門濫用治河經費及其奢侈之舉道：「每歲經費，銀錢
百萬兩，實用之工程者，十不及一。其餘以供文武員弁之揮霍，
大小衙門之酬應，過客游士之餘潤，凡飲食、衣服、車馬、玩好
之類，莫不鬥奇競巧，務極奢侈。」⑪如此暴殄天物、揮霍錢財，國
家雖歲糜巨幣以治河，河何可言治！

　　與漕、鹽、河弊政同爲士人擔憂者是鴉片的氾濫。蔣湘南追
溯鴉片貿易愈演愈烈之歷史道：

>　　夫鴉片之源源而來者，非一日之故矣。明代成化中，中
>貴收買，其價與黃金等。本朝則康熙二十三年，始以藥材上
>海關之稅，每歲二百箱而已。乾隆三年，私買者四千餘箱。
>嘉慶元年，奉旨查禁，粵省大吏以「暫事羈縻，徐圖禁絕」
>入奏，於是因循日甚。其突增至二萬箱者，則在道光六年設
>水師巡船之後，道光十二年裁巡船，而積習已不可挽。十七
>年，復設巡船，議定每千箱以若干箱送水師報功。是年，進
>口者遂五萬箱。大抵水師有費，巡船有費，營訊有費，差保
>有費，窯口有費，自總督衙門以及關口司事者，無不有費。
>⑫

隨著鴉片貿易的日益擴大，國內吸食鴉片者日益增多。據蔣湘南
估計：「今之食鴉片者，京官不過十分之一二，外官不過十分之
二三，刑名錢穀之幕友，則有十分之五六，而長隨、吏胥，更不
可以數計。」⑬鴉片貿易不斷增大的直接後果，是煙毒遍於天下，白
銀流往海外，民敝神而國耗財。包世臣謂「沿海大戶，皆以囤煙

土為生。至以囷土之多寡，計家產厚薄。夷以土入，華以銀出，以致銀價踴貴，公私交病。」㉔林則徐謂，全國人口四萬萬有餘，「若一百分之中僅有一分之人吸食鴉片，則一年之漏卮即不止於萬萬兩。」「內地膏脂年年如此剝喪，豈堪設想。」「若猶泄泄視之，是使數十年後，中原幾無可以禦敵之兵，且無可以充餉之銀。興思及此，能無股栗？」㉕

在鴉片貿易日益擴大，成為漕、鹽、河之後國家財政的又一大漏卮的時候，魏源比較明清兩代政事之得失，痛心而言：「黃河無事，歲修數百萬，有事塞決千百萬。無一歲不虞河患，無一歲不籌河費，此前代所無也；夷煙蔓宇內，貨幣漏海外，漕鹾以此日敝，官民以此日困，此前代所無也；士窮而在下者，自科舉則以聲音詁訓相高，達而在上者，翰林則以書藝工敏，部曹則以胥吏案例為才，舉天下人才盡出於無用之一途，此前代所無也。」㉖病漕、病鹾、病河、病煙、病吏、病民，財物匱乏，人才出於無用之途，清王朝已是多病纏身，國事危如積卵，怎可再高枕無憂，諱病忌醫，作優游不急之言。

海內虛耗，良可憂懼，而民不聊生，無以安居樂業，致使天下紛紛多事，更不可等閒視之，嘉慶年間，白蓮教、天理教相繼起事，打破了清王朝百年承平、天下無事的寧靜。尤其是天理教在旬日之間，連破數縣，直逼京城，蹀血闕庭，更是今古稀聞。清王朝最高統治者雖驚駭於事變，卻在《遇變罪己詔》中自我辯護道：「朕雖未能仰紹愛民之實政，亦無害民之虐事。突遭此變，實不可解。」管同就白蓮教盛行、天理教攻入北京與嘉慶之《遇變罪己詔》發表看法，以為事雖起於猝然，而又發之於必然；若眼前之寇不能速平，天下云合響應之勢則必成。其《上方制軍論平賊事宜書》論曰：

> 同所慮者,不在乎已興之寇與州縣之已被賊踐者也。國
> 家承平百七十年矣。長吏之於民,不富不教,而聽其飢寒,
> 使其冤抑,百姓之深知忠義者蓋已鮮矣。天下幸無事,畏軟
> 而隱忍無敢先動,一旦有變,則樂禍而或乘以起,而議者皆
> 曰「必無是事」。彼無他,恐觸忌諱而已。天下以忌諱而釀
> 成今日之禍,而猶爲是言與?夫豈忠臣義士憂國家者之所敢
> 出歟?

管同將所謂「賊寇」之興,歸於長吏不富不教,聽其飢寒,使其
冤抑。不富不教之責,豈獨長吏所能承當?其又謂禍起蕭牆,並
非陡然而至,議者恐觸忌諱而不敢直言報憂,天下以忌諱而釀成
今日大禍,又豈惟議者之咎!管同又以爲,已興之寇尚不足慮,
而天下云合響應之禍起,則雖有管、樂出,也難以措手。此種預
料,卻是不幸言中。自白蓮教、天理教之後,被管同稱之爲「田
野之奸」、「閭巷之俠」的不治不安之民的活動遂此起彼伏,一
發而不可收拾。黃爵滋道光 15 年所寫的《敬陳六事疏》論列鴉
片戰爭前夕「匪民」四起之聲勢及靖而不除之原因道:

> 天下多一失業之民,即天下多一生事之民;天下多一生
> 事之民,即天下多一不治之民也。以臣所聞,直隸、山東、
> 山西之教匪,河南之捻匪,四川之啯匪,江西之鹽梟,江西、
> 福建之擔匪、刀匪,及隨地所有不著色目之棍匪、竊匪,地
> 方官慮其生事,未嘗不查案,而終莫能使之改革者。無業以
> 管其心智、才力而使之得食,故乃狃於故轍也。夫既禁之不
> 從,必且取而誅之,則又安可勝誅?⑱

生民因無以爲業、無以爲食、飢寒莫禦、冤抑莫伸便鋌而走險,
政府不能治本而使其安居樂業,一味禁止與誅殺,則必然是禁不
勝禁、誅不勝誅。

經濟日蹙，漏卮不塞，民生維艱，天下多事，固然使人觸目驚心！而官僚政治腐敗，貪污瀆職成風，奉職爲官者，無有爲進取氣象，中央行政權威，處處受到挑戰。諸種政府機制的無能和國家機器的朽腐現象，更令天下人失望。曾任政府要職的徐繼畬在描述其家鄉山西吏治時寫道：「晉省向有富足之名，謁選者犂得山西，欣然有滿載歸來之意。」於是，一俟上任，便「拼不潔之虛名，享無窮之厚實」，「竭其聰明才力，盡瘁於納賄之一途。至於民生之休戚，地方之利弊，無復有過而問焉者矣。」⑦地方官吏對民生休戚不管不問，對朝廷大事，則敷衍塞責。徐繼畬以爲數年以來，即使是皇上親自交辦的巨案要案，也「大半融化消弭，竟未有水落石出，大快輿論者。」⑧究其原因，在於地方督撫但求本地苟安而事事回護，欽差大臣畏避喜事深刻之名而處處調停，結果是上下沆瀣一氣，矇騙輿論，矇騙中央。這種政府高級官員間心領神會地聯合作弊，直是狎玩綱紀，失天下之望。

明哲保身、不思作爲、不求有功、但求無過的奉職心態與貪贓枉法，有罪不懲、有冤不伸、鋪張粉飾、欺上罔下的官僚行爲，極大地破壞了政府的權威與行政運行機制。魏源稱此類「以推諉爲明哲，以因襲爲老成，以奉行虛文故事爲得體。惡肩荷，惡更張，惡綜核名實」，「遇大利大害則動色相戒，卻步徐視而不肯身預」⑧者，與「除富貴而外不知國計民生爲何事，除私黨而外不知人材爲何物；所陳諸上者，無非膚瑣不急之談，粉飾潤色之事；以宴安鴆毒爲培元氣，以養癰貽患爲守舊章，以緘默固寵爲保明哲」⑧者，爲「窶陋之臣」、「腐儒鄙夫」，各級各地官員模仿效法，相習或風，則使封建政治體制患上可怕的瘻痹不仁之症，整個國家機器，「譬之於人，五官猶是，手足猶是，而關竅不靈，運動皆滯。」⑧

　　將政府官員之畏葸不振、無所作為，封建政體之痿痹不仁之
症歸咎於高度集中而向極端的封建專制制度，是一代士人的共識，
姚瑩著《通論》，痛斥「習委蛇之節，而忘震驚之功，仍貪冒之
常，而昧通時之識」，「一聞異論，則搖手咋舌，以為多事」之
士，是「坐視大廈之敧而不敢易其棟梁者。」[84]士氣摧蕩到此，
並非國家幸事。國家一旦有難，則普天之下，無有挺身而出，拯
道濟弱，備奇才智勇，抱非常之略者。龔自珍在《古史鉤沉論一》
中，以其特有的撲朔迷離、雄詭雜出的文字，揭示霸天下者摧殘
士氣之用心：「霸天下之氏，稱祖之廟，其力強，其志武，其聰
明上，其財多，未嘗不仇天下之士，去人之廉，以快號令，去人
之恥，以嵩高其身。一人為剛，萬夫為柔，以大便其有力強武。」
一夫為剛，萬夫為柔，一人號令，萬眾臣服，不允許有獨立思考，
不允許於號令之外有所作為，這正是封建政治走向僵化、走向極
端專制的標誌。霸天下者「大都積百年之力，以震盪摧鋤天下之
廉恥」，而霸天下者一旦失卻王霸之氣，進入「其力弱，其志文，
其聰明下，其財少」的困頓之境，則於何處可求有廉恥之心，有
凜然氣節之臣？霸天下者可謂是咎由自取。

　　秋氣橫生，百病纏繞，嘉道之際知識群體以重重疊疊的筆觸，
勾畫出一個沒有色彩，沒有聲音，沒有黃鐘大呂，沒有勃勃生機
的世界。「憑君且莫登高望，忽忽中原暮靄生」[85]，「天地有滄
桑，知己以為寶。不見秋風吹，辟物已枯槁。萬變亦尋常，消弭
苦不早。槭槭無時終，耿耿向誰道？」[86]「秋心如海復如潮，但
有秋魂不可招……氣寒西北何人劍？聲滿東南幾人簫。」[87]「秋
氣不驚堂內燕，夕陽還戀路邊鴉」[88]，「秋氣已西來，元蟬鳴未
休，笑彼不知時，詎識中多憂。」[89]紛紛紜紜的咏秋詩句，傳達
出一代士人因人間秋事降臨而悲慨交集的感受。龔自珍寫於

1839年的《己亥六月重過揚州記》，就揚州繁華已去而人心不
覺、承平依舊的景象，抒發深沉的感慨。作者在市面熙攘、山水
治華與士人論文較詩、乞序題辭，「居然嘉慶中故態」的種種承
平表象中，感受到「淒馨衰艷之氣，繚繞於橋亭鑑舫間」，令人
「魂搖搖不能自持」，自知「拿流風，捕餘韻，烏睹所謂風號雨
嘯，魑狐悲、鬼神泣者」此類自欺欺人的日子並不會維持太久。
龔自珍以四時更替為喻，解釋人們承平日久，茫然不辨衰世之象
的社會心理原因道：「天地有四時，莫病於酷暑，而莫善於初秋，
澄汰其繁縟淫蒸，而與之為蕭疏澹蕩，冷然瑟然，而不遽使人有
蒼莽寥沉之悲者，初秋也。」初秋時節，人沉溺於暑威除卻的愜
意之中，而無睹於秋象，無聞於秋聲，昏昏然不知悲寒將至，此
正是令識在機先的驚秋之士悲憤交集、惶惶不可終日的原因。「
履霜之屬，寒於堅冰，未雨之鳥，戚於飄搖，痹瘰之疾，殆於癰
疽，將萎之華，慘於槁木。」[90]龔自珍以準確雋永的語言，表露
出一代士人葉落知秋時節，最難將息的憂憤心境，而其以瑰麗神
秘著稱的《尊隱》一文所描繪的「日之將夕，悲風驟至，人思燈
燭，慘慘目光。吸引暮氣，與夢為鄰」的「昏時」景象，又正是
眼前世界的藝術寫照。

　　在嘉道之際知識群體中，龔自珍善於以其旁出泛湧的文思，
雄詭雜出的語言，撲朔迷離的隱喻，表述他對形勢時運的洞悉與
判斷。龔氏在《乙丙之際箸議第九》中，將今文經學傳統的三世
說，演繹為治世、衰世、亂世，而以人才的盛衰與境遇，作為三
世推移的標誌。世至有才能者無以自存，生背異悖悍之心，「起
視其世，亂亦不遠矣」。在《尊隱》中，龔自珍又將一日分為早、
午、昏三時。當早、午宜君宜王之時，人才薈萃於京師，萬方來
歸於朝廷，山林冥冥，但有鄙夫、皂隸、窒士。而至「日之將夕，

悲風驟至」之昏時，山林勢重而京師勢輕，京師「俄焉寂然，燈燭無光，不聞餘言，但聞鼾聲，夜之漫漫，鶂旦不鳴」，一片死氣沉沉，而「山中之民，有大音聲起，天地爲之鐘鼓，神人爲之波濤矣。」這種人才盛於野而衰於朝、生氣聚於野而散於朝的現象，同爲衰世、亂世的徵兆。

如果說，龔自珍以衰世、亂世說與昏時說暗喻他對社會時局的總體評價，其意象尙稍顯晦澀朦朧的話，姚瑩的「艱難之天下」說，則表述得直截了當，一覽無餘，姚瑩在《復管異之書》一文中，同樣把天下分爲3種類型，稱之爲「開創之天下」、「承平之天下」、「艱難之天下」。其論「艱難之天下」道：

> 及乎承平日久，生齒日繁而地利不足養，文物盛而乾盾不足威，地土廣而民心不能靖，奸偽滋而法令不能勝，財用竭而府庫不能供，勢重於下，權輕於上，官畏其民，人失其業。當此之時，天下病矣，元氣大虧，雜症并出，度非一方一藥所能愈也。[91]

其「艱難之天下」所列舉的種種雜症，不正是清王朝嘉道之際所面臨的重重危機嗎？其「勢重於下，權輕於上」之說，正與龔自珍山林盈而京師虛之說相契合。而「開創之天下」、「承平之天下」、「艱難之天下」，又何嘗不是治世、衰世、亂世與早時、午時、昏時喻意的直接破譯呢？「天下病矣，元氣大虧，雜症并出，度非一方一藥所能愈也」，此所以一代士人戚於飄搖，奔走呼號，作驚秋之語，圖綢繆之策者。

「衰世」、「昏時」與「艱難之天下」的社會總體評價，無疑仍是依據盛衰、治亂、王霸的傳統社會價值標準，在中國歷史的縱向比較中進行的。在一個封閉得十分嚴密，而又缺乏近代大工業生產條件的農業國度，在帝國主義的大炮尙未驚醒東方帝國

強盛之夢的鴉片戰爭前夕，擺脫昏時的夢魘，除卻衰世的雜症，
重睹宜君宜王之景象，由艱難之天下重新步入開創之天下、承平
之天下，似乎是無可選擇、順理成章的現實演進道路。嘉道之際
一代知識群體的危言聳聽、籌謀策劃，大都出於對封建盛世、仁
政王道芳菲重現的渴望與堅信，這種渴望與堅信給這一時期的文
學，蒙上了一層虛幻的色彩。無數個補天情結，織成了夢幻的大
網，使富有理性與現實深度的社會批判，在轉向社會改革方案的
探尋時，突然變得充滿浪漫氣息。對興衰治亂歷史循環論的迷悟，
過分相信封建肌體的再生性與重建能力，再加上知識群體的目光
視野始終拘囿於中土華夏的範圍，他們在進行社會批判時顯得勇
猛無畏、深刻有力，在討論變革途徑時，則變得書生氣十足，甚
至迂腐淺薄。驚秋與救敝是嘉道之際文學中一個重要的不可分割
的表現主題，在這一表現主題中，驚秋意識的深邃寬廣與救敝方
策的平庸纖弱，構成了一種極大的反差。這恐怕是光緒年間門戶
打開之後梁啓超等維新志士「初讀定庵文集，若受電然，稍進乃
厭其淺薄」⑨²的重要原因。時代的局限，是任何人都無法避免的。

　　鴉片戰爭前夕的一代士人中，最熱切而明確地呼喚改革風雷
的莫過於龔、魏。魏源「天下無數百年不敝之法，無窮極不變之
法」⑨³、「小更革則小效，大更革則大效」⑨⁴的呼籲，龔自珍「
一祖之法無不敝，千夫之議無不靡，與其贈來者以勁改革，孰若
自改革」⑨⁵的名言，都表現出強烈的救敝圖新的要求。其「自改
革」之說，代表了知識群體的普遍意向。他們對社會弊端和醜陋
的揭發，正是要激發政府補天自救的覺悟，他們旨在起衰救敝和
種種建議，也是希望通過政府去採納落實。

　　這是一場散亂的、自發的、由補天情結所支配的救敝改革騷
動，支撐著改革熱情和自救信念的是對帝國盛世再現的憧憬與渴

望。以「國士」、「醫國手」自期的知識群體，無不希望通過對舊有政體和思想文化體制的自我完善與調節來消除危機，應付世變。他們根據最深切的自我感受，在傳統思想文化的武庫中，尋求著救世的靈丹。文人的天眞和浪漫氣質，恰恰在這充滿空想與夢幻色彩的尋求中得到充分體現。他們或希望通過讀經、注經，把經籍中的普遍原則貫徹到社會治理中去的辦法來振興政治文化；或鼓動重新高揚理性主義的旗幟，興起人之善氣，遏制人之淫心，從而改善道德、風俗；或主張培植士氣，尊重人才，簡政放權，發揮士及師儒的輔政作用；或強調以農爲本，解決好河、漕、鹽諸政，緩和經濟危機；甚至主張按宗法血緣關係重新分配土地，以縮小貧富差距。在連篇累牘的政論之文中，仁政得施，王道實行，帝王得道多助，臣者惟德是輔，敝絕風清，朝野聲氣相通，人盡其才，物盡其用，本固末盛，物阜財豐，成爲衆筆所重重描繪的理想境界。但這種盛世強國之夢，不久便徹底破滅。已是老態龍鍾步入封建末世的東方帝國，再也沒有雄風重振的機會。鴉片戰爭之前，封建帝國在封閉狀態下的虛假繁榮與強盛，使清政府與全社會並沒有眞正清醒地認識到生存危機的存在，知識群體所表現的憂患意識與救敝呼籲，常被視爲杞人憂天；鴉片戰爭之後，中國被迫加入全球性的戰爭角逐與生存競爭中，封建王朝盛衰治亂的歷史循環也因此趨於紊亂以至於中斷，新的生存課題咄咄逼人，這就使一代知識群體所開具的種種「以古方出新意」的救世之方，無從施用與落實。不爲世人理解的救世熱情與急遽變化的社會現實，使一代志士撫膺長嘆。魯一同在《復潘四農書》中，曾以醫者、病者作比，揭示了救世者與政府、社會之間的隔膜。病者於病情並不自知，但憑起居燕笑、充好如常便諱疾忌醫；醫者雖有救國奇方，卻無法爲病者所接受、所理解：「醫者既苦

於不信，病者又苦於不知，而病又不可久待，久待益深，益不信
醫。」病者、醫者之間存在著一種由不信任而造成的緊張，使醫
者無從措手而病者愈趨沉重。作爲醫者之一，魯一同和呼籲救敝
改革的知識群體一樣，一方面表現出救國救世、捨我其誰的自信，
另一方面，又充滿著不見用世的惆悵與無奈。自信使他認爲：「
雖世之病者，未必假藉一試，然善吾方，謹藏吾藥，必有抄撮薈
萃獲效者。」無奈又使他承認：「天下事深遠切至者，非吾輩所
宜言。縱言之善，及身親多齟齬，不易措手。」⑥魏源是以海運
代漕運的積極主張者。在道光初年海運一度實行後，其曾興奮地
稱讚此事是「事半而功倍，一勞而永逸，百全而無弊，人心風俗
日益厚，吏治日益盛，國計日益裕，必由是也，無他術也。」⑰
但隨後他就發現，救敝之事並不如此簡單和值得樂觀。鴉片戰爭
後兩年，他在談論黃河治理問題時，則慨然而嘆道：「吁！國家
大利大害，當改者豈惟一河！當改而不改者，亦豈惟一河。」⑱
步入頹敗之境的清朝帝國，雜症並出，牽一髮而動全身，非一方
一藥所能奏效。從救世的自信走向救世的無奈，雖給一代士人帶
來失望的痛苦，但也帶有幾分歷史發展的必然。滿足於「以古方
出新意」⑲與「藥方只販古時丹」⑳。已不足於應付世變，解救
殘局。鴉片戰爭後的情形，更是如此。

　　在嘉道之際文學中，與驚秋救敝表現主題構成犄角之勢的是
憂民自憐主題。同驚秋救敝主題類似，憂民自憐是一種組合性主
題。其中，「憂民」重在表現一代士人哀民生之多艱、歌生民之
病痛的惻隱之懷，「自憐」則重在抒寫一代士人感士不遇的牢愁
和對自我人格高潔、完滿境界的內在追求。與驚秋救敝主題著眼
於時代風雲的把握和現實課題的思索相比，憂民自憐主題主現出
更多的對傳統文學精神的追尋；驚秋救敝主題表現了歷史轉型期

文學獨特的情感風貌，而憂民自憐主題則與中國文學生生不息的人道主題，構成了承接匯流之勢，兩大表現主題之間有著互相滲透、交融的層面，它們在一代士人意氣風發、以天下爲己任的思想基礎上構成了和諧統一。

民生民瘼是邦國盛衰的顯性標誌，是「軍國」、「政治」與「天下事」中的大宗。對民生民瘼寄於同情關注，以富有惻隱之心、合於諷諭之旨的筆觸揭示生民病痛，是中國文學的優秀傳統，也是中國士人參與社會政治，實現兼濟之志的重要方式。嘉道之際士人秉承議論軍國、臧否政治慷慨論天下事的文學精神，在揭露衰世之象、謀求綢繆之策的同時，對蒼生憂樂、黎元困頓，別具隻眼，縈縈於懷，其「慷慨論天下事」的詩文作品中，每每將世情民隱、百姓病痛形諸筆端。

嘉道之際天災頻仍，民生困於旱潦、困於癘疫、困於饑饉、困於兵革盜賊，大江南北，一派民不聊生、哀鴻遍野的景象。魏源寫於1814年的《北上雜詩七首》，描寫了北方農民在春夏青黃不接、飢餓難捱之時，爭吃有毒的蕎麥花，以至於「僵者亂如麻」，「投之北邙坑，聚土遂成墳」的情景。張際亮的《哀流民》，記敘了1823年「東南諸省大水，楚災尤劇，其流民丐入吾閩者日至百人，或死於道」的慘狀，湯鵬的《今我不樂行》言湖南水災之後，「大麥小麥污泥折，十家五家白骨僵。飢民暴客相倚著，一呼百和紛陸梁。」姚燮《哀雁》一詩，以哀雁作喻，寫南方苦旱，北方苦潦，海上窮兵，千里愁雲籠蓋，流民流離失所，無以托身的悲苦。魯一同《安東歲災記敘》言道光登基後「十三年間，災居其六七」，文中描寫道光13年（1833）間鳳泗地區之水災道：「自江以北，北抵齊，西距徐鳳，東盡海，延袤八九百里間，鞠爲茂草矣。」饑饉之災，使盜寇叢生，「盜之繫於獄者，至不

能容趾。」水災過後，百姓無以為生，溝渠田野，人屍枕藉，賣兒賣女，啼叫悲號，令人不忍目睹。

民困頓於天災，復罹難於人禍。魏源在鴉片戰爭前寫成《江南吟》、《都中吟》等組詩，揭露了清政府對農民的重重盤剝。其《江南吟》之七《再清查》一詩寫道：「再清查，三清查，新舊款目多如麻。前虧未補後虧繼，轉瞬又望四查至。借問虧空始何年？半緣漕項半攤捐。幫費愈加銀愈貴，民欠愈多差愈匱。」清政府如此拚力向農民轉嫁經濟危機，民力何以得舒？江南富庶之地民力窘迫如此，其他貧瘠地區則更是可想而知。姚瑩1838年寫於自京返家途中的《南轅雜詩》，有一首寫江南蝗災，奪民之食，民既苦於蝗災，復又苦於官賦，「不憂饉我身，何以充賦額。司徵有吏胥，沿門坐催迫。」龔自珍寫於1839年的《己亥雜詩》，其中有「不論鹽鐵不籌河，獨倚江南涕淚多。國賦三升民一斗，屠牛那不勝栽禾」的詩句，也表現了江南百姓苦於賦稅、苦於官府盤剝的景況。在哀民生之多艱、歌生民之病痛的憂民主題下，蘊藏著嘉道士人一片憂時憫世、民胞物與的情懷與仁愛之心，同時，又表現出他們對傳統的補察時政、洩導人情等風人之旨的追尋。龔自珍詩云：「黔首本骨肉，天地本比鄰。一發不可牽，牽之動全身，聖者胞與言，豈夫誇大陳。四海變秋氣，一室難為春。宗周若蠢蠢，蓼緯燒成塵。所以慷慨士，不得不悲辛。看花憶黃河，對月思西秦。貴官勿三思，以我為杞人。」⑩憂天之未傾，作杞人之思，正是根源於「黔首本骨肉，天地本比鄰」的博愛精神。天下一家，四海同胞，憂樂與共，休戚相關，故而慷慨之士，無不念念於民生疾苦，並將憂天下之憂的惻隱之心，轉化為諷諭之聲，以待察民情、觀人風者。張際亮作《哀流民》詩，意在「冀當局聞而加憫焉」。魯一同寫《安東歲災記敘》，

稱此文據實而錄，旨在「使後之人有所觀覽焉」。魏源、姚燮的樂府之作，更是遙接元、白樂府之緒。

嘉道士人悲天憫人的情懷在推己及人的心理過程中，還常常轉化爲「自責」的意緒，這種意緒在詩文的字裏行間不時地流露出來。湯鵬的《今我不樂行》在描述「黔中楚中沒禾稼，江南江北浮屋梁」[⑩]的水災慘景後，捫心自問：「食君之祿夫如何，一夜十起思行藏。」張際亮目睹弋陽地區蝗災、旱災肆虐，百姓流離失所、凍餓哀號之情狀，頓生「我行忍屢見，飽食情所恥。未失彼蒼心，冥冥意何以」[⑩]的內疚與悲愴。龔自珍自京師歸抵淮浦，看到運河中北上的糧船，聽到縴夫們沉重的勞動號子，寫下了「我亦曾糜太倉粟，夜聞邪許淚滂沱」[⑭]如此帶有濃重自責色彩的詩句。同情、諷諭、自責，形成了憂民主題的三部曲。在憂民主題下，嘉道之際士人的情緒感受，是極具有現實真實的，而其內在憑藉與表現形態，則與傳統文學構成了承接回應之勢。

士階層的自憐意緒，也是傳統詩文中常見的表現主題。自憐主題既包蘊著士階層對理想人生、理想人格的執著追求，又承載著其追求過程中自然伴隨的種種失意和惆悵；自憐既具有士階層對自我形象、自我行爲的愛憐、讚美和心靈自慰的意義，同時也蘊藏著憤世嫉俗、斥奸刺邪的批判鋒芒。自憐主題帶有最爲濃郁的自我色彩，是讀者借以窺知創作主體心靈宇宙的重要窗口。在嘉道文學的自憐主題中，其對讒諂蔽明、方正不容世象的感憤牢騷和對冰清玉潔、獨立特行品格的自我期待，喚醒我們對古典文學長河中佩蘭紉蕙、獨清獨醒之高士形象的記憶；而其驚於秋聲、戚於飄搖的哀怨感傷與挽狂瀾於既倒的執拗狂放，則又把我們拉回到山雨欲來衰象層出的特定時代。我們試圖借用龔自珍的「劍氣簫心」之說，描述嘉道之際文學所涵泳的自憐意緒。

在龔自珍的詩詞中，「劍」與「簫」是兩個經常對舉並列的詞語。其作於1823年的《漫感》詩云：「一簫一劍平生意，負盡狂名十五年。」同年所寫的《醜奴兒令》詞云：「沉思十五年中事，才也縱橫，淚也縱橫，雙負簫心與劍名。」可見其平生對一簫一劍、簫心劍名是何等的看重，何等的珍惜，詩人潛心孜孜追求者在此，藉以傲世者亦在此。「劍氣簫心」首先表現爲一種人格理想，這種人格理想充溢著敢憂敢憤、敢有作爲、富貴不淫、貧賤不移的思想意志，它既有惻悱情思，眷眷愛心，「樂亦過人，哀亦過人」⑩，歌哭無端的一面，又有「大言不畏，細言不畏，浮言不畏，挾言不畏」⑯，放言無忌、狂狷不羈的一面。敢愛敢恨，培植情根，即爲簫心；敢做敢爲，鋒芒畢露，即爲劍氣。其《己亥雜詩》中「亦狂亦俠亦溫文」的詩句，正是對「劍氣簫心」品格的詮釋。「劍氣簫心」又表現爲經世抱負和不遇情懷。其《又忏心一首》云：「經濟文章磨白晝，幽光狂慧復中宵。來何洶湧須揮劍，去尚纏綿可付簫。」經世的幽光，濟民的狂想，洶湧而來，纏綿而去，來須揮劍者，爲報國之雄心，去可付簫者，爲不遇之哀怨。「劍氣簫心」還是一種審美追求。龔自珍《湘月》詞云：「怨去吹簫，狂來語劍，兩樣消魂味。」簫怨多感慨之詞，似《騷》而近儒；劍狂多不平之語，似《莊》而仙、俠；感慨之詞憶之纏綿，不平之語觸之崢嶸，纏綿之懷，崢嶸之貌，「並之以爲心」，「合之以爲氣」，即是「劍氣簫心」的審美境界，劍氣簫心用以寫不世之懷抱，抒不世之奇情，「受天下之瑰麗而洩天下之拗怒。」

「劍氣簫心」之說中所包涵的獨立不移的人格理想，不屈不撓的救世意志，亦狂亦怨的審美追求，可以用來概括嘉道之際士人自我設計、自我期待、自我完善過程中的種種追求。在學風士

風轉換的呼喚，新的文學精神的陶鑄，以及驚秋救敝、憂國憂民
的詩文創作中，我們都能感受到劍氣簫心的跳盪與搏動。盛衰交
替的歷史氛圍，以天下爲己任、拯衰救溺的承擔精神與千瘡百孔、
積重難返的社會現實，造就了嘉道士人的精神氣質。這種精神氣
質以一言蔽之，可稱爲劍氣簫心。創造的渴望與艱難，拯衰的躁
動與蹉跎，都被涵括於劍氣簫心之中。嘉道士人引以自豪者在於
此，後代繼踵者奉爲風範者亦在此。在鴉片戰爭後的中國近代歷
史中，嘉道之際一代士人所開創的學風、士風、文學精神被繼承
沿續下來，甚至連他們托古改制的策略、歌哭無端的狂放，都被
繼承下來。一代士人劍氣簫心的風采，在戊戌變法、辛亥革命時
期新的一代志士仁人身上重現，成爲一種寶貴的精神財富。而嘉
道之際形成的議論軍國、臧否政治，慷慨論天下事的文學主潮，
則爲中國近代文學作了一個氣勢不凡的開場白。從這一時期開始，
文學家逐漸改變了閒適悠然的心境與花前月下的吟唱，以熱切的
目光追尋著現實生活的波光瀾影、萬千變化，以敏感的筆觸描述
著天下人間可悲可喜、可驚可嘆、英勇威武、卑瑣醜惡的種種事
態世相，以藝術的方式再現了中國人爲民族獨立、自由、解放而
進行的吶喊、抗爭及所經歷的苦難。從這裏起步的中國近代文學，
始終緊緊地擁抱著現實生活，注目著人間滄桑。

【附　註】

① 《龔自珍全集・咏史》。

② 梁啓超：《清代學術概論》。

③ 《落帆樓集・與許海樵》。

④ 《落帆樓集・與張淵甫》。

⑤ 《魏源集・武進李申耆先生傳》。

⑥　《魏源集·學篇九》。

⑦　《魏源集·治篇一》。

⑧　《龔自珍全集·乙丙之際箸議第六》。

⑨　《龔自珍全集·對策》。

⑩　《魏源集·治篇一》。

⑪　《魏源集·劉禮部遺書序》。

⑫　《魏源集·海國圖志序》。

⑬　《龔自珍全集·己亥雜詩》。

⑭　《魏源集·籌鹺篇》。

⑮　《魏源集·皇朝經世文編序》。

⑯　《魏源集·治篇五》。

⑰　《因寄軒文集·擬言風俗書》。

⑱　《龔自珍全集·明良論一》。

⑲　《龔自珍全集·明良論二》。

⑳　《中復堂全集·通論上》。

㉑　《藝舟雙楫·趙平湖政書五篇敘》。

㉒　《中復堂全集·復管異之書》。

㉓　《修本堂稿》。

㉔　《孟涂文集·上萊陽中丞書》。

㉕　《梅曾亮全集》。

㉖　《頤志齋文集》。

㉗　《中復堂全集·復管異之書》。

㉘　《清史稿·包世臣傳》。

㉙　梁啓超：《清代學術概論》。

㉚　《皇朝經世文續編序》。

㉛　方宗誠：《儀衛先生行狀》。

㉜ 《養一齋文集·蔬園詩序》。
㉝ 姚瑩：《中復堂全集·張亨甫傳》。
㉞ 《中復堂全集·湯海秋傳》。
㉟ 《養一齋集跋》。
㊱ 《淮安府志·魯一同傳》。
㊲ 梁啓超：《清代學術概論》。
㊳ 范麟：《讀安吳四種書論》。
㊴ 《左傳·襄二四年》。
㊵ 《張亨甫全集·與陸心蘭方伯書》。
㊶ 《張亨甫全集·與林少穆河帥書》。
㊷ 《因寄軒文集·方植之文集序》。
㊸ 《龔自珍全集》。
㊹ 《龔自珍全集》。
㊺ 《因寄軒文集·送李海帆爲永州府知府序》。
㊻ 《梅伯言全集·送陳作甫敘》。
㊼ 《張亨甫全集·與陸心蘭方伯書》。
㊽ 嚴可均：《鐵橋漫稿·楊秋室詩錄敘》。
㊾ 《龔自珍全集·歌筵有乞書扇者》。
㊿ 《張亨甫全集·沔陽郭外……》。
(51) 《海秋詩集·後慷慨篇》。
(52) 《魏源集·國朝古文類鈔序》。
(53) 《龔自珍全集·壬癸之際胎觀第四》。
(54) 《龔自珍全集·乙丙之際箸議第九》。
(55) 《龔自珍全集·定庵八箴》。
(56) 《魏源集·詩古微序》。
(57) 《魏源集》。

㊺　《梅曾亮全集·黃香鐵詩序》。

㊾　《梅曾亮全集·雜說》。

⑥　《中復堂全集·黃香石詩序》。

㊽　《龔自珍全集·長短言自序》。

㊽　《龔自珍全集·長短言自序》。

㊽　《龔自珍全集·長短言自序》。

㊽　《龔自珍全集·長短言自序》。

㊽　《中復堂全集·復方彥聞書》。

㊽　《龔自珍全集·書湯海秋詩集後》。

㊽　《龔自珍全集·西域置行省議》。

㊽　《龔自珍全集·西域置行省議》。

㊽　《因寄軒文集》。

⑦　《魏源集·籌漕篇》。

⑦　《庸庵筆記·河工奢侈之風》。

⑦　《七經樓文鈔·與黃樹齋鴻臚論鴉片煙書》。

⑦　《七經樓文鈔·與黃樹齋鴻臚論鴉片煙書》。

⑦　《安吳四種·致廣東按察姚中丞書》。

⑦　《林文忠公政書·錢粟無甚關礙宜重禁吃煙以杜弊源片》。

⑦　《魏源集·明代食兵二政錄敘》。

⑦　《因寄軒文集》。

⑦　《黃爵滋奏疏許乃濟奏議合刊》。

⑦　《松龕文集·請整頓晉省吏治疏》。

⑧　《松龕文集·請除大臣回護調停積習疏》。

⑧　《魏源集·太子太保兩江總督陶文毅公神道碑銘》。

⑧　《魏源集·治篇十一》。

⑧　張穆：《殷齋文集·海疆善後宜重守令論》。

⑭　《中復堂全集》。

⑮　《龔自珍全集‧雜詩，己卯自重徂夏》。

⑯　湯鵬：《海秋詩集‧秋懷九十一首》。

⑰　《龔自珍全集‧秋心三首》。

⑱　《龔自珍全集‧逆旅題壁，次周伯恬原韻》。

⑲　潘德輿：《養一齋集‧寓感五十首》。

⑳　《龔自珍全集‧乙丙之際箸議第九》。

㉑　《中復堂全集》。

㉒　《清代學術概論》。

㉓　《魏源集‧籌鹺篇》。

㉔　《魏源集‧御書印心石屋詩文敘錄》。

㉕　《龔自珍全集‧乙丙之際箸議第九》。

㉖　魯一同：《通甫文集》。

㉗　《魏源集‧海運全案跋》。

㉘　《魏源集‧籌河篇》。

㉙　魯一同：《通甫類稿‧復潘四農書》。

⑩⑩　《龔自珍全集‧己亥雜詩》。

⑩①　《龔自珍全集‧自春徂秋，偶有所觸，拉雜書之，漫不詮次，得十
　　五首》。

⑩②　《海秋詩集》。

⑩③　《張亨甫全集‧十五日夜宿弋陽筱箸嶺述感》。

⑩④　《龔自珍全集‧己亥雜詩》。

⑩⑤　《龔自珍全集‧琴歌》。

⑩⑥　《龔自珍全集‧平均篇》。

第二章 近代民族情緒的初漲與喧鬧

——鴉片戰爭詩潮描述

鴉片戰爭：無法中斷的歷史回憶——戰爭詩潮：全民族愛國憂憤情思的宣洩——情感流向：探求一代詩人感情世界的重要途徑——閉關自守與天朝帝國萬世長存幻夢的破滅——海國與兵事：戰爭詩潮的憂患母題——寫史意識向詩美意識的滲透——相似的情感基礎與意象群的生成——詩歌中客體形象的增多

一 民族災難與詩海潮汐

鴉片戰爭為中國人留下了充滿屈辱和噩夢般的記憶。這種痛苦的記憶無比深刻，以至於在戰爭過去100年後的今天，無論歷史學家怎樣引經據典，論述戰爭爆發的客觀效果，符合世界範圍的社會歷史進步法則，而歷史上的重大進步，總伴隨有痛苦、血淚和不幸。但這種付諸理性的歷史發展學說，終將無法熨平戰爭帶給中國人心靈上、情感上的創傷與痛苦。在世界還被劃分為許多國度的今天，對由本民族特定歷史經歷所引起的民族情緒的回憶，是無法中斷的，它甚至是一個民族精神凝聚力的重要源泉。

　　鴉片戰爭對中華民族來說，是一段特殊的歷史經歷。當英國把鴉片貿易轉換爲戰爭形式時，中國人在理智與情感上都無法接受這一突然降臨的事實。當清政府戰敗，簽定了割地賠款的《南京條約》，中國被迫進入一個條約制度的時代後，他們更是痛心疾首，困惑叢生。爲什麼英國遠隔重洋，竟不可一世，強行向中國傾銷毒品，在中國沿海挑起事端，而中國泱泱大國，正義在握，卻連連失敗，終至於恭順俯就，忍辱簽約？天朝上國的心理定勢，處理與夷狄爭端的歷史經驗，及最基本的民族自尊心與主權意識，使中國人無法接受這場戰爭及戰爭的結果。惶惑憂憤之思，殷殷愛國情懷，最先在詩的國度形成潮汐，掀起喧鬧。

　　這是一場不約而同的全民族多聲部合唱。災祲頻告，海氛突揚，民族被難，時事多艱，使不同階層抱有不同藝術追求的詩人驟然統一了歌唱的主題。鴉片戰爭前已勃然興起的「思乾坤之變」的志士之詩，在戰爭中找到了更實在的情緒附著之物，自然成爲合唱中的主聲部。這些詩人有魏源、林則徐、魯一同、張際亮、朱琦等。一些家居東南沿海地區的詩人，如姚燮、張維屏、陸嵩、林昌彝、金和、貝青喬、黃燮清，親歷戰亂，出入干戈，「每談海事，即慷慨激昂，幾欲拔劍起舞」①，故一改往日酬應山水之作，而注目於海疆烽火、民生苦難。一些慷慨激昂的詠事詠史之作，或幸存於山壁，或騰口於民間，詩存而作者名沒；一些名本不著於詩壇者，如梁信芳、周沐潤、張儀祖等，卻賴有佳作而名以詩傳。這是一場由戰爭而激發的詩海潮汐、詩國喧鬧，它裏挾著風雷、裏挾著怒吼、裏挾著對戰爭的詛咒、裏挾著愛國憂民的情思，撥天塞地，洶湧澎湃。這是一部衆人合作的戰爭史詩，它反映了戰爭的各個階段、各個局部及重大戰役，反映了由戰爭所引發的社會震撼與社會情緒，刻畫了戰爭中各色人等的心態和行

爲。這是紛亂社會秩序中的變風變雅，詩格蒼涼抑塞，悲憤遒勁，直抒胸臆，質直而無所諱飾，與窮工極巧、旨歸和平的才子學人之詩相較，自有別樣風韻。

我們不必妄自菲薄鴉片戰爭詩作所表現的民族情緒狹隘淺薄，或以唯美的眼光指斥其藝術品格率直粗陋。鴉片戰爭詩潮的價值，首先在於它是一個被凌辱、受損害民族痛苦情緒的記憶和抗爭的呼喚。透過歷史的風塵，我們應該從中著重追尋的是在那逝去了的充滿屈辱與痛苦的歲月裡，中華民族在認識世界、走向世界的過程中，經歷了何等艱難的精神歷程。

二　鴉片戰爭詩潮的情感流向

詩是詩人對人類與個體生存世界的獨特感受和評價。當19世紀中葉鴉片戰爭的八面來風搖動著中國詩人神旌心魄的時候，共同的生存環境、相似的生活視角和心靈感受，使一代詩作顯示出大致相同的情感流向，這是我們稱之爲戰爭詩潮的主要原因。因此，對戰爭詩潮所表現出的共同情感流向的分析，是探求一代詩人複雜多變的感情世界和痛苦艱難的精神歷程的重要途徑。

應該承認，鴉片戰爭主要是在沿海地區進行的，它只是一種局部戰爭。戰爭本身給中國經濟所帶來的破壞，遠遠不能和中國歷史上全國性的戰亂相比，甚至不能和清兵入關相比。但鴉片戰爭給中國人心靈上的震撼卻是巨大的。中國在戰場上的對手，是已經完成工業革命的英國資產階級，而他們所代表的又是正在世界範圍內氾濫的攫取性、貪婪性極強的資本主義洪流。他們高舉重商主義與民族主義的旗幟，處心積慮地不惜運用野蠻的方式得到中國市場。當曼徹斯特的製造商們正在算計著如果每個中國人的襯衣下襬長一英寸，他們的工廠就得忙上數十年的時候，中國

人卻把戰爭的原因歸咎於通商互市，天眞地想像著關閉通商門戶，以免自取外侮。

與海上國家通商互市，始於明末。清代康熙年間，曾開放海禁，設澳門、漳州、寧波、雲台山四關爲海上貿易港口。但至乾隆年間，便僅留廣州一港，其餘港口被取消關閉。對外貿易雖可取得一定的海關稅收，互通貨財有無，但中國自給自足的自然經濟、天朝上國的優勝心理，使中國皇帝睥睨一切地認爲：「天朝物產豐盈，無所不有，原不藉外夷貨物以通有無」②。甚至把通商看作是換一種形式的外邦朝貢和天朝恩賜。再加上早期資本主義國家來華通商，都帶有掩飾不住的海盜習性，衡量利弊，自然是國家安全重於對外貿易。這種以蜷縮而換得安全感的閉關政策，封鎖了中國與外部世界的交流，並逐漸形成了消極避害的民族心理定勢。因而，當英國以大炮裹挾鴉片進攻中國，並進一步提出開放更多通商口岸時，中國人首先想到的便是閉關彌難。

陸嵩在戰爭爆發之年所作的《禁煙嘆》中，認定久禁不止的鴉片貿易引發了戰爭，致使粵東、浙東等邊疆地區，烽煙四起。通商互市，自然是罪惡淵藪：「通市咎前朝，弊政貴早革。懷柔聖人心，庸庸彼焉識。因循廿年來，交易互交舶。……奸術墮不悟，漏卮嘆難塞」。把通商互市，看作聖人懷柔之舉，已有居高臨下之意。懷柔寬大之心，反招致戰禍，結局令人難以接受，以怨報德、恩將仇報的看法，加重了詩人心理的失衡。至戰事稍息，痛定思痛，陸嵩又有《追思》組詩，重申他的看法：「滄海風塵幸已清，追思往事尙心驚。百年壕鏡潛遺毒，一夕羊城竟啓兵。市以賄通原禍始，室由道築豈謀成。何堪卮漏仍難塞，遍地流金內府傾」。「百年壕鏡潛遺毒」，是指 1557年葡萄牙借口船上貨物濕水，需要「借地晾晒」，租上澳門一事。詩人以爲是澳門

租借種下了百年禍胎，羊城啓兵決非偶然。兵端既起，漏厄不塞，其禍害還可計量，而交易風起，渙散人心，破壞人倫，使民風不淳，道德淪喪，則禍害更是不可計量。詩人對此更是憂心忡忡：「所嗟中華尚禮域，已悲荼毒遭黃巾。堪更近畿許通市，衣冠錯雜且休論。百貨交易務淫巧，錢刀瑣較忘尊親。勢將盡驅入禽獸，誰教稼穡明人倫。嗚呼先聖去今遠，大道豈得常漸淪。」③中國為禮義之邦，自當道德至上。百貨交易，錢刀瑣較，會導致人倫泯滅，大道湮沒，人幾混同於禽獸，國將失立國之本。此種憂慮，在當時極富有代表性，它反映出中國古老的價值觀念與西方資本主義價值觀念的內在衝突，這種衝突，貫穿於中國近代歷史發展的始終。

　　伴隨著武力而來的鴉片貿易，給中國人帶來了不盡的苦難，早知今日遺害，何必當初交通，成為人們對明末以來對外通商互市及文化交流結果的普遍看法，它在鴉片戰爭失敗後仍持續很久。這種看法有其生成的合理性，但它無疑被戰爭的強力扭曲而變得失卻公正。方玉潤的《羊城志感》云：「十三國盡起洋行，一炬還餘海上光。利瑪竇傳天地奧，安期生遁水雲鄉。只知貨貝多淫巧，誰信芙蓉是斧戕。元氣耗殘關稅減，自來貽害為通商。」④從利瑪竇來華、到廣州十三洋行的建立，都被視為貽害之舉。王權《憤詩四首》其二云：「讀史一千卷，大恨明萬曆。幻來說海西，欲與周孔敵。堂堂詩禮邦，無人肯掊擊。……彼教一入門，流毒遂無極。誰信五洲圖，中有矛與戟﹖傷哉三百年，伏火竟難熄。」⑤追溯禍源，也是從明萬曆年間數起，甚至連利瑪竇所獻《五洲輿圖》，也被看作是機鋒暗伏，包藏禍心。詩人認為，300年來，正是對海西而來的思想異端，防堵不力，造成今日流毒無極。欲矯正弊端，則惟有閉關絕市。其《憤詩四首》其四云：

「偉哉古哲王，閉關絕海徼。貢市且不通，何由啓剽盜。四夷窺
吾邊，初若籌火爓。開門縱之人，坐看原野燎。」⑥以爲封絕海
域，不通貢市，剽盜即可無擾，戰火即可絕跡，這無疑是一種一
廂情願的幻想。

把戰爭爆發的原因歸咎於通商互市的存在，在消極避害心理
的支配下，得出閉關絕市、禦敵於國門之外的結論，這是善良平
和的中國人審視時局的兩度錯誤。中國特殊的地理環境與經濟條
件，使中國有過獨立封閉於世界之外的長久歷史。僅有的對外交
往，給中國人帶來的是四夷來王、輸誠向化的記憶和榮耀。但在
19世紀中葉，西方殖民主義正在全世界範圍內瘋狂地無孔不入地
尋覓著商品市場和殖民地的時候，中國早已失去了獨立封閉的世
界環境。同時，西方資本主義勢力的發展強盛與東方封建帝國的
沒落腐朽，正逐漸加大著兩者之間經濟、軍事力量的差別。對戰
爭背景的變化不甚注意，並感覺良好地一味憑借歷史的經驗和記
憶去思考問題，則不可能做到審時度勢，從而也無法做出正確、
迅速的反應。歷史留下了永久的遺憾。

抱著閉關彌難之一廂情願的一代詩人，不僅希望通過封絕海
域、不通貢市而杜絕戰爭，堵塞財政漏卮和思想異端，他們更渴
望重振帝國雄風，重睹天朝尊嚴，重享國富民強的溫馨。像一位
飽經風霜的老人，當已經失去血氣方剛的銳氣時，寧可閉門獨處，
換取一片安靜，以保持對青春年華的記憶和社會存在的自信。這
在19世紀中葉，只能是一種夢幻或妄言。

鴉片戰爭時期的中國人，對東西方兩個世界的認識，處在一
種轉型期。戰前，士林中起衰救敝的呼聲雖已十分強烈，但人們
對國家整體機制並未普遍失去信任，帝國強盛的迷信並沒受到太
大的挑戰，政府方面對軍隊自衛能力也同樣充滿信心。戰爭初起，

在一種盲目虛驕心理的支配下，朝野上下把戰爭視爲海盜式的邊防騷擾，以爲示以聲威，稍加還擊，敵軍即會倉皇逃竄。這種盲目虛驕的心理，造成了清政府在戰爭中的短期行爲，和戰不定，攻守失據，顧此失彼。當英軍顯示出軍事方面船堅炮利的優勢、中方敗績頻頻時，盲目虛驕的社會心理又很快轉變爲畏縮懼怕，聞敵風而喪膽，致使東南重鎮紛紛陷落。至英軍兵臨長江，道光首先失去了戰爭的信心，決定示以羈縻之策，在南京簽定了城下之盟。歷時近兩年的戰爭，以中方的慘敗暫告結束。

戰爭的失敗，使中國人開始重新估量對手，也重新估量自己。前者，有「師夷之長技以制夷」戰略口號的提出，後者，則表現爲對天朝帝國萬世長存迷信的動搖。兩者共同顯現出審時度勢的初步覺悟與清醒。戰爭詩潮所表現出的覺悟屬後一種，它將國人對清政府與軍隊在戰爭中行爲的失望、憤慨與不滿，幾乎寫在每一行詩中。

從戰前禁煙到《南京條約》的簽定，清政府的對英政策在左右搖擺、變幻不定，旋戰旋和，時撫時剿，執辦官員頻頻更換，朝榮暮辱，昨功今罪，使朝野上下人心惶惶、莫衷一是。魏源寫在林則徐被革職後的《寰海十章》、《寰海後十章》，憤怒地斥責了最高統治者出爾反爾、首鼠兩端的行爲。「功罪三朝云變幻，戰和兩議鑊冰湯。」「爭戰爭和各黨魁，忽盟忽叛若棋枚。浪攻浪款何如守，籌餉籌兵貴用才。」批評政府沒有定見和全盤籌劃，時戰時和，浪攻浪款，反不如堅守塞防，穩固禦敵，這同林則徐提出的「以守爲戰，以逸待勞」的作戰策略桴鼓相應。「城上旌旗城下盟，怒潮已作落潮聲。……全憑寶氣銷兵氣，此夕蛟宮萬丈明。」⑦此詩中以林則徐革職後琦善改戰爲和，與英人草成《穿鼻條約》，賠償煙價，割讓香港爲本事，譏諷廣州戰事冷熱無

端，城上旌旗還立，城下盟約已成，抗戰怒潮方起，已作落潮之聲。而改戰爲和的法寶在於「全憑寶氣銷兵氣」，這種行爲名曰羈縻，又何異於納貢乞降？

　　對於臨陣撤將、割地納幣求和，詩人們多有感慨。徐時棟《大將》詩云：「妖氛遍地海天昏，又見舟師破虎蹲。棄甲復來難瞑目，守陴皆哭早銷魂。已知將去軍無托，爲得唇亡齒獨存！百里封疆誰寄命，但餘荒穀報君恩。」⑧，「將去軍無托」，指林則徐革職離粵，致使南海封疆無人支撐危局。王增年《讀史》詩云：「濟濟謀夫亂是非，堅持和議失戎機。不聞寶劍誅張禹，但說金牌召岳飛。」⑨和議誤國，良將貶謫，令人扼腕嘆息，激憤之情溢於言表。至於譚瑩《聞警三首》，則直是破口大罵了：「沿海騷擾亦可哀，片帆東指又登萊。懷柔原許宣君德，剿撫何嘗愧將材。誤國病民明旨在，貪功喜事寸心灰。津門咫尺連畿輔，訓象生犀萬里來。」⑩當戰不戰，誤國病民，縱敵深入，危及畿輔，也是統治者咎由自取。張儀祖《讀史有感》有句云：「英雄效死偏無地，上相籌邊別有才。竟而和戎曾割地，是誰揖盜又門開」⑪，趙藩《讀邸抄書有感》有句云：「後日恐無台避債，古來寧有幣銷兵，陰符燈下空三絕，寶劍床頭偶一鳴」⑫，都以辛辣的筆調嘲弄清政府的求和行爲，實同開門揖盜、以幣銷兵，致使英雄志士報國無門，殺敵之劍作牆上空鳴。

　　清政府的行爲失誤還不僅在於戰和不定，浪攻浪款的戰爭決策方面，其他如軍備廢弛，兵甲不興，官員顢頇，文恬武嬉，都成爲導致戰爭失敗的重要因素。戰爭對軍隊的應變能力、政府的行政素質、制度的完善程度進行了一次總檢驗和大曝光。這種檢驗和曝光，使戰前早已存在著的政治、經濟危機充分暴露，人們對清政府和軍隊的信心及信賴程度，隨著戰爭的進展而逐日下降。

朱琦寫在虎門失陷後的《感事》詩，對戰爭取勝仍充滿著無限希望：「我朝況全盛，幅員二萬里。島夷至么麼，滄海眇稊米。廟堂肯用兵，終當掃糠秕。」⑬但至定海再陷，詩人信心便遭大挫。其《王剛節公家傳書後》詩寫道：「用兵今兩年，我皇日嗟咨，既苦經費絀，又虞民力疲，專閫成空名，文吏習罔欺，寇至軍已逃，兵多餉空糜。」⑭此已透出對政府戰爭行為漏洞百出、敗在必然的萬般無奈。寫在敵船進入長江之時沒有署名的《京口驛題壁》詩云：「事機一用誤庸臣，江海疏防失要津。局外也知成破竹，夢中猶未覺燃薪。元龍豪氣消多盡，越石忠肝鬱不伸。天險重重如此易，傷心我國太無人。」⑮事機一誤再誤，邊疆之患已入腹地，不是失望太重，何至於出「傷心我國太無人」之語。其他如「重臣幾輩閑持節，未上籌邊議一條」⑯，「當世有誰嫻將略，諸公自合享承平」⑰，「見說張皇須坐鎮，未妨宰相似棉花」⑱，「鶴唳一時無壯士，鵷班平日有良臣」⑲，「九州度地無安士，千古秧民是幸臣」⑳，都是斥罵官僚空食俸祿，無裨國事；「環衛期門皆勁旅，可無一矢向天狼」㉑，「粵海有事爭避寇，廈門無炮冀交歡」㉒，「守猶未敢何言戰，將且思逃況在兵」㉓，「請看徵調兵如雨，未及田家振臂呼」㉔，「朝廷久自懸憂賚，頗、牧而今不易逢」㉕，都是指責軍隊畏葸不戰、未盡干城之責。

　　也許是政府和軍隊的行為太讓人失望，因而，戰爭中死難的陳化成、陳連升、關天培、葛雲飛等愛國將領，格外受人尊重和推崇。在眾多詩人筆下，他們被推為民族英雄和人間正氣的代表。在一敗塗地的戰爭總局中，英雄的行為，像是閃爍的希望之光，鼓舞著民心，顯示著正義，代表著抗戰殺敵、保家衛國的民族意願。在某種意義上，詩人讚揚的不僅是英雄行為的本身，更是中華民族抵禦外侮、挽救危亡所最需要的精神和意志。

　　戰爭給中國帶來了深重災難和生存危機。天朝上國的信念與
國家主權，民族自我中心意識和民族尊嚴，同時遭到無情打擊。
一個民族自視天下至尊、睥睨一切，固屬虛妄，但喪失主權、喪
失尊嚴，在異族的槍炮下，充滿屈辱地跪著，也令人難以接受。
戰爭使中國人覺察到了虛妄，但他們同樣又不甘心國家主權和民
族尊嚴的被損害被踐踏。割地賠款、喪權辱國的種種刺激，社稷
傾危、民遭塗炭的流血現實，激發著詩人的憂國憂民、悲天憫人
的情懷和拯民於水火、救國於危難的宏願。憂患意識與參與精神，
成爲戰爭詩潮中最爲基本和最爲宏大的情感流向。

　　戰爭爆發之前，中國知識群體中所存在的濃郁而經久不散的
憂患意識，主要是由國內政治、經濟危機所引發的。雖有一些有
心者對東南沿海商船雲集和鴉片貿易日趨興盛曾表示憂慮，但這
種憂慮的觸發點，多在於漏巵不塞等經濟原因和「非我族類，其
心必異」的天然戒備心理。當入侵者以炮艦打開中國大門，中國
人日益感受到民族生存危機的威逼時，他們的憂患感便具有了內
憂與外患的雙重內容。

　　「鶴盡羽書風盡檄，兒談海國婢談兵。」㉖魏源的詩句形象
地描述了戰爭給國人所帶來的普遍震動。海國與兵事成爲無所不
在、人人關心的話題。戰爭詩潮所表現的鋪天蓋地的感慨與憂憤，
也無不圍繞這一話題。

　　「七萬重洋道里多，了無呵禁問誰何。岩疆日見樓船逼，樞
省渾忘鼎鼐和。周室白狼誇轍跡，漢廷赤漢竟鐃歌。那知神武皇
家略，翻使刑天盜弄戈。」㉗其憂在英軍長驅直入，樓船日逼，
跨跡於周室，鐃歌於漢廷，茫茫神州，竟成虎狼稱尊之地。「江
南莽莽猶風塵，夷氛又報騰津門。船堅炮利久傳說，驅剿何敢輕
揮軍。所求毋乃太辱國，主議仍是前疆臣。」㉘其憂在入侵者以

船堅炮利為恃，處處要挾，得寸進尺擴大其所得利益，橫行無阻，辱國太甚。「書空咄咄恨難平，憂患無人審重輕。國有漏厄容外寇，天開劫運厄蒼生。」㉙「嗜利毒人奸已甚，乘機入寇禍尤延。民生不習干戈久，猝被瘡痍劇可憐。」㉚其憂在釁隙既開，戰亂頻仍，國被瘡痍，民不聊生。「盱衡國是杞憂多，善後無方喚奈何。敢謂金甌些子缺，要調玉燭四時和」㉛「難同晉楚兵言弭，預恐金元禍踵開。我似樵夫觀弈罷，正愁爛柯苦低徊。」㉜其憂在國是不定，善後無方，金甌有缺，兵禍難彌，恐金元之禍，已在不遠。「邊防虛飭堅城少，政府遙承制閫難。百戰幾曾寒賊膽，只聞不敢渡台灣。」㉝「長城自撤存孤注，利劍橫磨笑乃翁。」㉞「海上鯨鯢猶跋浪，帳前戈甲自銷兵。」㉟其憂在邊防空虛，抵抗不力，內變多生，長城自壞。「寄語風流諸幕府，輕裘緩帶復何為。」㊱「愧彼天儲常竊祿，偏將報國讓編氓。」㊲「畏懼蠻夷總逡巡，不思護國不全民。但知一味糜軍餉，不飽臣囊有幾人。」㊳其憂在居高位者，空食俸祿，不思謀國，終飽私囊。「大漏厄兼小漏厄，宜防市舶兩傾脂。每逢籌運籌邊日，正是攘琛攘賄時。」㊴「鴆媒流毒起邊烽，海國三年費折衝。嘆息漏厄今已破，不堪重問阿芙蓉。」㊵其憂在以幣和戎，漏厄難塞，財政困窘，國立無本。

　　層層疊疊的憂思感慨，構成了戰爭詩潮的基音與母題。海國與兵事，像噩夢、像幽魂一般纏繞著詩人的心靈。他們不願坐視國事日非，民遭塗炭，而積極籌謀救國救民、力挽敗局的良策。他們忠告執政者應未雨綢繆，早籌全策，「為語忠良勤翊戴，早籌全策固金甌」㊶。以為一戰敗北，未為定局，要「但須整旅補亡羊」、「六州錯鑄休重錯」，至於補牢之策，則包括「欲師夷技收夷國」、「更使江防亞海防」㊷等等。在出謀劃策的同時，

詩人們更多的則是慷慨賦詩，表達勇赴國難的雄心和亢奮情緒，他們常常帶有自嘲地稱自己關心國運民瘼的情思爲「杞憂」，以不能上馬殺敵、馳騁疆場而深深自責或引以爲憾。

我們無須再花費筆墨去描述一代知識群體社會主體意識與參與精神的種種表現，他們留下來的戰爭詩篇便是最好的說明。他們以與上馬殺敵不同的形式參與了歷史創造，這便是以詩寫史，激濁揚清。劉禧延稱貝青喬《咄咄吟》是「詩史即今功罪定」㊸。張維屛爲陳連升、陳化成、葛雲飛三將軍作歌，以爲「死夷事者不止此，闕所不知詩亦史。」㊹姚燮正告割地邀功者謂「千秋史筆嚴功罪，幾見巍勛武斷成」㊺，都表現出以詩寫史的自覺意識。他們以詩爲勇敢者留下光榮，爲怯懦者刻上恥辱，爲人間鼓蕩正氣，爲萬民詛咒邪惡。詩是一字千鈞的清議。他們以詩傳達戰爭所帶來的有形的苦難、無形的瘡痍和矢志報國者的亢奮、悲天憫人者的黯傷。詩是時代風雲與情緒的實錄。他們以詩記述天朝盛世夢幻破滅後民族心理的失重與告別虛妄的痛苦，以及蛻變中的新機，迷惘後的醒悟，詩是古老國度覺悟進步的見證。當我們在戰爭詩潮中追尋中華民族開步走向近代社會的精神歷程和情感心態時，我們不能不承認，一代詩人的詩作爲我們留下了眞實而寶貴的原始紀錄。他們問心無愧地以文化創造的形式參與了歷史的進程。

三　詩潮的意象群與客體形象系列

中國古典詩歌，尤其是近體律詩，長於抒情、內省，而短於敘事、寫人。當戰爭的風雲吸引著詩人的目光，激發其創作的熱情時，抱定以詩寫史、描摹時變的詩作者，將寫史的意識滲透在藝術構思和審美創造的過程中，這就使他們的視角與表現熱點聚

集在處於戰爭風雲中心地位的事件與人物之上。詩人們急切地把自己對這場亙古未有之變的所見所聞及感受寫入詩中，希望爲將來與後人留下一部詩的信史。這種以詩寫史的自覺意識和行爲，給詩壇帶來了諸多變化：表現自由、篇幅較長的古體詩增多，以適應戰爭場景、事件及人物的描摹；不論古體詩還是近體詩，大都有本事可尋；近體律詩趨於組詩化，便於以連誦連唱的形式，集中而淋漓盡致地表現某一主題、某一事件和某種感受。這些變化表明，歷史意識向詩美意識的滲透，無形中向古典詩歌提出了強化敘事功能的要求。

　　與詩歌敘事功能強化的趨勢有關，鴉片戰爭詩歌所表現的藝術形象具有兩個顯著特點：其一是不同詩人不約而同地選用相似的物象構成作品中意蘊相近的意象，形成跨詩人、跨作品的意象群；其二是在古典詩歌常見的詩人抒情主體形象之外，出現了數量不少的客體形象。

　　意象是詩人主觀情感和客觀物象的結合體，是一種以物象的形式出現，而飽含著詩人思想情感的藝術形象。意象的孕育，有賴於形象思維的催化，而意象的生成，則使詩人的主觀情感借物象而昭彰，而原來並無生命和情感色彩的物象，經過詩人情感生氣的灌注，而獲得眞實的藝術生命。

　　意象的生成，是以情感爲基礎的。戰爭詩潮的情感流向既有跡可循，相同與相似的情感基礎，促使繁富紛紜的意象，自然歸屬爲相同的群類，這便是意象群的形成。

　　中國人對於戰爭對手的認識，是從鴉片貿易和炮火硝煙中開始的。英軍殘暴的侵略行爲，給人們留下猙獰可怕、殺人嗜血的印象，而人種、面貌、語言各方面的差異，更使中國人以異類視之。因而，在戰爭詩歌中，凡言及英人處，詩人們總是選用犬羊、

鷹狼、鴟鴞、碧眼鬼奴、鯨鯢等物象來構成意象，以表達痛恨與不共戴天的情緒。「犬羊自古終難馴」㊻，「犬羊性狡恆無定」㊼，犬羊所構成的意象具有反覆無常狡黠貪婪的涵義。「是誰開館納鴟鴞」㊽，「全開門戶容蛇豕」㊾，「浪消鯨鯢腥落日」㊿，「野鷹海西來，凹睛綠眼性雄猜」(51)。鴟鴞、蛇豕、鯨鯢、野鷹所構成的意象具有嗜血成性、狂暴肆虐的特點，它表現了詩人對侵略者本性的認識。「碧眼鬼奴出殺人」，「金繒日夜輸鬼國」(52)，鬼奴、鬼國所代表的意象，帶有對非我族類的蔑視與仇恨。此外，「蚩尤」、「頡利」、「楚人」等對中國歷史上開化較晚民族的稱謂，也常常被用來指代英人。又因英人來自海外，故而詩人描述戰爭，常用「涎雨腥風」、「腥涎毒瘴」一類的詞彙構成意象，以表現海國征戰特有的氛圍。

對於戰爭總局，詩人常以「殘棋」爲喻。「閉關就使交能絕，已是殘棋被劫初」(53)，「紛紜劫局一枰殘，斑草唏噓淚暗彈」(54)，「十行勁旅歸楊僕，一局殘棋付奕秋」(55)。「殘棋」所體現的意象，寄寓著詩人葉落知秋的惆悵，它形象地說明了清王朝在戰爭中難以挽回的失敗困境。在咏史感事類詩中，詩人常常運用歷史典故構成意象。這些歷史典故所構成的意象，一方面爲詩之本事帶來一種歷史對比，另一方面，典中之意與詩人之意的重疊融合，也使詩味顯得更加深沉厚重，耐人咀嚼。「宋家議論何時定，又報河冰凍合時」(56)，「議戰議和紛不定，岳韓忠勇竟何成」(57)，「江東設醮酬蘇軾，海上投兵哭李綱」(58)，「一時主戰惟宗澤，四海驚心罷李綱」(59)，上述四聯詩中除蘇軾外，均運用南宋典故。前兩聯以宋南渡以後，偏安江南，年年高喊收復失地，但黃河冰封幾回，卻不見王師北上的歷史事實，構成意象，暗藏譏鋒，諷刺清王朝和戰不定、空喊抗敵的行爲。後兩聯以南宋主戰派終遭貶

讁的悲劇命運構成典故意象，詩人在對古人的憑弔下隱含著對今人的同情。

　　意象是詩人情感與物象有意識的結合。意象的形成過程，即是詩人情感物化而成象的過程。不同的詩人選用相同的物象構成作品中意蘊相近的意象，形成跨詩人、跨作品的意象群，這是戰爭詩潮中的一大景觀。對這一景觀的形成唯一而合理的解釋，便是詩人情感基礎與審美體驗的相似或一致。張維屏「風人慷慨賦同仇」的詩句，正是對這一景觀形成原因的最好注腳。戰爭使國人面臨著共同的困境。民族生存的指令，在對一切民族行為都產生巨大支配力量的同時，也影響著詩人的情感流向和審美選擇向整齊劃一方向的調整。在這種調整的氛圍中，相似的情感和認識基礎，相似的生活與審美體驗，共同構成了意象群生成的必要條件。

　　與意象的成象方式不同，詩歌中客體人物形象的成象，主要是通過對衝突、細節和人物行為的具體描述、刻畫而完成的。這使詩的記述與史書的筆法更為接近。

　　為國捐軀者是戰爭詩潮著意表現的第一類形象，一首首對死難者的頌歌，交匯成驚天地、泣鬼神的英雄史詩。張維屏的《三將軍歌》分別描寫陳連升、葛雲飛、陳化成抗敵死難的壯烈情景。其中寫連升道：「凶徒蜂擁向公僕，短兵相接亂刀落。亂刀斫公肢體分，公體雖分神則完。公子救父死陣前，父子兩世忠孝全。」寫雲飛道：「夷犯定海公守城，手轟巨炮燒夷兵，夷兵入城公步戰，槍洞公胸刀劈面。一目劈去鬥愈健，面血淋漓賊驚嘆。夜深雨止殘月明，見公一目猶怒瞪。屍如鐵立僵不倒，負公屍歸有徐保。」寫化成首：「以炮擊夷兵，夷兵多傷摧，公方血戰至日旰，東炮台兵忽奔散。公勢既孤賊愈悍，公口噴血身殉難。」朱琦寫

關天培云：「將軍徒手猶搏戰，自言力竭孤國恩。可憐裹屍無馬革，巨炮一震成煙塵。」⑥寫朱桂云：「槍急弓戰萬人呼，裹瘡再戰血模糊。公拔靴刃自刺死，大兒相繼斃一矢。小者創甚臥草中，賊斫不死留孤忠。」⑥詩人飽含激情，用詩的語言雕塑起英雄的群像，其搏戰、進擊、殺敵、死難，一舉一動，歷歷在目，浩然正氣與英雄行爲賴詩篇而萬古不磨，長留人間。

抗敵將領如高山屹立，而抗敵兵士則如萬蜂攢動，他們同樣是視死如歸，爭赴國難。王之春寫沙角炮台之戰云：「大鵬將軍振鼓鼙，部卒無多步伐齊。生持利劍呼斫賊，死守函關誓化泥。殷天炮雨挾雷吼，赤彈飛穿山石透。衆志雖堅能成城，孤軍無援難禦寇。同仇敵愾心如鐵，裹屍何處覓馬革……吁嗟乎！壯夫義氣須求伸，從來爲國不顧身。海濱是爲成仁地，又見田橫五百人。」⑥朱琦咏寧波收復之戰云：「回軍與角者爲誰，巴州都士幽並兒。手中剩有槍半段，大呼斫陣山爲摧。」熱血男兒，爲國前驅，殺敵捐命於疆場，詩人筆下的群英形象，更是雄偉挺拔，氣度非凡。

國難在即，走卒販夫，亡命之徒，也知以身報國。貝青喬《咄咄吟》記寧波之戰，有謝寶樹者，本官府欲捕之人，謝竄名鄉勇籍中，思立功贖罪，戰鬥中被炮擊傷，臨絕時大聲語與同伴道：「寧波得勝否？夷船爲我燒盡否？我則已矣，諸君何不去殺賊耶？」詩人聞此，潸然淚下，作詩讚曰：「頭敵蒼黃奮一呼，飛丸創重血模糊。憐伊到死雄心在，臥問鯨鯢殲盡無。」張維屏的名篇《三元里》，描寫了廣州郊區民間自發的反英鬥爭：「因義生憤憤生勇，鄉民合力強徒摧。」「婦女齊心亦健兒，犁鋤在手皆兵器。」鄉民婦女，都成爲英勇殺敵的勇士。在這些普普通通的英雄形象身上，我們同樣可以看到可貴的犧牲精神和不甘屈辱的民族氣節。

與表現英雄形象時莊重肅穆的情思不同，詩人以嘲諷、挪揄

的口吻，刻畫了清政府中怯懦無能、畏敵如虎的文臣武將形象。
他們坐視山頹海崩，而無所措其手足，官居高位，卻無異於行屍
走肉。 1841年1月，英軍提出割讓香港的要求未被立即應允，便
攻占大角、沙角炮台。道光盛怒之下，由主撫轉向主剿，派奕山
為靖逆將軍，隆文、楊芳為參贊大臣，率軍赴廣州作戰。但清政
府「痛加剿洗，聚而殲旃」的作戰決心，不久便被廣州被占的失
敗衝得煙消雲散。無名氏所作的《廣東感時詩》以廣州戰績為三
將軍畫像。其謂奕山道：「山河不顧顧夷蠻，百萬金資作等閑，
辱國喪師千古恨，待人猶說為民間。」謂隆文道：「隆隆勢位說
參謀，無勇無才死便休。城下兵臨猶醉臥，全憑奸撫作和頭。」
謂楊芳道：「楊枝無力愛南風，參贊如何用此功。糞桶尚言施妙
計，穢聲傳遍粵城中。」三將軍身負重托，慷慨出師，卻一敗塗
地，落得個辱國喪師、割地賠款的結果。尤其是原為湖南提督的
楊芳，竟想出以糞穢破敵大炮的主意，如此愚蠢無用之輩，怎能
指望他們贏得戰爭呢？

　　貝青喬的《咄咄吟》寫在隨楊威將軍奕經進剿寧波英夷的途
中。詩裡記述了軍中許多可怪之事。奕經將軍挺身南下，躊躇滿
志，開兵前10日，命幕中文人擬作露布。露布或詳敘戰功，有聲
有色，或洋洋巨篇，典麗喬皇，將軍得意洋洋評點甲乙之，大有
不日取勝、凱旋而歸之意。但戰火一起，清軍節節敗退，將軍聞
風後跣足而走，其戰中怯懦與戰前驕橫形成了鮮明的對比。奕經
所任命的前營總理張應雲在戰鬥中更是迂腐無用，洋相出盡。《
咄咄吟》記張應雲事云：「癮到材官定若僧，當前一任泰山崩。
鉛丸如雨煙如墨，屍臥穹廬吸一燈。」「帳外交綏半死生，帳中
早賀大功成。赫蹄小紙尖如匕，疑是靴刀出鞘明。」前詩寫炮聲
四起，前營總理煙癮方至，不能視事，結果是大誤戰機。後詩寫

帳外激戰正酣，一人誤報前隊大勝，夷船燒盡，帳中文武隨員聞
訊爭入拜賀，紛紛於靴桶中拿出早已準備好的紙條，謂有私親一
二人，乞附名捷秉之中，張應雲——應允。不久敗信至，眾皆頹
然。詩人筆下，描繪了一幅活生生的冒功求賞、誤戰誤國的群醜
之圖。

　　鴉片戰爭詩歌中的客體形象，大都是有實事根據與生活原型
的。但作爲一種藝術形象，它又是經過詩人藝術加工和融入詩人
情感的。詩美意識與歷史意識的重合，產生了詩人筆下的藝術形
象，生活的眞實和藝術的眞實，又通過藝術形象獲得了和諧和統
一。

　　不斷加深的民族災難和民族危機，逐漸喚醒中國人的生存危
機意識，在一種避害自衛、報仇雪恥心境的支配下，探求民族自
新和富強的道路，中國近代歷史正是在這樣一種邏輯順序上逐步
展開的。鴉片戰爭是中國近代民族災難和民族自新的起點，人們
還無法預料戰爭將給中國帶來何種結果，只是從西方的船堅炮利
中感受到生存的威脅，從不平等條約的簽定中品味到民族的恥辱，
從清政府的軟弱行爲中認識到東方帝國正在走向衰微，由睥睨一
切到忍辱簽約所造成的心理落差，由盛衰巨變所帶來的滄桑之感，
以及悲天憫人、救國救民、殄敵雪恥的情懷，構成了戰爭詩潮的
情感基礎。寫史意識支配著一代詩人的心胸，他們以手中的詩筆，
記錄了鴉片戰爭時期民族情緒的初潮與喧鬧。這種情感雖已屬於
歷史，但我們沒有理由中斷對它的回憶。

【附　註】

① 　林昌彝：《射鷹樓詩話》。
② 　《東京續錄・乾隆敕諭英王》。

③　《意苕山館詩選‧津門嘆》。

④　《鴻蒙室詩抄》。

⑤⑥　《笠雲山房詩集》。

⑦　《魏源集》。

⑧　《煙嶼樓詩集》。

⑨　《妙蓮花室詩草》。

⑩　《樂志堂詩略》。

⑪　《傳硯堂詩錄》。

⑫　《向湖村舍詩初集》。

⑬⑭　《怡志堂詩集》。

⑮　阿英：《鴉片戰爭文學集》。

⑯　張儀祖：《傳硯堂詩錄‧有感》。

⑰　張儀祖：《傳硯堂詩錄‧咏史》。

⑱　張儀祖：《傳硯堂詩錄‧咏史》。

⑲　易佩紳：《函樓詩抄‧見官眷聞警出都者書感》。

⑳　無名氏：《壽佛寺題壁》，轉引自阿英《鴉片戰爭文學集》。

㉑　馮志沂：《微尚齋詩集‧書憤》。

㉒　鍾琦：《亦囂囂堂詩抄‧壬寅海氛紀錄》。

㉓　謝蘭生：《海疆紀事》。

㉔　譚瑩：《樂志堂詩略‧重有感》。

㉕　林直：《壯懷堂詩初稿‧傷秋》。

㉖　《魏源集‧寰海後十章》。

㉗　朱葵之：《妙吉祥室詩抄‧次劉蒓江感事韻四疊》。

㉘　陸嵩：《意苕山館詩稿‧津門嘆》。

㉙　方浚頤：《二知軒詩抄‧感興十八首》。

㉚　謝蘭生：《海疆紀事》。

㉛ 朱葵之：《妙吉祥室詩抄・次劉蒓江感事韻四疊》。
㉜ 張際亮：《亨甫詩選・雜感》。
㉝ 陸嵩：《意苕山館詩稿・追思》。
㉞ 鍾琦：《亦囂囂堂詩抄・癸卯孟春……》。
㉟ 貝青喬：《半行庵詩存稿・辛丑正月感事》。
㊱ 鍾琦：《壬寅海氛紀錄》。
㊲ 鍾琦：《記粵人敗英夷於三元里》。
㊳ 羅悓：《壬寅夏紀事竹枝詞》。
㊴ 《魏源集・秋興十章》。
㊵ 貝青喬：《咄咄吟》。
㊶ 張維屏：《松心詩集・雨前》。
㊷ 《魏源集・寰海十章》。
㊸ 《衺軒詩抄・讀木居士咄咄吟題後》。
㊹ 《松心詩集・三將軍歌》。
㊺ 《復莊詩問・諸將五章》。
㊻ 朱琦：《關將軍挽歌》，據《射鷹樓詩話》。
㊼ 陳文田：《晚晴軒詩存・書事》。
㊽ 張儀祖：《傳硯堂詩鈔・有感五首》。
㊾ 魯一同：《通甫詩存・重有感》。
㊿ 陸嵩：《意苕山館詩稿・定海陷賊……》。
(51) 薩大年：《荔影堂詩抄・題林薌溪射鷹圖》。
(52) 朱琦：《怡志堂詩集・吳淞老將歌》。
(53) 張儀祖：《傳硯堂詩鈔・有感五首》。
(54) 陸黼恩：《讀秋水齋詩・感懷史事》。
(55) 無名氏：《粵東感事十八首》，轉引自阿英《鴉片戰爭文學集》。
(56) 《魏源集・秋興後十首》。

㊄　張儀祖：《傳硯堂詩鈔‧讀史有感》。

㊈　張儀祖：《傳硯堂詩鈔‧咏史十首》。

㊋　張文田：《晚晴軒詩存‧書事》。

㊚　朱琦：《關將軍挽歌》。

㊛　朱琦：《怡志堂詩集‧朱副將戰歿……》。

㊜　《椒生詩草‧登沙角炮台展忠義墓》。

第三章　徜徉於現實與舊夢、創新與復古之間

──鴉片戰爭時期文學發展的探索與困境

期待著思想文化變動的文學──創新慾望：文學家的本能性衝動──對過去事實的依戀、對古人經驗成果的崇拜：中國人傳統的思維傾向──創新與復古：明清文學的怪題──宋詩派與桐城派：兩個最富有代表性的文學流派──明之宗唐與清之學宋；詩美趣味的轉移變化──質實、厚重、詩與經史聯袂：宋詩派的詩美選擇──真我自立的衝動與學問至上情結──古文一派敏感而發達的道統、文統意識──道統、文統：桐城派求真創新的雙重負荷──托統自尊的宗派情緒與統系理想主義下的創作困境──創新與復古矛盾的普遍存在

　　鴉片戰爭前夕形成的議論軍國、臧否政治、慷慨論天下事的文學主潮和東南沿海所引發的戰爭詩潮，給步入困境而了無生氣的嘉、道文學帶來了亢奮與活力。文學主潮和戰爭詩潮所表現出的強烈的現實參與意識，裹挾著士階層少有遮攔、勃勃英發的銳氣，衝破了舊日萬馬齊喑的沉悶空氣，為文壇帶來了活躍和清新氣象。但這種活躍和清新氣象的形成，很大程度上是在民族與

戰爭危機的背景下，古典文學自身所作出的反應性調整，它是一種自發的、及時的功能調整而不是真正意義上的變革。文學的變革，以文學觀念的更新爲契機，而文學觀念的更新，又期待於思想文化背景的巨大變動。歷史借助戰爭給中國人提供了一次社會結構和意識形態變動的機遇，但這種變動的實現，需要時間和過程，需要經歷長期的理智與情感的巨大痛苦。鴉片戰爭前後，中國先進人士在重重危機面前，開始了對現存政治、思想、文化多方面的批判、檢討和反省，但這一切都是在起衰救敝的補天願望支配下，在傳統的華夏中心與以夏變夷的思想基礎上進行的，他們對現有的政體與思想文化機制的自我完善與調節能力並未喪失信心，對清政府扭轉被動局面、化險爲夷、由衰轉盛的前景仍持有較爲樂觀的態度。在歷史必然性的實現還需要等待，思想文化背景尚未顯示劇變跡象的現實條件下，文學無法尋找到走出困境的支點和出路。因而，當議論軍國、臧否政治、慷慨論天下事的文學主潮和戰爭詩潮的亢奮情緒消退後，文學的發展，仍是步履艱難，困惑重重。

一　創新與復古：封建末世文學的怪題

　　文學的發展需要不斷地創新，創新的慾望是文學家本能的和必不可少的情緒衝動。但創新的慾望能否成功地實現，卻受制於複雜的主客觀條件。明清文人的創新慾望，大都經歷過尊古復古情結的磨礪。

　　尊古復古，是中國人傳統的思維傾向，它表現爲對過去事實的依戀和對古人經驗成果的崇拜。尊古復古思維傾向的極度發展，則是人們力圖在歷史的事實和古人的經驗中發現放之四海而皆準的永恆真理，並企望運用這種永恆真理來開拓現實生活的道路。

明清兩代，士林中充溢著相當濃烈的復古文化情結。這種復古文化情結在其形成的初期，反映了士人在金元戰亂之後對漢民族文化盛大氣象的熱烈追尋和重睹秦漢盛唐精神風貌的渴望。但這種追尋與渴望，終因封建文化青春氣息的喪失與再生機能的萎縮而難以如願以償。在已有的秦、漢、唐、宋的文學高峰面前，潮起潮落般的文學復古者只留下何可攀援的興嘆，而漸漸消退了超越的勇氣和信心。他們很難再像唐宋文學復古者那樣，在從容而游刃有餘的心境下，以復古求變古、求創新。失去了變古創新的精神，文學復古主義便失去了靈魂，而僅剩下摹古仿古的外殼。在一種「物不古不靈，人不古不名，文不古不行，詩不古不成」①的文化氛圍中，明清文人似乎只有打出學某代、某人的旗幟，才能在文壇取得立足之地而不至於被譏爲沒有根柢；學古仿古理所當然地被視作詩文創作的必循之路與康莊大道；形似、神似成爲使用頻繁的批評術語和鑑別藝術成就高低的重要標準。學古方向的差異又導致派別叢生，攻訐紛起。體制、風格、結構、文辭等「法式」研究驟然成爲熱門話題。在這種文化氛圍中，文學創作中的模擬借鑑現象，被賦予了一種強制性的力量，古人及古典文學遺產，成爲雄踞於作家生活與創作之間的中介物質，它隔絕了作家情感與作品的天然聯繫，造成了文學家創造慾望實現的障礙與緊張。力圖保持獨特審美選擇和創作個性的作家，須左躲右閃，費力尋求與古人的契合點；許多藝術佳構、獨特見解在尋求契合點中自生自滅。而所謂契合點，又往往是對同一問題在同一層次上的機械重複與效仿。盲目的厚古薄今，扼殺著全社會的創新精神；眾多的古人偶像，壓迫著創作者的主體意識；不同的學古方向，成爲無形的創作模式。明清文學界的復古之風，雖遭有識之士多方彈譏，但頹波難靖。創新與復古，構成了明清正宗文學發

展的基本衝突，成爲一種萬劫難毀的文學怪圈。

鴉片戰爭之後的四五十年代，活動於文壇之上的文學流派與文人騷客，無不爲烽煙四起、戰亂頻仍的時局牽動心緒，也無不爲求異創新之步履艱難而黯然神傷。生存的憂患與步出文學困境的渴望，驅使著衆多的詩魂文魄，在現實與生存、創新與復古之間苦苦求索，徜徉徘徊。

二 自立不俗與學問至上：宋詩派的雙重期待

道咸年間，赫然占據詩界首席的是宋詩派。明代前後七子聲稱不讀唐以後書，鼓躁「文必秦漢，詩必盛唐」，此風甚囂塵上之際，詩界「稱詩者必曰唐詩，苟稱其人之詩爲宋詩，無異於唾罵。」②但物極必反。至清初，社會審美風尚轉移變化，遂有「凡聲調、字句之近乎唐音，一切屏而不爲，務趨於奧僻，以險怪相尚，目爲生新，自負得宋人之髓」③者。學宋詩者以險怪求新奇的審美趨向，不久與乾嘉之際徵信求實的學風相融合，便形成了喧囂一時的以學問入詩，詩人之言與學人之言合一的宋詩運動。

宋詩運動以杜、韓、蘇、黃爲詩學風範，追求質實、厚重、縝密的詩美境界，譏諷高標「神韻」、「性靈」者爲「無實腹」，力圖以窮經通史、援學問入詩的努力，別闢詩學發展蹊徑。毫無疑問，宋詩倡言者的動作中，蘊含著強烈的創新衝動。但宋詩運動是清代宗經徵聖文化思潮的產物，它所選擇的創新支點是以學問考證入詩，以經史諸子入詩。這些詩材、詩料的增加，並不能構成詩界轉機的必然條件，詩與經史強行聯袂的結果，只能使詩走向非詩，走向異化。

道咸之際宋詩運動的代表人物是程恩澤、祁寯藻、何紹基、鄭珍、莫友芝，他們的詩論與創作實踐，充分體現出復古與創新、

性情與學問之間的緊張與衝突。

　　程恩澤「明詩掃地鍾譚出，誰挽頹風說建安？卻愛閉門陳正字（師道），清如郊島創如韓」④的詩句，表達了他的學古祈向和創新意識。他又把學問看作是性情的根基，以爲「性情又自學問中出」，「學問淺則性情焉得厚？」⑤何紹基、鄭珍、莫友芝均出自程門，三人聲氣相應，互爲犄角。何紹基爲問詩者現身說法，以爲學詩要經歷學古、脫化與自立三個環節。其中，他尤強調自立：「學詩要學古大家，止是借爲入手。到得獨出手眼時，須當與古人並驅。若生在老杜前，老杜還當學我。此狂論乎？曰，非也。松柏之下，其草不植，小草爲大樹所掩也，不能與天地氣相通也。否則，小草與松柏各自有立足命處，豈借生氣於松柏乎？」⑥以學古借爲入手，以獨出手眼，與古人並驅而求得自立，此論可謂精闢切當。又以小草、大樹比今人、古人，以爲今人如附依於古人翼下，則無所成就；今人如尋得立命安身之處，當不必借生氣於古人，此亦是通脫之語，將學古與自立間的關係，說得十分明白。至於如何自立，何紹基以爲，欲詩文自立成家，非可以詩文求之，而應先學爲人。爲人須「立誠不欺」，「就吾性情，充以古籍，閱歷事物，眞我自立。」⑦爲人既成，「於是移其所以爲人者，於語言文字」，循序漸進，「日去其與人共者，漸擴其己所獨得者，又刊其詞義之美而與吾之爲人不相肖者」⑧，終達於人與文一，人成而詩文之家亦成。在這一過程中，尤需用力處在於「不俗」，「同流合污，胸無是非，或逐時好，或傍古人，是之謂俗。直起直落，獨來獨往，有感則通，見義則赴，是謂不俗。」⑨不俗方能做到自立，自立方可談及獨創。不俗、自立、獨創，構成了何紹基詩論，甚至是宋詩派詩論最有價值的理論內核，它顯示出被文壇丟失已久，故而難能可貴的文學創造者的主

體意識和創新銳氣。何紹基聲稱「做人要做今日當做之人，即做詩要做今日當做之詩。」⑩從此「脫盡窠臼，直透心光」⑪，莫友芝所謂「爲詩不屑作經人道語。當其得意，如萬山之巔，一峰孤起，四無憑藉，神眩目驚，自謂登仙羽化，無此樂也。」⑫都表現出對自立、獨創、不俗之文學境界的期待與嚮往。

　　但宋詩派所提倡的眞我自立，決不同於性靈論者的驅使才力，天馬行空。對杜、韓、蘇、黃詩學風範和質實、厚重、縝密詩美境界的追求，加之清代窮研經史士林風氣的影響，它所選定的藝術道路是藉經史以自立，以學問求不俗。它要求詩人要有學力根柢與書卷積蓄，讀書養氣，儒行絕特，破萬卷而理萬物。鄭珍論詩曰：「我誠不能詩，而頗知詩意。言必是我言，字是古人字。固宜多讀書，尤貴養其氣，氣正斯有我，學贍乃相濟。」⑬讀書、學贍、養氣，被看作是「有我」的必要前提。莫友芝以爲詩自是儒者之事，又以爲性靈論者詩有別才別趣之說，導致詩風浮薄不根。其《巢經巢詩鈔序》云：「聖門以詩教，而後儒者多不言，遂起嚴羽別裁別趣，非關書理之論，由之而弊竟出於浮薄不根，而流僻邪散之音作，而詩道荒矣。夫儒者力有不暇，性有不近，則有矣；而古今所稱聖於詩，大宗於詩，有不儒行絕特，破萬卷，理萬物而能者邪？」⑭莫氏強調詩人欲能詩，須儒行絕特，破萬卷，理萬物，正是以點睛之筆，道出宋詩派做人自立、作詩不俗的路徑所在。何紹基《題馮魯川小像冊論詩》將此意展開，可與莫氏之論互相發明。何氏曰：「溫柔敦厚，詩教也，此語將三百篇根柢說明，將千古做詩人用心之法道盡……詩要有字外味，有聲外韻，有題外意，又要扶持綱常，涵抱名理，非胸中有餘地，譬下有餘情，看得眼前景物都是古茂和藹，體量胸中意思，全是愷悌慈祥，如何能有好詩做出來？」又說：「做詩文必須胸有積軸，氣味始

能深厚。」⑮以恪守儒行，扶持綱常做人，以讀書積氣，涵抱名理作詩，正是宋詩派自立、不俗的基本出發點。

　　宋詩派恪守儒行、扶持綱常的思想趨歸，其精神實質與清初以來以六經孔子為準的、尋求儒家本源精神的復古文化思潮是一致的。如果從清代眾多詩派中尋找出最能代表清詩發展特徵的詩派，那將非宋詩派而莫屬。宋詩派提倡的學人之詩是清代文化精神和詩歌審美趨向的最典型代表。清初以來，在以正本清源、完善傳統為目的的歷史反思和文化檢討中，顧炎武、黃宗羲、王夫之等一代學人即試圖在中國傳統的經史典籍中重新尋找到促使民族精神復興的真理之光。這種尋找刺激著學人治經史而求本源的熱情。乾嘉漢學的興起，便是這種熱情的產物。漢學運用文字聲詁的手段，在經史研究領域所作出的勾沉補闕、疏正辨偽的成就，給一代學人帶來了極度的興奮和驕傲。將漢學精神與手段輸入詩歌，在神韻、格調、性靈之外，別闢學人之詩的詩學路徑，仰望經籍之光給詩壇帶來新的轉機，成為眾望所歸。以經史學問入詩之說，並不始於宋詩派。在宋詩派形成之前，已有人多次談及。如清初詩人錢謙益認為，詩雖「萌折於靈心，墊啟於世運」，但「茁長於學問」⑯。黃宗羲認為：「多讀書則詩不期工而自工。」⑰秀水派詩人朱彝尊指出：「詩篇雖小技，其源本經史。必有萬卷儲，始足供驅使。」⑱神韻派主帥王士禎主張「性情之說」與「學問之說」須「相輔而行，不可偏廢。」⑲格調說倡導者沈德潛也表示：「以詩入詩，最為凡境。經史諸子，一經徵引，都入詠歌，方別於潢潦無源之學。」⑳這些論說，都或多或少地反映出清代文化精神和詩歌審美趨向。翁方綱的肌理說，更是宋詩派的理論先聲。

　　宋詩派在學古方向上並不拘泥於學宋，其所以標榜學宋，一

是爲了與詩壇專門學唐詩者劃清界限，二是所追求的質實、厚重、
涵抱名理的詩美境界，與宋詩長於立意、議論的審美特徵較爲接
近。宋詩派著意創造的是一種學人之詩。學人風度與學問學力，
是宋詩派傲視其他詩派的資本，同時，又是它安身立命之所在。
在宋詩派看來，詩人研讀經史之造詣，文字聲詁之功力，對詩的
構成，有著舉足輕重的意義。正因爲如此，宋詩派的詩論，貫串
著無所不在的學問至上情結，在立身修養，性情陶冶，構思想像，
詩體風格，遣詞造句，人物、作品品藻等創作與批評的各個環節，
都極力強調學問學力的決定性作用。學問至上情結的存在，導致
宋詩派詩人價值心態的失重和詩歌結構中情感重心的偏移。兩者
所產生的綜合效應，最終使宋詩派由自立不俗的願望出發，卻走
上了一條險怪褊狹之路。

　　宋詩派詩人價值心態的失重主要表現爲片面理解經史學問對
詩歌創作的決定性作用。詩歌創作是一種獨特而複雜的精神創造
活動。它的成功與否，取決於與創作主體有關的多種因素。而學
問學力，至多不過是文化素養和創作準備的一部分，並不能構成
創作成功的充足條件。宋詩派詩人希望經籍學術之光能給浮薄不
根的詩壇帶來轉機，又希望在詩壇群雄中突出他們窮經通史、贍
於學問的優勢和由這種優勢所帶來的識度、睿智和淵雅，因而，
他們盡力誇大著經史學問對詩歌創作的決定性作用。

　　首先，他們在肯定傳統經史典籍、儒家思想行爲原則及溫柔
敦厚詩教的權威性、指導性和永恆存在意義的同時，注重強調它
們在詩人蓄理煉識、自立成詩過程中的決定性作用。他們竭力使
人相信：不管日月流轉，物換斗移，只要熟讀經史便可知古今事
理，洞悉興衰消長之機；明理養氣，以孝悌忠信做人，便可自立
於天地之間，大節不虧；守溫柔敦厚詩教，古茂和藹，愷悌慈祥，

自可得字外之味、聲外之韻、題外之意。其次，他們在對歷史與現實詩壇人物的品評中，堅持以學問學力爲首要標準。宋詩派以杜、韓、蘇、黃爲詩學風範，認爲四人胸有積軸，學力贍富，其詩富於理趣，奇致層出。其中又尤爲嘆服黃庭堅好用書卷，以故爲新，脫胎換骨，點鐵成金的手段。至於派中同仁，互相鼓吹，也重在張揚其學識學力。鄭珍爲莫友芝詩集作序，首稱莫氏「決意求通會漢、宋兩學」，「故入其室，陳編蠹簡，鱗鱗叢叢，幾無隙地。秘冊之富，南中罕有其比，而讀書謹守大師家法，不少越尺寸。」㉑莫友芝爲鄭珍詩集作序，則反稱鄭氏學力卓越，並記載了莫、鄭之間的一段戲言：「友芝即戲謂曰：『論吾子生平著述，經訓第一，文筆第二，歌詩第三。而惟詩爲易見才，將恐他日流傳，轉壓兩端耳。』子尹固漫頷之，而不肯以詩人自居。」㉒爲人詩集作序而大讚其學力，料定以詩流傳卻不肯以詩人自居，由此可以窺見學問在宋詩派詩人心目中的分量及其價值心態的失衡。再次，由於把學問視爲詩歌創作的決定性條件，從而逐步演繹成爲學有根柢，詩便水到渠成的錯誤邏輯，詩被看作是學問的附庸和才和贍裕之餘事。鄭珍有詩曰：「文質誠彬彬，作詩固餘事。」㉓又稱莫友芝爲人、求志、用心，均似古人苦行力學者，故「其形於聲發於言而爲詩，即不學東野、後山，欲不似之不得也。」㉔莫友芝稱鄭珍：「其於諸經疑義，抉摘暢通……而才力贍裕，溢而爲詩，對客揮毫，雋偉宏肆。」㉕宋詩派強調詩人應學有根柢，本出於以自立求不俗的意向，但這種強調一旦過度，則會造成一種新的偏誤。宋詩派詩人推重學人之詩，並以學問根柢經史造詣自賞傲世，不自不覺中把經學家、史學家職業性的蔑視文學作用的觀念帶進了詩學價值論中，視學問學力爲本而詩學詩藝爲末，忽略或不敢堂而皇之地進行詩歌藝術本身的探索。這

種極度傾斜的價值心態，阻礙著詩學理論、創作的突破與發展，
其結局，與宋詩派自立不俗的初衷自然是南轅北轍。

　　學問至上情結的存在，還導致了宋詩派詩歌創作中情感重心
的偏移。中國古典詩歌在長期的發展過程中，形成了以情感表現
為重心，景、情、意均衡和諧、交融一體的結構特點，其外部特
徵是即物即心，即情即理，情景交融。宋人以文入詩，以議論說
理入詩，加重了意理成分，對以情感為重心的傳統詩體結構，是
一次衝擊。宋詩派標榜學宋，除以議論說理入詩外，還力求以考
據功夫入詩，又一次表現出對以情感為重心的傳統詩體結構的衝
擊。

　　宋詩派詩論中，隨著對學問根柢的著力強調，性情之地位則
每下愈況。創宋詩運動理論先聲「肌理說」的公翁方綱，主張「
考訂訓詁之事與詞章之事未可判為二途。」㉖又希望「由性情而
合之學問」㉗，以求「包孕才人學人，奄有諸家之所擅美。」㉘
度其口氣，仍以性情、詞章為主，學問、考證為賓。至程恩澤主
張「凡欲通主理者，必有訓詁始」，又以為「性情又自學問中出」，
「學問淺則性情焉得厚」㉙，訓詁、學問已有洶洶然喧賓奪主之
勢。風氣所趨，遂鍛鑄造就了宋詩派同仁的學問至上情結。宋詩
派後裔陳衍以道咸巨公為「學人之言與詩人之言合，而恣其所詣」㉚
的開端，以為「道咸間巨公工詩者，素講樸學，故根柢深厚，非
徒事吟詠者所能驟及。」㉛據此，道咸之際諸公詩作，當可視為
學人之言與詩人之言合一的成熟期作品，其所謂「非徒事吟詠者
所能驟及」處，正在於道咸諸公以經術考據入詩，以議論說理入
詩，從而導致了詩歌情感重心的偏移。

　　道咸諸公的學人之詩，力求以學識與學力見勝。這種對學識
與學力的表現慾望，在詩歌創作中大體上是通過兩種形式展現的。

一是在對審美客觀的觀照中，不滿足於單純情感方式的把握，而注重捕捉知性的感悟和體驗，從而對自然、人生顯示出學者式的睿智與識度；二是以考證典故入詩，創造語必驚人、字忌習見的險怪效應，以盤旋拗折、艱澀暗淡的詩風，顯示出學者式的淵博與厚重。睿智與識度，淵雅與厚重，共同成爲宋詩派學人之詩所刻意追求的詩美風度。

　　對審美客體的觀照中，捕捉對自然、人生、社會、心靈的知性感悟和體驗，這在偏重寫意的古典詩歌中並不少見。唐之杜甫、韓愈，宋之蘇軾、黃庭堅，均爲寫意大家。道咸諸公思追前賢，以議論、思理入詩，有意識地在寫景抒情的同時，加重骨力即意理因素，以突出學者式詩人的睿智與識度。其中成績較爲卓著的是何紹基、鄭珍。何紹基多才多藝，曾因直言弊政而被貶官，故而寄情山水、書畫、金石，以洩其奇氣。他既主張「詩以意爲主」，認爲詩人「必須胸有積軸，氣味始能深厚」[32]，強調讀書積理；又以爲「詩人腹底本無詩，日把青山當書讀」[33]，注重在大自然中獲取慰藉與感應。「寒雨連江又逆風，舟人怪我屢開篷。老夫不爲青山色，何事欹斜白浪中？」[34]他的詩充滿著心靈與自然和諧及羈旅人生的淡愁，表現出一種剛直清介的名士作派和舒展飛揚的書卷之氣。鄭珍一生，活動區域基本局限於貴州一隅，未嘗躋身社會士大夫名流行列。他對困厄艱辛的邊疆農村生活的豐富體驗及其苦心研讀、孜孜求學的精神，使他的詩帶有深重的生存憂患，同時又充滿著執拗不屈的生命意志：「愁苦又一歲，何時開我懷；欲死不得死，欲生無一佳。」[35]「溪上老屋溪樹尖，我來經今十年淹。上瓦或破或脫落，大縫小隙天可瞻……入室出室踏灰路，戴笠戴盆穿水簾。塵案垢濁謝人洗，米釜羹湯行自添。」[36]鄭珍之詩，描述了一種與何紹基之詩所不同的生命體驗與人生境

界。何、鄭的成功之作，運思自由，行止有致，於疏放散漫、揮灑自如之中，透露出智者風度和性靈之光。

但上述詩境，在宋詩派詩人的作品中，並非俯拾皆是，且其成就，也難與唐宋重意詩人比肩。因此，宋詩派所津津樂道、視爲己創的是學人之詩的另一種表現形式——以考據入詩。

民國初年，陳衍輯《近代詩鈔》，置祁寯藻爲集首。又以爲祁氏《題餞亭集》、《自題龡亭圖》二詩「證據精確，比例切當，所謂學人之詩也；而詩中帶著寫景言情，則又詩人之詩矣。」㊲以證據精確、比例切當來概括學人之詩的內涵，雖過於失之簡單，卻道中宋詩派的自恃所在。

詩與考據本是風馬牛不相及之物，但在宋詩派及同時代的其他舊詩派手裡，卻被奇特地結合在一起，成爲近代詩史上的一大景觀。考據詩的內容以經史訓詁、金石名物的考辨爲大宗，旁及人物地理、書法圖硯、典章制度，乃至礦產、醫學、農具、農作物等各個門類。考據詩反映了一代學人的好尙、情趣、怪癖，成爲詩人誇耀才學之具，甚至成爲分行押韻的實證應用之文。何紹基曾言：「詩中不可無考據。」㊳但又不無憂慮地說：「考據之學，往往於文筆有妨，因不從道理識見上用心，而徒務鉤稽瑣碎，索前人瘢垢。用心既隘且刻，則聖賢眞意不出，自家靈光亦閉矣。」㊴此話不幸言中。詩之功用，在抒情言志，以情、意勝。而考據之道，則須旁引博徵，步步求證。詩一涉考據，便如入魔道。祁寯藻的《題餞亭集》、《自題龡亭圖》之所以被陳衍稱爲：「證據精確、比例切當」，是因爲詩中雖有地名之考證，但仍以寫景抒情爲主。而何紹基的《猿臂翁》、《羅研生出示陶文毅題麓山寺碑詩用義山韓碑韻屬余繼作》等詩，則通篇辨折書法源流及習書之道。鄭珍寫《播州秧馬歌》目的在於「俟後譜農器者採焉」。

其《玉蜀黍歌》考證出玉蜀黍即古之「木禾」，又名「答董」。莫友芝的《甘薯歌》考證出甘薯本「黔南舊產」。在這些詩中，詩之抒情言志功用被考據之徵實求證功用所替代，其自身的藝術品格也因此而喪失殆盡。考據詩一般採用形式最為自由的古體詩形式。出於炫耀才學和徵實求證的需要，詩人使用生字僻典，並在詩行中隨處夾入大量的注釋，使詩變得佶屈聱牙、繁冗不堪，其整齊押韻的基本外部特徵也因此而面目全非。

考據詩的出現，是詩的異化。它無視詩的審美特性，使詩走上了一條自身發展的絕徑。考據詩並非宋詩派所獨有，也並非宋詩派詩作的全部，但它卻是宋詩派詩美理想的一顆畸果。滿懷創新慾望的宋詩派詩人，在清代復古文化思潮的影響下，做出了以學宋復古為旗幟以經史學問入詩的詩美選擇，但經籍之光、學問學力並沒有為詩歌創作帶來好運，更無力普渡芸芸詩魂從詩的困境中走出，而只是為他們增添了一次徒勞的悲嘆和失敗的記憶。

三　立誠求真與道統文統：桐城派的兩難選擇

與宋詩派同時並立於文壇，號為「古文正宗」的桐城派，面臨著與宋詩派大致相同的理論困擾。

中國古典散文的發展，至唐代貞元、元和以後，遂生出古文一派。韓愈等人以恢復儒家思想統治為己任，以取法先秦、兩漢奇句單行文體相號召，以改革文風、文體、文學語言為內容，形成了極有聲勢的古文運動。古文運動蕩滌了六朝綺麗、委靡的文風，恢復了奇句單行散體之文的歷史地位，開創了自由抒寫、言之有物、簡練乾淨、文從字順的散文傳統，使散文走向了寫景、抒情、言志、議論的廣闊天地。自此之後，以古文和古文字相鼓吹相標榜者，歷代不絕。清代乾、嘉年間，昭然揭出古文派旗幟

的是桐城派。

　　桐城派自方苞楬櫫義法，劉大櫆標榜神氣，迄至姚鼐學問三事、陽剛陰柔、神理氣味、格律聲色諸說的提出，其論文矩鑊大體具備。同時，方、劉、姚又以言簡有序、清淡雅潔的散文創作名噪一時，贏得「天下文章，豈在桐城乎」的讚譽，桐城派之名，遂在文人學者中轉相傳述。桐城派傳道衛道的思想傾向，無礙且有益於清政府政治秩序的穩定。其清淡雅潔、言簡有序的散文風格，在漢學盛行，述學之文多旁引博徵、辭繁而蕪、令人口壓耳倦之時，顯得輕盈秀麗，頗得有抒情言志之好文人的青睞。其以有物有序、指點路徑為主旨的古文理論，易為學文者所遵循並旁通於應制之文。因此，桐城派自姚鼐後，便名聲大噪，其學亦流播海內。王先謙在《續古文辭類纂序》中描述其當時聲勢說：「姚惜抱棄其師傅，覃心冥追，益以所自得，推究閫奧，開設戶牖，天下翕然，號為正宗。承學之士，如篷從風，如川赴壑，尋聲企景，項領相望，百餘年來，轉相傳述，遍於東南。由其道而名於文苑者，以數十計，嗚呼，何其盛也！」

　　「天下翕然，號為正宗」，正是桐城之學得以迅速發展的先決性條件。古文一派在長期的發展過程中，逐漸形成了敏感而發達的道統、文統意識。在這種意識的支配下，他們認定某些歷史人物是所謂古道、古文的傳人，並將其編排成一個前後承繼的統系為效法與摹擬的對象。這種統系體現著編排者的信仰歸趨、精神祈向與審美理想，具有一種準宗教的價值和意義。編排者在賦予這一統系神聖性、權威性的同時，也使它帶有強烈的排它性。編排者認定並宣稱惟此統系為正宗正統，其他概為旁門左道、妖言邪說，以此證明自身選擇、行履的正確性與他人的謬誤性。這種帶有宗法色彩的「正宗」觀念和非此即彼的判斷思維方式，往

往誘發門戶之見與派別之爭的產生；同時，這種強烈的排它性，又往往導致它所代表的精神祈向與審美理想，在一種封閉的文化氛圍中，逐漸失去吐納百川的活力，成爲僵死的思想與創作的模式，最終走向創造力的乾枯與萎縮。

古文一派，首創道統說的是韓愈。韓愈以恢復儒家思想統治爲己任，其稱堯、舜、禹、湯、文、武、周公、孔、孟相傳之道爲古道，又以爲古道久而不傳，但可於古文中見之，故欲復古道，則應「兼通其辭」，「行之乎仁義之途，游之乎詩書之源」⑳，「非三代兩漢之書不敢觀，非聖人之志不敢存」㉑。韓愈的道統說與以文見道說影響深遠，而其以復古求變古的手法，也屢爲後人所效仿。宋初，柳開發揮韓說，提出「吾之道，孔子、孟軻、揚雄、韓愈之道，吾之文，孔子、孟軻、揚雄、韓愈之文。」㉒從強調文、道合一出發，於道統之外隱立文統。稍後，歐、蘇迭出，承文道合一之說，重道以求文之義豐理切。並將韓愈以「仁義」爲主要內容，帶有較多倫理色彩的「道」平易化，認爲「道」即現實生活中的事理、物理，提倡寫作「其道易知而可法，其言易明而可行」㉓的文章，發展了韓、柳之文平易的一面，建立了簡潔流暢、委屈婉轉的文章風格，豐富了韓、柳古文的傳統。宋之理學家出，以爲作文有害於道，譏諷韓愈「平生用力深處，終不離乎文字言語之工」㉔，其「學文求道，始有所得」之說爲「倒學」㉕，並且不承認韓愈古文一派爲道統的承繼者。明之唐宋派，以承接古文一脈自許。他們不滿於前後七子「文必秦漢」、「古文之法亡於韓」之說，提倡學古文應從唐宋入手，茅坤選《唐宋八大家文鈔》，古文八大家之稱由此遂大行於世。唐宋派在韓愈道統說之後，明確建立了由唐宋八大家上窺兩漢，由兩漢上接孔門的文統說，自此文統與道統得以相提並論。

　　清代，統治階級立程朱理學爲官學。康熙在《四書講義序》中說：「萬世道統之傳，即萬世治統之所繫」，「道統在此，治統亦在是」。與此同時，又採取高壓、招撫手段，逼迫漢族知識分子就範。桐城派創始人方苞早年受理學家李光地的影響，輟文求經，對宋代理學五子頂禮膜拜，後因南山案牽連，被逮入獄，大赦後以奴隸身分值南書房，因而對康熙感激涕零，時時「欲效涓埃之報」。方苞以「學行繼程朱之後，文章在韓歐之間」爲行身祈向，即有雙雙承接道統、文統之意。他以爲世間人倫之義，至程朱而大明，「此孔、孟、程、朱立言之功，所以與天地參，而直承乎堯、舜、湯、文統歟」㊻，以程、朱上接道統；又以爲唐宋八家中，惟韓愈能約六經之旨以成文，而其他七家，或經未通奧賾，或大節有虧，不可與韓氏並論，故而以韓愈上接《左傳》、《史記》，以達於《詩》、《書》、《禮》、《易》、《春秋》五經。其中尤重《史記》、《左傳》，以爲此兩書爲義法說之大源。此即爲桐城派文統說之濫觴。方苞所創「義法說」是韓、歐文道說的演變。其所謂「義」，講的是言之有物，「本經術而依事物之理」㊼，而經術與事物之理，大湊於程朱之學；其所謂「法」，講的是言之有序，即古文寫作的程式、法度、規模，其中又以刪繁就簡、言明意賅、語言雅潔爲至上。總之，義法說包含著鮮明的思想認同傾向與審美理想，它要求古文創作要做到理明、辭當、氣昌，「欲理之明，必溯源六經，而切究乎宋元諸儒之說；欲辭之當，必貼合題義，而取材於三代兩漢之書；欲氣之昌，必以義理洒濯其心，而沈潛反覆於周秦盛漢唐宋大家之古文。兼是三者，然後能清雅而言皆有物。」㊽

　　方苞的行身祈向與義法說，規範與奠定了桐城派的思想指向與古文理論基礎，同時，也埋下了不可排解的隱患。

　　程朱理學雖爲清政府立爲官學，但其聲望、影響，已遠非宋、明時所比。原因有三：其一，明清之際顧炎武、黃宗羲等人所發動的以正本清源爲目的的文化古典主義運動，號召學人向儒家本源文化靠近而摒棄空談義理的學風，理學聲望由此大挫。其二，理學在康熙、雍正朝雖經再倡，但所謂理學名臣李光地、熊賜履等人在學術上無甚建樹而流於彌縫，且立身多有瑕疵，爲人恥笑，理學之威信難以重振。理學再倡，除朱熹配享孔廟、四書定爲科舉考試依據之外，其影響甚微，歷康、雍兩朝後，已是不絕如縷。其三，乾、嘉年間漢學大盛，士人多拔理學之幟而事樸學，樸學盈而理學虛。漢學從考據訓詁入手，多發見宋儒解經注經乖違之處，戴震等人又從理欲之辨入手，指斥理學家以理殺人，理學聲望更是一蹶不振。在這種氛圍中，桐城派赫然以程、朱上承道統，以理學爲文人所載之道，自不免遭到攻訐與譏諷。且桐城派多爲文苑傳中人物，於理學學理無力深究，更談不上發展。理學於桐城派，更多的則表現爲一種思想信仰與行身祈向，因此文以載道往往是流於空言。

　　方苞以韓愈上承《左傳》、《史記》，以達於五經的文統說，經姚鼐補充，其統系更爲明晰詳備。姚鼐輯《古文辭類纂》，於唐宋八大家之後，明錄歸有光，清錄方苞、劉大櫆，以明文統傳緒所在。此舉標榜聲氣的痕跡過於明顯，當即遭到世人譏諷。惜抱雖有悔意，但因此事關係重大，仍一如其舊。

　　創業不易，守業更難。在鴉片戰爭前後的多事之秋裏，承接桐城衣鉢的是姚門弟子梅曾亮、方東樹、管同、劉開、姚瑩等人。面對紛紜變動的時局，如何守住道統、文統的既有之業，使先輩精神與文學傳統昭然於世，發揚光大？如何把握時局、控引天地，描摹運會轉移、人事推演之變機，開闢古文寫作的新天地？守與

變，成爲桐城後裔目光最爲趨注的問題。

姚門弟子在社會地位上雖顯達有別，或居官朝中，名播天下，如梅曾亮、姚瑩；或授徒鄉里，窮老荒野，如方東樹、劉開，但在人生態度上都是不甘寂寞、積極入世的。在鴉片戰爭前後的社會大變動中，他們毫無避諱地於明道、記事、陳情、見志的著述作文之外，大談對建功立業、平治天下一類政治行爲的渴望。他們興致勃勃地討論著，身處變局，如何在立德、立功、立言古人所謂的三不朽中作出恰當的自我選擇。管同以爲：「四十以來，悟儒者當建樹功德，而文士卑不足爲。」「夫苟能立功，言不出可也。」「夫苟能立德，功不著可也。」⑭姚瑩以爲：「君子之學傳於後世者，道也，而不在文；功也，而不在德。」「道功天下之公，文德一人之私也。」⑯方東樹以爲：「吾修之於身而爲人所取法，莫如德；吾飭之於官而爲民所安賴者，莫如功；夫興起人之善氣，遏抑人之淫心，陶縉紳，藻天地，載德與功以風動天下，傳之無窮，則莫如文。」㉛劉開以爲，士生於世，「達則佐君圖治而民獲其澤，固可以蒼生致樂利之休，窮則修德於鄉而人法其行，亦可爲國家任教化之責。」㉜姚門弟子對立德、立功、立言問題的思考，雖然大體上沒有脫離中國士大夫「達則兼濟天下，窮則獨善其身」的思想軌道，但其對建功立業、平治天下政治行爲的渴望，卻使他們對社會問題與時局變動，時刻保持著飽滿的洞察與參與熱情。

正是在這種對社會問題熱情參與的心態下，姚門弟子認識到：他們所生活的時代已與其先輩大大不同，文也須因時而變。梅曾亮說：

> 惟竊以爲文章之事，莫大乎因時。立吾言於此，雖其事之至微，物之甚小，而一時朝野之風俗好尚，皆可因吾言而

見之。使爲文於唐貞元、元和時，讀者不知爲貞元、元和人，
不可也；爲文於宋嘉祐、元祐時，讀者不知爲嘉祐、元祐人，
不可也。韓子曰：「惟陳言之務去」，豈獨其詞之不可襲哉？
夫古今之理勢，固有大同者矣，其爲運會所移，人事所推演，
而變異日新者，不可窮極也，執古今之同，而概其異，雖於
詞無所假者，其言亦已陳矣。閣下前任劇邑，治悍民不尚黃、
老，今官督道，乃尚黃、老，此持權合變者也。文之隨時而
變者，亦如是耳。㊼

這段頗具代表性的論述，從兩個方面提出了文因時而變的充足理
由：一是一代有一代之文，一代之文，應使讀者從中可以窺知時
代好尚與朝野風俗。時代遷徙，風俗好尚轉移，文不可不變。二
是文忌陳貴新，古今理勢，隨運會、人事推移而變異日新。事理
日新，文亦須隨時而變。

　文因時而變，並非無有涯涘。立誠求眞，是姚門弟子駕馭因
時而變之文的內在尺度。「眞」在諸弟子的文論中，是一個重要
的命題。「物之可好於天下者，莫如眞也。」㊽對「眞」的嚮往，包
蘊著姚門弟子在道統、文統雙重重荷擠壓下不甘泯滅的創造慾望
與創新衝動。「眞」具有幾層涵義：一是時代之眞，即如上述引
文所言，文要反映出特定時代的風俗好尚、文化氛圍與精神氣象，
「使爲文於唐貞元、元和時，讀者不知爲貞元、元和人，不可也；
爲文於宋嘉祐、元祐時，讀者不知爲嘉祐、元祐人，不可也。」
二是性情之眞，爲文要具有鮮明的個性特徵，具有獨特的精神風
貌。人的性情千差萬別，其文亦當面目各殊。梅曾亮論及性情之
眞說：「見其人而知其心，人之眞者也；見其文而知其人，文之
眞者也」，「失其眞，則人雖接膝而不相知；得其眞，雖千百世
上，其性情之剛柔緩急，見於言語行事者，可以坐而得之。」又

以爲人之性情有別，文亦各肖其性情而已足；一性而欲兼眾情，必失其眞，「人有緩急剛柔之性，而其文有陰陽動靜之殊。譬之查梨桔柚，味不同而各符其名，肖其物；猶裘葛冰炭也，極其所長，而皆見其短。使一物而兼眾味與眾物之長，則名與味乖而飾其短，則長不可以復見，皆失其眞者也。」⑤失其眞，情則近於僞情，體亦近於僞體。三是語眞。時代之眞與性情之眞是強調境眞、情眞，而境眞、情眞，又須以語眞見之。管同在《蘊素閣全集序》中說：「文辭者，人之所自爲也，自爲之則宜有工拙之殊，而不當有眞僞之辨」⑤，語有眞、僞之辨，是因爲摹古擬古之風日久，剽販古人，塗澤古語以文其淺陋者比比皆是，「詞必己出」之意蕩然漸滅，故語失眞而僞。方東樹以爲文貴有己，「立己於此，將使天下確然信知有是人也，則不必俟假他人之衣冠笑貌以爲之。」若「徒剽襲乎陳言，漁獵乎他人」，則「無能求審此人面目之眞，而己安在哉？」⑤方氏在《續昭昧詹言》中又將語眞與立誠並提，以爲不論爲文爲詩，均講求命意高，能崇格、隸事、締情，諸種要素中，尤貴於立誠，「立誠則語眞，自無客氣浮情，膚詞長語，寡情不歸之病」⑤。

因時立言，自足性情，詞必己出，概括了姚門弟子立誠求眞之說的基本內涵。桐城派的立誠求眞與宋詩派的眞我自立，共同表現出一種文學家本能的創造衝動和創作主體意識。這種創造衝動和創作主體意識雖屬可貴，但由於它缺乏成長、昇華的社會條件與文化氛圍，因而總是處在一種原始自發的狀態，或無所附著，或自生自滅，無法成爲一代文學家振起奮飛的翅膀。

在通向創新、求眞的路上，桐城派所面臨的最大思想障礙是道統、文統情結。

首先，濃烈的道統、文統情結加重了宗派情緒，狹隘的門戶

之見導致劃地為牢，取徑狹窄。自姚鼐後，桐城派旗幟既張，毀譽也隨之而來。尤其是方、姚制定的學守程朱和文繼歸、方的道統文統之說，更是眾矢之的。姚門弟子承守先師之業，他們充分意識到，已編製而成的文、道統系，不僅僅再是一種思想信仰、行身祈向與審美理想，擁戴與維護這個統系，對於鞏固桐城派文、道正統傳人的地位，並取得更廣泛的社會認同，具有至關重要的意義，因此，當拚力固守。於道統，由程、朱上接孔孟，自無更改；於文統，姚門弟子公然聲稱清初古文三傑，「侯（方域）、魏（禧）、汪（婉）皆不得接乎文章之統」⑤，而將方、劉、姚三家作為國朝古文的開山，以上承明之歸有光、唐宋八家，以至六經、《左》、《史》。方東樹論方、劉、姚之成就、地位云：

> 三先生出，日久論定，海內翕然宗之，特著其氏而配稱之方、劉、姚，比之於古之班、揚、韓、歐云。方、劉、姚之為儒，其所發明，足以衷老、莊之失，其文所取法，足以包屈、宋之奇，蓋非特一邑之士，亦非特天下之士，而百世之士也……居今之世，欲志乎古，非有三先生之說，不能得其門。⑥

又論古文統系所受謗議云：

> 往者姚姬傳先生纂輯古文辭，八家後於明錄歸熙甫，於國朝錄望溪、海峰，以為古文傳統在是也。而外人謗議不許，以為黨同鄉。先生晚年嫌起爭端，悔欲去之。樹進曰：此只當論其統之真不真，不當問其黨不黨也。⑥

又論方、姚之後文統傳人曰：

> 及考方、姚之名，四方皆知；其門人傳業雖多，然除一二高第親炙真知外，皆徒附其聲，而不克繼其緒。⑥

這一二高第親炙，非梅曾亮、方東樹、管同、劉開等親就受業者

莫屬。姚門弟子自然便是桐城派的第二代傳人。

由上可見，姚門弟子是以一種甘蒙謗訕，義無反顧，且不避自我標榜，同鄉阿私惡名的態度去張揚所謂的古文傳承統系的。這種情況的出現與桐城派在全國範圍內有了一定的發展和影響有關，也與鴉片戰爭前後政局動盪、士氣浮囂的社會變動有關。這種以道統、文統傳人自居的氣勢，擴大了社會對桐城派的認同，但其文霸式的蠻橫武斷也招來了不少熱嘲冷諷，當時，廣西名士朱琦、龍啓瑞、王錫振均求古文之術於梅曾亮，世人謂廣西有桐城傳緒。恰與之同時，廣西另一學者鄭獻甫則就桐城派所張揚的道統、文統提出嚴厲的批評。

> 道無所謂統也，道有統其始於明人所輯宋五子書乎？文無所謂派也，文有派其始於明人所選唐宋八家文乎？然皆門戶之私也，非心理之公也。古者人品有賢愚，人才有美惡，然流品未分也；儒術有師承，學術有授受，然而宗法未立也；經說有淺深，詞章有華實，然而尺度未嚴也。自韓子有軻之死不得其傳一語，而道之統立；自韓子有起八代之衰一贊，而文之派別。遂若先秦以來之賢人君子，東漢以來之鴻篇巨制，皆可置之不議，而惟株守此五子書，八家文，以為規矩盡是，學問止是。甚且繪為旁行邪上之圖，曰某傳之某，某得之某，如道家之有符籙，禪家之有衣缽，世家之有族譜，閱之令人失笑，不惟於體太拘，而於事亦太陋矣。

> 近世論古文者宗之，謂東漢文敝，南宋後無古文，以昌黎直接史公，以震川直接歐公，而架漏中間數代作者。夫宇宙大矣，古今遠矣……數典而忘其祖不可，守典而誣其祖可乎？一代之世運與一代之人才合而成一代之文體，如天之有日月風雲，地之有江河山岳，體象不同而精采皆同，故愈久

而愈新也，若見一孔之見，勒一途之歸，則下筆皆陳陳相因
而已耳，惡睹所謂終古常見而光景常新耶？㊿

鄭獻甫對桐城派文統、道統之說的批評可謂是鞭闢入裡，切中要
害。從歷代學者、作者中擇選數人，作爲某種行身祈向、精神歸
趨及審美理想的代表，自然無可指責；但人爲地將其編排成某種
序列，誇大其承繼關係，演繹成所謂道統、文統，並賦予其惟此
爲正，捨此皆旁門左道的權威性、神秘性色彩，則不免表現出一
種托「統」自尊的仰仗心理和黨同伐異的宗派情緒。若又惟此道
統、文統株守，以爲規矩盡是，學問止是，門徑在是，非五子書
不讀，非《左》、《史》、八家、歸、方、劉、姚之文不學，劃
地爲牢，作繭自縛，則易走向自我封閉、孤陋寡聞的境地，而失
去創造求新的精神與銳氣。道統、文統情結在爲桐城派作家編織
了一個思想與古文信仰體系的同時，也限制了他們閱讀、取範的
眼界和對創作路徑的選擇、設計。

　　其次，過度膨脹的道統、文統情結，導致統系理想主義傾向
出現：對人爲編排統系的自我滿足，使古文理論的創新發展舉步
維艱。道統與文統，是桐城派雄峙文壇，號召天下的依仗所在。
對道統、文統的反覆強調與張揚，逐漸在鼓吹者與信奉者中，形
成了一種虛幻色彩極濃的統系理想主義。統系理想主義在一種封
閉的心態下，把道統、文統所涵蓋的古典文化遺產看作是無所不
有、無所不能的神聖世界，從而滿足於在古人的成就與經驗中挖
掘財富，去營築現行的思想理論體系。即使是個人的發見與體會，
也要費力尋找與古人的契合點，以古人經驗爲之印證，甚至不惜
運用穿鑿附會的手段，附經史聖哲以自顯。統系理想主義用於判
斷事理的標準不是理性，而是統系與古人，它的存在，無疑是桐
城派走向理論創新的思想障礙。

　　附經史聖哲以自尊自顯，是清代復古主義文化思潮中的普遍
現象。方苞創制義法說，據稱是從司馬遷論讚《春秋》筆法時所
說的「約其文辭，治其繁重，以制義法」⑭一語中得到的寶貴啟
示。義法說被賦予的涵義，雖遠遠超出司馬遷讚語的本意，但它
卻因此而沾溉了經籍聖哲之光，獲得了源於經、成於史、立於世
的資格。桐城派在方、劉、姚時期，已大致確立了其理論研究的
方向，它不企求以包羅萬象的氣勢去構築宏大的思想理論體系，
而是偏重於推本溯源，運用體語、鑑賞、融會貫通的方法去探討
藝文寫作之道，去總結、發現與揭示單行散體之古文（旁及詩、
賦）的創作經驗與寫作規律，作為後學者升堂入室的攀援。方、
劉、姚時期，是桐城派古文理論的形成與奠基期。方苞的義法說，
劉大櫆的神氣說，姚鼐的陽剛陰柔、神理氣味格律聲色說都是自
得於心，頗有建樹的論題。對這些論題的有關闡述，構成桐城派
古文理論的基石。姚門弟子承業於危難之中，他們認定「非祖述
六經、《左》、《史》、莊、屈、相如、子云者，不得登作者之
錄」⑮，「居今之世，欲志乎古，非由三先生（方、劉、姚）之
說，不能得其門」⑯，故而重守而不輕易言創。於古文理論，姚
門弟子在總體上並未在師說之外有明顯的拓展與超越，其研究重
心偏倚於對古文源流的爬梳及寫作法度的揣摩，在辨析古人體制、
文風的異同，尋繹其謀篇、布局的匠心與修辭、造言的奧妙上用
力，不厭其煩地向人講述先得古人聲氣、格律，繼得古人精神、
心胸，至聲音、笑貌皆與古人偕，最後去其與古人太似處等諸如
此類的由摹仿達於脫化、由師古進而求真的古文寫作程式。姚門
弟子用以構築其古文理論框架的主要思想來源是古人經驗、師說
及個人的體會感悟，因而其古文理論顯得瑣細零星，依附性大，
同一問題論述的重複率高，無法擺脫感性經驗的層次，故而缺少

博大精深的氣象。以方東樹所著大型詩話《昭昧詹言》爲例。方
氏此書洋洋數十萬言，旨在爲人指示「學詩津逮」，書中所運用
的基本論述方法是以古文之法通於詩，以離合伸縮、草蛇灰線等
古文、時文術語論詩，其中大量篇幅用於剖析章法、句法以見古
人作詩之用心，連方東樹自己也覺得「講解太絮」⑰，流於瑣細。造
成這種現象的直接原因在於桐城派古文理論研究的實用性過強，
研究者以古文傳人自居，要在古人的作品中發掘經驗，爲人指點
途徑，而「古人文章可告人者惟法矣」⑱，「古人不可及，只是
文法高妙」⑲，故其立論多述法度技巧，而其研究方法又偏重於
感悟、體會，因此容易造成拆下來不成片段的感覺。形成上述現
象的另一不可忽視的原因，則在於統系理想主義所帶來的封閉性
心態，使研究者志在承守，不思拓展，徇徇然不敢越過雷池一步，
只是在統系與師說的範圍內向古人尋討生活。

　　再次，對道統、文統所體現的思想規範、審美指向的恪守，
使散文創作走上空疏、拘謹、規模狹小之路。古文一派無不談文、
道關係。桐城派所言之「道」，大體是指儒家的政治、倫理思想
體系，而其「道統」，正是對這一思想體系之傳承關係的認同性
描述。桐城派自詡所承道統上接程朱理學，理學家於「道」之外。
別立一「理」世界，以爲「理」爲天所固有，聖人循而行之謂之
道。「理」在事在物爲事理、物理，在人則爲義理。故而，在桐
城派中，文以載道又常被表述爲文以明理。文以明理首先當爲義
理。義理之學，在清代已是「言竭而無餘華」⑳，清代理學家所
謂的性理之辨已不具有哲學意義上的思辨色彩，而流於對倫理綱
常的單調重複。桐城派所張揚的義理之學，正墮於此道。生活在
鴉片戰爭時期的姚門弟子，並不乏論及政治、經濟、學術、風俗
的文章。在這些文章中，他們抨擊科舉、官場的腐敗，對國家財

政經濟的困窘、資本主義經濟的侵入深表擔憂，對潛在的社會危機亦有敏銳的覺察，但他們把一切造成封建秩序紊亂的因素，都看作是人心、世風、士風不正的結果，而開具出一個總的藥方：正風俗，興教化，明倫理道德，振禮教綱常。這種泛倫理主義的救世之方大而無當，無所適而又無所不適，故而近於一種大言欺世。再看事理、物理。事理、物理存在於萬事萬物之中，對事理、物理的闡發，姚門弟子則表現出文人式的熱情、天真和迂腐。管同的《禁用洋貨議》，把不斷輸入中國的洋貨，通稱為「奇巧無用之物」，主張「嚴厲禁洋與吾商賈，皆不可復通，其貨之在中國者，一切禁毀不用。」⑰方東樹的《病榻罪言》及《化民正俗論》論及嚴禁鴉片，以為根本之方在重懲吸食者：「今誠下一令，食鴉片者，官褫職，永不敍復。幕賓立辭去，仍申令大小官中，不得復相延聘。士子食者，終其身不許應文武試。兵役奴食者，立絀退，仍申令永不得復應雇役。凡民食者抵罪，仍罰出贖鍰，而猶無以苦其身以動其心也，從容隱混無以異於良民也，則為象刑墨黥，殊其衣冠以辱別之。」⑱種種懲處措施之中，尤以對恢復象刑墨黥之刑最引為得意，反覆申有之。梅曾亮在鴉片戰爭爆發時與友談禦敵之方，以為敵寇之長處在船高炮猛，應在去海十餘里處多掘深溝以禦炮。待其登陸後，方與之交戰，「彼空行二十里，銳氣已衰，我兵又無火器之患，彼衰我壯，然後勝負可得而言也。」又云：「敵來之方，近溝百步，多掘小坎，深廣尺餘，內用枯枝或短木支撐，蘆席上蓋浮土，以惑敵人。一賊失足，百人皆驚。我軍以整攻亂，勝之必矣。」⑲管同的洋貨禁毀不用論，方東樹的恢復象刑墨黥之刑論，梅曾亮的挖深溝以禦敵論，都是難以付諸實行的書生之言與紙上談兵，它表現了書齋中人與社會現實、事理物理的隔膜。

　　說理論政之文因大而無當、紙上談兵，不免「空疏」、「枵腹」之譏，至於雜記序跋，碑志傳狀之文，本爲古文一派所擅長，卻因禁忌太多、動輒得咎而流於文氣拘謹、規模狹小。桐城派的義法說，得力於《左傳》、《史記》爲最多。方苞正是從《左》、《史》敘事行文的啓發中，體悟到古文寫作明於體要（諸體之文，各有義法），辨於規模（所載之事，必與其人規模相稱），刪繁就簡、清正雅潔等成文之法。因而，桐城派編排的文統之中，以《左》、《史》上接六經，下啓韓、柳，爲之推重備至。雜記序跋、碑志傳狀一類文體，易爲文苑人物所偏愛，也正是在這一類體裁中，桐城派作家較多地顯示出才華和優勢，創作出一些於平易瑣細之中見情致，言簡有序、清談樸素的優秀之作，較爲充分地體現出其清眞雅正的審美理想與文派風格。但桐城派刻意追求行文有序，要言不繁，語言以純淨規範、不涉鄙俚猥佻爲尙（「古文之中不可入語錄中語，魏、晉、六朝人藻麗俳語，漢賦中板重字法，詩歌中雋語，南北史佻巧語」⑭），加之「本經術而依事物之理」⑮等思想原則的限制，文章風格細膩有餘而宏放不足，能做到秩然有序而少有騰挪變化，語言表述無辭繁而蕪、句佻不文之病，但卻往往流於滯重、呆板、拘謹。方東樹論及方苞之文云：

　　　　樹讀先生之文，嘆其說理之精，持論之篤，沉然黯然紙
　　上，如有不可奪之狀。而特怪其文重滯不起，觀之無飛動嫖
　　姚跌宕之勢，誦之無鏗鏘鼓舞抗墜之聲，即而求之無玄黃彩
　　色，構造奇詞奧句，又好承用舊語，其於退之論文之說，未
　　全當焉。

說理精，持論篤，但重滯而無動勢，黯然而無彩色，方東樹對方苞之文的評論可謂抑揚參半。他又究其原因云：

　　　　蓋退之因文見道，其所謂道，由於自得，道不必粹精，

而文之雄奇悚古,渾直恣肆,反得自見其精神。先生則襲於
程、朱道學已明之後,力求充其知而務周防焉,不敢肆,故
議論愈密,而措語矜愼,文氣轉拘束,不能宏放也。向使先
生生於程、朱之前,而已聞道如此,則其施於文也,詎止是
已哉?⑯

方東樹以爲方苞以程、朱之學爲「道」,而自己無所發明,故而
爲文務周防,不敢肆,措語矜愼。這是從「道」對文的箝制方面
分析了方苞之文文氣轉拘束、不能宏放的原因。這種委婉的批評
不是完全否定,更多的是一種美中不足的惋惜。方東樹的惋惜揭
示了某種固定僵死的思想規範與文學創作之間的緊張與衝突。屈
從求全於某種既成的思想規範,必然會扭曲某種孕育之中的藝術
創造。方東樹諸人雖明確無誤地認識到這一點,但與之相比,道
統的旗幟及程朱義理之學對桐城派來說,更顯得重要和須臾不可
離開。他們爲著政治生存的需要而甘心步入藝術的誤區。加上繼
武者對文統、師說、古人法度及桐城派文創作模式、文體風格的
恪守與遵循,桐城派文文氣拘謹、規模狹小之病,便始終未能免
除。桐城派文的成功之作,擅長以清麗秀美的文筆寫山水遊歷,
一山一水,一岩一泉,娓娓而談,令人歷歷在目;又常以帶有淡
淡哀愁的情調,回憶至親好友間的舊聞瑣事,一笑一顰,一舉一
動,細細寫來,令人回味深長。但卻很少有氣勢磅礴、雄奇瑰瑋、
充滿飛動嫖姚之勢與五彩玄黃之色的作品。梅曾亮言文隨時而變,
提倡的便是「立吾言於此,雖其事之至微,物之甚小,而一時朝
野風俗好尙,皆可因吾言而見之。」⑰又稱讚陳用光之文「扶植
理道,寬樸博雅,不爲深刻毛摯之狀,而守純氣專,主柔而不可
屈。不爲熊熊之光,絢爛之色,而靜虛澹淡,若近而若遠,若可
執而不停。」⑱其中都包含著立足於事之至微,物之甚小,不爲

熊熊之光，絢爛之色之文的藝術價值取向。這種規模狹小、禁忌繁多、文氣拘謹的文章，是難以表現重大題材及複雜思想的。對這類以平易瑣細見長的文章，曾國藩曾不無譏諷地稱之爲：「浮芥舟以縱送於蹄涔之水，不復憶天下有日海濤者乎？」⑳

　　宋詩派與桐城派是鴉片戰爭時期最爲活躍、擁有作家最多、影響最大的詩文流派。他們輾轉於創新與復古之間的痛苦經歷，在這一時期其他文學流派中同樣存在。如以阮元、李兆洛爲代表的駢體文派，以周濟、譚獻爲代表的常州詞派，他們所耕耘的文體領域不同，但都毫無例外地打出學古復古的旗幟，作爲審美追求的理想境地，並藉此靈光誇示自身存在的價值和意義。鴉片戰爭後的社會變動，尚未引起文學創造者深層文化心理結構和價值觀念的變動，他們依舊在現實與舊夢、創新與復古的怪圈中徜徉徘徊，以創新精神與藝術創造力被扭曲壓抑、飽受磨礪的代價，據守著眼前虛幻的寧靜與圓滿。

　　鴉片戰爭後的文學，正等待著思想變革的風暴給予他們走出因循、告別過去的力量。

【附　註】

① 李開先：《閑居集·昆倉張詩人傳》。

② 葉燮：《原詩》卷一。

③ 葉燮：《原詩》卷三。

④ 《程侍郎遺集初編·題陳乃錫先生手稿》。

⑤ 《程侍郎遺集初編·金石題詠匯編序》。

⑥ 《東州草堂文集·與汪菊士論詩》。

⑦⑧⑨ 《東州草堂文集·使黔草自序》。

⑩ 《東州草堂文集·與汪菊士論詩》。

⑪　《東州草堂文集・符南樵寄鷗館詩集敘》。

⑫　《邵亭遺集・播川詩鈔序》。

⑬　《巢經巢詩集・論詩示諸生時代者將至》。

⑭　《邵亭遺集》。

⑮　《東州草堂文集》。

⑯　《有學集・題杜蒼略自評詩文》。

⑰　《黃梨洲文集・詩歷題辭》。

⑱　《曝書亭集・齋中讀書》。

⑲　《帶經堂集・師友詩傳錄》。

⑳　《說詩晬語》。

㉑　《巢經巢全集・邵亭詩鈔序》。

㉒　《巢經巢全集・巢經巢詩鈔序》。

㉓　《巢經巢全集・論詩示諸生時代者將至》。

㉔　《巢經巢全集・邵亭詩鈔序》。

㉕　《巢經巢全集・巢經巢詩鈔序》。

㉖　《復初齋文集・蛾術編序》。

㉗　《復初齋文集・徐昌谷詩論一》。

㉘　《復初齋文集・見吾軒詩集序》。

㉙　《程侍郎遺集初編・金石題詠匯編序》。

㉚　《近代詩抄序》。

㉛　《石遺室詩話》。

㉜　《東州草堂文集・題馮魯川小像冊論詩》。

㉝　《東州草堂文集・愛山》。

㉞　《東州草堂文集・逆風》。

㉟　《巢經巢詩集・愁苦又一歲贈邵亭》。

㊱　《巢經巢詩集・屋漏待》。

㊲　《石遺室詩話》。

㊳　《東州草堂文集・題馮魯川小像冊論詩》。

㊴　《東州草堂文集・與汪菊士論詩》。

㊵㊶　《韓愈集・答李翊書》。

㊷　《河東先生集・應責》。

㊸　《歐陽修集・答張秀才第二書》。

㊹　朱熹：《朱子語類》卷七十。

㊺　朱熹：《朱子語類》卷七十。

㊻　《方苞集・岩鎮曹氏女婦貞烈傳序》。

㊼　《方苞集・答申謙居書》。

㊽　《方苞集・進四書文選表》。

㊾　《因寄軒文集・方植之文集序》。

㊿　《中復堂全集・與張際林論家學書》。

(51)　《方植之文集・復姚君書》。

(52)　《孟涂文集・上萊陽中丞書》。

(53)　《柏梘山房文集・答朱丹木書》。

(54)　《柏梘山房文集・黃香鐵詩序》。

(55)　《柏梘山房文集・太乙舟山房文集序》。

(56)　《因寄軒文集》。

(57)　《儀衛軒文集・答葉溥求論古文書》。

(58)　《續昭昧詹言・卷一》。

(59)　管同：《因寄軒文集・國朝古文所見集序》。

(60)　《儀衛軒文集・劉悌堂詩集序》。

(61)　《儀衛軒文集・答葉溥求論古文書》。

(62)　《儀衛軒文集・劉悌堂詩集序》。

(63)　《補學軒文集・書茅鹿門八家文鈔後》。

㉔　《史記‧十二諸侯年表》。

㉕　方東樹：《儀衛軒文集‧切問齋文鈔書後》。

㉖　方東樹：《儀衛軒文集‧劉悌堂詩集序》。

㉗　方宗誠：《儀衛軒詩集目錄後識語》。

㉘　劉大櫆：《論文偶記》。

㉙　方東樹：《昭昧詹言》。

㉚　章炳麟：《訄書‧清儒》。

㉛　《因寄軒文集》。

㉜　《儀衛軒文集》。

㉝　《柏梘山房文集‧與陸立夫書》。

㉞　沈廷芳：《書方望溪先生傳後》。

㉟　方苞：《方苞集‧答申謙居書》。

㊱　《儀衛軒文集‧書望溪先生集後》。

㊲　《柏梘山房全集‧答朱丹木書》。

㊳　《柏梘山房文集‧太乙舟山房文集序》。

㊴　《曾國藩文集‧書歸震川文集後》。

第四章 政治與軍事對峙的
文學空間

——太平天國與曾國藩集團文學異同

反清與衛道：太平天國與曾國藩集團的思想衝突——政治
傾向的對立與文學觀念的相似——促使對峙雙方文學價值
取向相似的顯性現實因素與隱性文化因素——求同辨異：
探求兩大政治軍事集團情感世界的契入點——太平天國作
品崇高化、神秘化的傾向——守先待後：曾氏集團對待文
化與文學的基本態度——曾國藩、洪仁玕詩的士大夫格調
——曾國藩、洪仁玕對中國前途的共識

太平天國1853年建都南京，這是繼鴉片戰爭之後，中國近
代史上的又一影響深遠的歷史事件。一支於草莽間揭竿而起的農
民武裝，二三年間即建立了與清政府赫然南北對壘的新生政權，
並集蓄待發，隨時有揮師北上、直搗黃龍之勢。這一事變對清政
府來說，是比海外騷擾、五口通商更為直接嚴峻的生存威脅。清
王朝迅速調動軍隊，在南京附近設立江南江北大營，封鎖長江沿
線，組織對太平天國的防範與圍剿。這種政治與軍事的對峙持續
了10年之久。在這10年中，對峙雙方的一切政治行為、文化舉
措，無不為雙方軍事鬥爭的成敗、軍事力量的消長所牽制。戰爭

主宰著一切，它在改變人們生存環境的同時，也制約著人們的情感機制與精神世界，戰爭以絕對的權威支配著咸同之際的文學空間。

一　政治、軍事的對峙與文學價值觀念的趨同

咸同之際長達10餘年的政治與軍事對峙中，在主要戰場上進行激烈較量的是以洪秀全為領袖的太平軍和以曾國藩為首領的湘軍。太平天國與曾氏集團有著各自的政治、軍事利益，也有著各自的服務於政治、軍事利益的精神信仰體系和觀念形態。雙方除了戰場上你死我活的拼殺之外，在思想文化領域中也存在著激烈的衝突和交戰。

太平天國是一個農民武裝政權。太平天國在建立政權、保衛與鞏固政權的鬥爭中所創造的最重要的精神成果，是被稱之為「天情眞道」思想體系的建立。太平天國的神道信仰系統由皇上帝、基督、天王組成。其中皇上帝為天界人間至高無上的掌管者，又稱天父。基督為皇太子，天王洪秀全為皇上帝次子，受天父眞命，在人間斬除妖魔，替天行道。除此神道傳承系統之外，其他人間的精神偶像、思想權威概視之為邪說異端。太平天國的天情眞道，是一個借助基督教教義和精神偶像，由農民階級樸素自發的政治、經濟等要求和傳統的儒家倫理道德準則融合構建而成的混合物。它以「天下一家，共享太平」的口號，喚起了處於飢餓困苦之中的農民階級以激烈形式反抗和起事的熱情，代表著農民階級和起事反叛者的思想利益與精神需求，是太平天國政權信仰與意志的集中體現。

太平天國農民政權的建立，必然打破舊有社會秩序的穩定，而其「天情眞道」的存在，也必然與統治階級的思想利益形成激

烈的衝突。太平天國起事之初，便發布《奉天討胡檄》，檄文宣稱：「天下者，中國之天下，非胡虜之天下」，在歷數清政府「盜據華夏」之種種罪惡後，號召天下海內「同心戮力，掃蕩胡塵」，「上為上帝報瞞天之仇，下為中國解下首之苦」①。太平天國的「天情眞道」將皇上帝、基督、眞主奉為精神領袖，反視周、孔為邪神偶像，以為天下種種妖魔作怪，蓋由「孔丘教人之書多錯」。在《太平天日》中，竟讓孔子「跪在天兄基督前，再三討饒，鞭撻甚多。」②以「用夏變夷」思想，否定清朝政府存在的合理性；以基督上帝偶像，凌辱統治者所認定的精神權威，這種行為對於清王朝的政治與思想統治，造成了極大的衝擊。

曾國藩所率領的湘軍，是一支為王前驅的軍事武裝。太平軍廣西起事後曾國藩以丁憂在藉侍郎的身份，受命興辦團練，其慘淡經營數年，組織了一支與太平軍正面角逐的軍事力量，並最終借助洋人軍隊的幫助，攻克天京，為清政府除去心腹之患，從而成為炙手可熱、聲名顯赫的同治中興名臣。

太平天國政權的最終失敗，不單純是軍事上的失誤和個別領導人道德學識上的缺陷，而曾國藩的勤王勝利，在很大程度上則取決於衛道、護教行為的成功。

曾國藩在與太平天國長達10餘年的軍事鬥爭中，利用清朝承明而來的幕府制度，延攬羅致各種人才，襄助軍務政務，在招集政治、軍事人材來歸麾下的同時，還注意延攬文雅之士，以廣泛取得仕紳階層的理解和支持。1854年2月，在湘軍初具規模、即將出省向太平軍開戰之時，曾國藩發布了《討粵匪檄》，文中號召：「倘有血性男子，號召義旅，助我征剿者，本部堂引為心腹，酌給口糧；倘有抱道君子，痛天主教之橫行中原，赫然奮怒，以衛吾道者，本部堂禮之幕府，待以賓師。」③以衛護聖道皇權為

紐帶，廣結思想同盟，是曾國藩對太平天國進行文化圍剿的重要
一步。為促進這種聯盟的形成，曾國藩一改京師期間學宗程朱、
文守桐城之初衷，主張漢宋兼採，駢散並舉，調整各派爭端。而
這一時期的學界文壇，先驚駭於鴉片戰爭之事變，後震動於太平
天國之生成。生存的危機，使他們早已無心同室操戈。曾國藩身
居高位，又以兼包並容、衛護舊有學術文化的面目出現，故而迅
速得到以著書治學、研讀經史為安身立命之處的各派文人學者的
一致認同。這樣，曾國藩不僅成為咸同之際清政府政治、軍事利
益的代表，也儼然充任了學苑文壇衛道聯盟的領袖。

「衛道」之戰比軍事行為更能牽動儒林中人的心旌。他們為
著保衛文化傳統及自身的利益，結成了鬆散的思想同盟。一些攘
臂以求者，則投奔曾氏幕府，直接參與襄助對太平天國的文化之
戰。

咸同之際的曾氏幕府，僚客雲集，他們或為功名，或為信仰，
或為生計，聚合而來。薛福成《敘曾文正公幕府賓僚》一文記敘
曾氏幕府之盛況云：

> 昔曾文正公奮艱屯之會，躬文武之略，陶鑄群英，大奠
> 區宇，振頹起衰，豪彥從風，遺澤餘韻，流衍數世，非獨其
> 規恢之宏闊也，蓋其致力延攬，廣包兼容，持之有恆，而禦
> 之有本，以是知人之鑑，為世所宗，而幕府賓僚，尤極一時
> 之盛云。

文中，薛福成著錄其居曾幕8年，「所嘗與共事，及溯所聞而未
相覿，或一再晤語而未共事者」，計83人，其中別為4類：「凡
從公治軍書，涉危難，遇事讜畫者」；「凡以他事從公，邂逅入
幕，或驟致大用，或甫入旋出，散之四方者」；「凡以宿學客戎
幕，從容諷議，往來不常，或招致書局，並不責以公事者」；「

凡刑名、錢穀、鹽法、河工及中外通商諸大端，或以專家成名，下逮一藝一能，各效所長者。」薛文著錄之中，以詩文名世的有郭嵩燾、劉蓉、吳嘉賓、莫友芝、方宗誠、王闓運、錢泰吉、黎庶昌、向師棣、容閎、張文虎、吳敏樹、劉毓松、俞樾、薛福成、吳汝綸、張裕釗等人。其中俞樾之前者，其入幕時間在天京被攻陷之前。之後者，則是在圍剿捻軍時入幕。這些人的入幕，大大增加了曾氏集團的實力和影響。

政治、軍事對峙和由此而引發的文化之戰，使咸同之際的文學空間，充滿著與生俱來的劍拔弩張式的緊張。但處於尖銳對立狀態之中的太平天國與曾氏集團，在文學的價值取向上則表現出驚人的一致。他們看重的是文學的社會功利和實用性功能，共同把文學作為政治與軍事鬥爭的思想武器，作為激烈對抗中各自生存與發展的重要手段。

這種對立雙方共同一致的文學選擇，是有著充分的現實與思想根據的。戰爭的存在，要求對峙雙方的一切決策與行為，必須以現實的成敗得失為進退取捨的依據。生存的需求是君臨一切的最高指令，精神與情感的活動則處於附庸與服從的地位。戰爭意味著刀光劍影、拚死廝殺，它所需要的精神與情感活動具有簡單迅捷、不尚浮華、講求功利、注重實用的規定性特徵。戰爭以無形的力量，選擇與規範著精神與情感活動的範圍及其表現形式。

先就太平天國而言。太平天國猝然起事，建立政權，其在政治組織、經濟制度、文化建設諸方面，都存在著無庸置疑的缺陷和不成熟。歷史沒有為它留下慎重思考和不斷完善的機會。在太平天國的精神與情感活動中，文學佔據著相對狹小的空間。這一空間在戰爭外力的擠壓下，又呈現著一種功能偏至的畸形狀態。太平天國政權始終是一個軍事性的政治實體，軍事化的社會組織

和社會生活，要求其每一成員的行爲要整齊劃一，並帶有強制性
的禁慾傾向，個性化的精神與情感要求相對被規範化、簡單化。
在政治與軍事處於激烈對抗，觀念形態存在著內在較量與抗衡的
特定環境中，太平天國對文學的總體要求是實用有效。在《軍次
實錄》等有關文體、文風改革的太平天國文獻中，貫穿著文以紀
實、言貴從心、樸實明曉，通俗易知的基本精神。凡無關軍國政
治者，概視之爲虛文浮語；有悖於天教眞理者，均稱之爲邪說淫
詞。在實用有效的標準下，文人墨客傷春悲秋的吟誦，自然被視
爲空言綺習；喋喋於一偏之私者，便跡近於輕浮之言。太平天國
有關情感表現、文體文風改革的諸種要求，體現著一種由「政治
所關」而策動的自覺。在文學的審美、認識、教化三大基本功能
中，太平天國積極開掘、充分利用的是文學的教化功能。太平天
國所進行的重要文學活動，是借助詩文、歌謠等文學形式，在軍
隊中進行天情眞道的宣傳和統一意志、統一紀律的思想教育，用
以增強洪氏政治集團的號召力與凝聚力，增強軍隊對皇上帝的信
仰，對天國利益的忠誠。其中諸如《醒世文》、《太平救世歌》、
《原道救世詔》等，都是通俗性的啓蒙作品，它以淺顯、易誦、
易記的語體宣講起事的道理，描述「天下一家，共享太平」的政
治烏托邦理想以及基本的行爲、倫理準則。這類作品，又以《太
平天日》、《天情道理書》的影響最大。《天情道理書》的序言
將此書以「天情眞道化醒世人」，「願我們兄弟姊妹，依賴是書，
益以自勵」的教化意義，闡述得十分清楚。

　　咸同之際，曾氏幕府爲一時舊派文人薈萃之地。曾國藩對幕
府中僚屬，多以「兵事、餉事、吏事、文事」相囑勉，視文學之
事爲「道德之鍵、經濟之輿」。④以爲有志者欲圖行遠，必早具
堅車，著意於文字功夫的修養與鍛鍊。曾國藩居官京師、清荼讀

書的十餘年間，自詡於詩與古文最有自得，其《致劉孟容》信中
說：「周濂溪氏稱文以載道，而以虛車譏俗儒。虛車誠不可，無
車又可以行遠乎？孔孟沒而道至今存者，賴有此行遠之車也。吾
輩今日苟有所見，而欲爲行遠之計，又可不早具堅車乎哉？」⑤
這種爲行遠之計而早具堅車的觀念，促使曾國藩在戎馬倥傯之中，
仍不忘情於舊業，他的《經史百家雜鈔》、《十八家詩鈔》及重
要文論著述《歐陽生文集序》、《聖哲畫像記》均成就於軍幕之
中。

　　《聖哲畫像記》是曾國藩思想追求的總綱。文中列舉古今聖
哲三十二人，以其學問造詣所長別爲義理、辭章、考據、通才四
類，並比附於孔門四科。曾氏精心擇選的三十二聖哲，正是清代
各學派所崇奉的精神領袖的總聚合。如宋學所推重的文、周、孔、
孟、周、程、張、朱之道統，桐城派恪守的左、莊、馬、班、韓、
柳、歐、曾之文統，宋詩派視爲詩聖的李、杜、蘇、黃，漢學家
推爲鼻祖的許、鄭、杜、馬，經世派奉爲楷模的葛、陸、范、馬。
曾國藩將各學派之精神領袖統籠於筆端，皆炷香而供奉之，則表
現出熔衆長於一爐，兼收並蓄的意向。這種意向既順應了鴉片戰
爭之後各學派由相互攻訐轉而爲收斂鋒芒，臻於合流的學術趨勢，
同時也極有代表性地體現了紛亂之世士儒階層的文化精神和理想
人格。文能坐而論道，武能決勝千里，從政能馭將率民，閑逸則
登高能賦，曾氏的人生理想，大體不出修、齊、治、平的傳統範
疇，但其將常爲純然儒者所不齒的韓、柳、歐、曾、李、杜、蘇、
黃諸人赫然標出，視辭章之學爲士儒理想人格的重要組成部分，
也顯示出個人的見地與匠心。

　　曾國藩以經濟、義理、考據、辭章兼擅並勝爲基點的行身祈
向，與太平天國「弦誦之士懷經濟，糾桓之士盡腹心，」⑥「揆

文則足以輔國，奮武則足以誅妖」⑦的人才理想如出一轍。雙方
在政治、軍事的對峙中，都表現出對文武全備型人才的渴求。薛
福成記述淮北軍次的幕僚生活云：「文正每治軍書畢，必與群賓
劇談良久，攟詞閎義，濤湧焱至，間以識略文章相勖勉。」⑧曾
氏幕府中，薛福成、黎庶昌、張裕釗、吳汝綸被稱爲曾門四弟子。
薛福成追憶道：「（文正）居常誨人，以爲將相者，天下公器，
時來則爲之。雖旋乾轉坤之功，邂逅建樹，無異浮雲變幻於太虛，
怒濤起滅於滄海，不宜攖以成心。文者，道德之鈕，經濟之輿也。
自古文、周、孔、孟之聖，周、程、張、朱之賢，葛、陸、范、
馬之才，鮮不籍文以傳。苟能探厥奧妙，足以自淑淑世，捨此則
又何求？」⑨功業取決於外在機遇，成毀難卜；唯文章在於個人
造詣，可力致而成。蹈實以待虛，這正是曾氏對衆人以功業相矚
望，卻以文事相勖勉的原因。曾國藩1861年困守祁門時，爲長
子預留遺囑，獨以古文與詩未及成家而引爲遺憾。載道行遠，自
淑淑世，蹈實以早具堅車，待虛而側身辭章，曾國藩以「堅車行
遠」爲核心的文學價值觀，明確地把文事辭章之學看作是實現某
種政治功利和人生目的的手段，是一種極富有實際使用價值的工
具。「道德之鈕，經濟之輿」的比喻，將傳統的文以見道，文以
載道的命題形象化。修身以立德，治國以立功，著述以立言，都
需要倚重辭章之「堅車」而行遠。自淑而淑世，曾國藩對文學的
理解，顯示出吟誦性情之文人與爲王前驅之政事家的雙重心態。

　　曾國藩的文學價值觀在改造桐城派古文理論，別創湘鄉派的
一系列實踐活動中，得到充分的體現。曾氏針對桐城派文章規模
狹小、氣勢孱弱的弊端，提出廣開門徑，轉益經史百家，作雄奇
瑰瑋，氣象光明之文，同時，主張以事理、物理、經濟之道補充
身心義理之學，把空談義理性命，綱常名教的桐城古文，引導走

向關心經世要務，掇拾當代掌故，更有效地服務於封建政治集團
利益的道路。當這種改造意向在曾氏及曾門弟子的作品中得到落
實和實現時，人們則改稱之為湘鄉派，以這類討論經世時務為主
的政治家之文，有別於以委婉樸素、清淡雅潔見長的桐城派文人
之文。

二　戰爭背景下的情感世界

　　文學是作者對外部世界深切體驗、感受的結果。這種體驗和
感受經過作者審美意識的過濾與物化，便會重新形成一個滲透著
創作者主觀精神的情感世界，一個依靠語言藝術構築起來的心靈
宇宙，它更直接永久地顯示出創作主體的思想特徵。當我們把目
光轉向對太平天國與曾氏集團情感世界的探求時，我們發現，儘
管兩大政治、軍事集團有著不同的感情經歷、對立的政治傾向，
但相同的社會與人文環境，相似的文化心態，使他們在現實感受、
人生體驗及對時代精神的感悟諸方面，又存在著某種共識和超越
集團意志的情感共生帶。這些同與異，正是我們探求兩大集團情
感世界的契入點。

　　就感情經歷而言，兩軍主帥洪秀全、曾國藩可謂是同途而殊
歸。洪、曾二人都生長於偏遠鄉村，少習舉業，胸存壯志，自命
不凡，不甘寂寥平生。洪秀全1837年應試廣州，落第後賦詩明
志，詩云：「龍潛海角恐驚天，暫且偷閒躍在淵，等待風雲齊聚
會，飛騰六合定乾坤。」⑩曾國藩1836年兩次會試不第，作《歲
暮雜感》云：「頻年蹤跡隨波謅，大半光陰被墨磨。匣裡龍泉吟
不住，問餘何時斫蛟鼉。」⑪兩詩相較，其所表現的少年壯志與
書生意氣並無實質性的區別。如果兩人此後身世平平，此類近於
少年狂言的詩絲毫不會引起人們的注意。但之後不久，洪秀全從

事起義的準備，選擇了以武裝反清的形式，去實現「天下一家，共享太平」的政治理想和「飛騰六合定乾坤」的平生抱負。而曾國藩仕途順達，更名國藩，以國家藩屏自期，終至於投筆從戎，結束了「大半光陰被墨磨」的書齋生活，作為勤王之師的主帥，將「匣中龍泉」抽出，斫向太平天國農民政權。兩人早年之詩，便近於一種政治讖語。

當洪、曾踐履於他們的政治選擇之後，他們的文學活動，便走出了書生言志，自我愉悅的原有範圍。政治與軍事衝突的存在，使對峙雙方形成了各自的集團利益和生存戰略。這種集團利益和生存戰略，只有同集團中每個成員的內心需求相結合，才能成為該集團一切社會行為的巨大精神動力，從而激勵每個成員自覺地為認定的目標而殊死戰鬥，建立功勛，在雙方集團利益與個體內心需求相結合的過程中，文學以特有的情感活動方式，發揮著重要的催化與溝通作用。

促進集團利益與個體內心需求結合的首要任務，是賦予本集團行為以正義性。在這方面，洪氏集團所面臨的任務要比曾氏集團艱巨得多。曾氏集團作為勤王之師，可以借助官方思想機制和社會對現有政府的普遍認同心理，只須將對方指斥為犯上作亂的反叛，其為王前驅、討賊平亂的行為便是有了正義性。而洪氏集團在論證反清與建立農民政權行為的正義性時，則不得不更多地倚重於文學的鼎助。

正如中國歷史上的符瑞圖讖、篝火狐鳴的故事一樣，洪秀全等人在1843年之後金田起義的準備時期，利用想像、附會的手法，編排了皇上帝，耶穌、真主洪秀全的神道傳承系統，並創造了洪秀全升天受命，代天父下凡誅妖理事的神話故事。這一故事在1848年寫成的《太平天日》中首次完整披露。《太平天日》

以撲朔迷離的情節，充滿奇想的文字，勾勒了一個宗教、政治意味十分濃厚的神話世界。在這個由皇上帝所主宰的神話世界裡，洪秀全以上帝次子自居，從而獲得了足以和人間帝王之至高至尊相抗衡的神性，洪秀全肩負的斬邪留正，誅妖除魔的使命，是受命於天地主宰之神的宏大事業，它充滿著神聖正義的光彩和無堅不摧的力量。此後，當這一神話故事被作爲天國政權的創世紀而廣爲宣傳時，它便成爲太平軍將士勝利信念的重要支柱。

在太平天國的早期作品中，如果說《太平天日》以神秘奇幻的筆觸勾畫天國信仰體系，而《三原》則以充沛的激情，描繪了天國政治理想。《三原》分別爲《原道救世歌》、《原道醒世歌》、《原道覺世歌》。《三原》出自洪秀全之手。作者激情四溢地描述了一個令人神往的公平正直，充滿博愛精神的大同世界。天國的未來如此美好，如此充滿誘惑，它極易深入人心，鼓動起農民階級爲之奮鬥的狂熱情感。

建都天京之後，洪氏集團可以相對從容地運用政權的力量，健全意識形態，組織精神生活。建都後太平天國的詩文創作，存在著兩種發展趨向：一是崇高化。這類作品或飽含激情，讚頌英雄主義精神和行爲，或循循善誘，宣講天情眞道，意在振奮人心，昇華情感，增強每個個體爲天國事業殊死鬥爭的使命感和自覺意識。一是神秘化。這類作品多出自洪秀全、楊秀清之手。他們以半人半神的身分執掌政權，故而常以近於讖語、字謎的詩文作品，表達意志，下達詔令，其難以破譯、含混費解的語義，使人因高深莫測而奉若神靈。

以宣講天情眞道、宏揚英雄主義精神爲主旨的作品首推《天情道理書》。此書重在宣明天父、天兄權能、神威及天王、東王拯救教導之恩，講述天國發展歷史。書中以「永享天父大福，永

沐上帝榮光」的理想激勵衆人，又輔之以情理，勸其忍耐心志，摒卻凡情，以求終得正果。《天情道理書》後附有以楊秀清名義發布的褒獎天國弟妹詩五十一首，共三十題。每一題名都冠以「果然」二字，分別讚揚諸如「識天敬天」、「眞心扶主」、「忠心」、「堅耐」等各種優秀品質與英雄行爲。在這些詩中，儒家的忠義貞節，洋教的天堂地獄，上帝基督，黃蓋趙雲，諸種行爲規範，諸種英雄人物，都被各取所需地用來激發英雄精神，鍛鍊英雄意志。這類作品意在將太平天國所從事的事業崇高化，以激發人們的榮譽感、責任感，使他們在對敵鬥爭中具備更大的勇敢，更強的信念和英勇犧牲的精神。

與意在激發英雄主義精神的崇高化作品不同，太平天國另一類帶有神秘化傾向的作品，則試圖借助語義的朦朧與暗示，創造一種常人目光難以估透窺知的精神隱秘世界，以由宗教式神秘所產生的神道力量補充於由英雄主義情結所激發的人道力量。

太平天國活動的始終，都帶有濃郁的宗教色彩。洪秀全之異夢升天，楊秀清、蕭朝貴之假托天父、天兄附體傳言，在金田起義後發動群衆，穩定人心的過程中，起到了重要作用。這種與天國信仰生存攸關的政治神話一旦形成，則需要全力維持。洪秀全早年傳道時，就喜歡以恍惚迷離，近於讖言的詩歌式對聯詞句，鼓動起事。金田起義後，洪秀全始以詩作爲「天王詔旨」，下布四方。太平天國1857年新刻的《天父詩》，收錄了洪秀全、楊秀清以詩代詔的部分作品。這些詩大都根據某一具體事件或思想傾向，借助天父上帝的威靈，有針對性地進行思想教育和行爲指導。作爲政治行政性指令，神道、代詔之詩有其特定效用，而作爲文學作品，卻因其充滿著宗教的神秘和行爲的說教，使人感到索然無味。它們失去了洪秀全等人早期詩作的虎虎生氣，在借助

神道力量的同時，人威爲神威所壓倒。

如上所述，太平天國文學活動主要是圍繞著建構信仰體系，組織思想情感，陶寫英雄意志的目的進行的。其對文學功能的開掘，偏重於感情教育、思想淨化和意志培養方面。太平天國文學活動的政治功利主義傾向是十分明確的。它甚至成爲天國政權團結凝聚、賴以生存而必不可少的重要手段。這種功利傾向在曾氏集團的文學活動中同樣存在，區別僅在於其政治利益的內在涵義與作用範圍不同。

曾氏集團以「竊外夷之緒，崇天主之教」，「舉中國數千年禮義人倫詩書典則，一旦掃地蕩盡」之類的罪名攻訐太平天國，其自身則以衛道絀邪、保護文化傳統相號召而廣結思想同盟。因而，衛護現存的封建思想規範、道德秩序和文化精神（包括文學精神），並調整其不適應的部分，是曾氏集團及清王朝政治與文化利益的總體需要。曾國藩以義理、經濟、考據、辭章諸種學術門類的守先待後者自居，表現了曾氏集團對待文化與文學傳統的基本態度。守先待後的思想主旨，使曾氏集團的文學活動更鮮明地體現出古典文學在鴉片戰爭後的調適與發展趨勢。

鴉片戰爭之後社會現實的巨大變化，促使時代文化精神向經世致用方向的傾斜，文學開始從神韻、格調、性靈諸種藝術夢幻中走出，直面於血與火的社會現實。這種文學風氣的轉換，並不意味著必須經歷一場颶風狂飆式的革命，因爲它只是傳統文學機制的一次功能性調節，一種系統內部經常發生的板塊式移動。在這一調節過程中，文學家只是尋求適宜的方式來調整自己對現實的把握，力求在心理、認識、語言、風格等方面，獲得與社會現實和文化精神之間新的整合。正因爲如此，鴉片戰爭之後文學風氣的轉換，沒有也不可能眞正影響與改變文學家的觀念形態和深

層心理結構。它的作用，主要表現爲強化了文學對社會現實的關
注及其自身的實踐功利性特徵。

　　曾國藩以「堅車行遠」之說爲核心的文學價值觀，明確地把
文事辭章之學看作是士儒廁身天地，有所作爲的必備功夫，看作
是實現某種政治功利與人生目的的手段。將文學之事喻之爲「道
德之鈕，經濟之輿」，這種認識正是源於對以倫理、政治爲主導
的文學傳統與鴉片戰爭後經世致用時代精神的認同。曾國藩身居
高位，被宋詩派、桐城派共同奉爲一代宗師，曾氏在兩軍對峙十
餘年間最有成效的文學實踐，是創建湘鄉派。縱觀湘鄉派主要成
員的詩文創作，其在清風曲澗，身邊瑣細的記述之外，明顯地增
加了討論經世要務和當代掌故得失的內容，又在委婉流暢、清淡
樸素的文風中，增添了瑰瑋雄辯、汪洋恣肆的力度。但在守先待
後文化精神的規範下，曾氏集團的文學期待視野總體上並沒有超
出功能調適的範圍。由於缺乏創作主體深層心理結構的變化，因
而它所建立的情感世界在人生意趣、藝術思維、精神氣韻、審美
意象諸方面，都無法擺脫傳統創作模式和濃重的士大夫格調。

　　試以曾國藩的戎馬詩作爲例證。曾國藩起兵之初，以漢人在
籍侍郎身分率軍，身處滿與漢、君與臣、欽差與地方、王師與「
賊寇」重重矛盾的夾縫之中，成敗得失、榮辱進退，時時縈繞於
懷，且常常處在一著失手，全盤皆輸的窘迫境地，其所遭遇的現
實生活可謂是十分獨特且色彩繽紛。但是，當這種獨特而色彩繽
紛的現實生活在經過作者主觀情感的分解、融合，並轉化爲審美
現實（作品）時，則常常被簡化還原爲傳統詩唱中所司空見慣的
情感模式與表現形態，諸如狂放不羈的書生意氣，感士不遇的忠
懷孤憤，縈懷世事而又寄情自然，志在事功故作澹泊超然。徘徊
於功名、學業，兼情於政壇、書齋，達濟天下與獨善其身，功蓋

一世與學惠百代，志圖高遠與安順守雌，中國士大夫所面臨的古老命題，折磨著詩人的靈魂，迫使他「多病無安食，多悔少佳眠。」⑫無休止地冥思究明，無休止地自省自責，曾詩恪守著中國士人自我完善的思想方式和怨而不怒的詩美風度。

曾國藩的詩歌創作未曾脫離中國士大夫所固有的情感表現套式和審美心態，這一事實表明：歷史、文化傳統以及與其相適應的藝術思維方式，在鴉片戰爭之後的文壇仍然具有強大的支配力量，這一點我們在太平天國後期思想領袖洪仁玕的詩歌作品中照樣可以感覺到。文化傳統與審美習慣的繼承，不依政治利益的不同而有所分畛。洪仁玕早年曾同馮雲山、洪秀全一道，將所在私塾中的偶像和孔子牌位盡行除去，但總理天朝事務後，卻又自稱「生長儒門」。⑬洪仁玕主張持筆揮毫，應隨心所欲，「固縱之性」，⑭而其詩作之中，則滿目皆是志在生靈，吊民伐罪，挺志扶君，抱才佐王，「頂天報國存公道，更是才謀德最高」，「翱翔擇木知良鳥，挺志扶君是棟材」⑮的詩句，重複著中國士人所屢屢稱道的「為帝王之佐」的政治襟懷與人生理想。

相同的社會與人文環境，相似的心理機制與人生態度，使咸同之際政治、軍事對峙的雙方，在情感世界的構築中存在著某種共生地帶。與此同時，他們對時代精神的感悟和對中國命運的認識，也同樣存在著某種共識。這種共識集中地表現為對中國近代化道路的思想選擇，即雙方對自強求富大勢的共同認同。洪仁玕在太平天國後期的重要文獻《資政新篇》中，根據天國政權所面臨的嚴峻形勢和世界資本主義迅速發展的現實，提出了走出閉關自守的狹隘天地，發展近代工礦、交通、金融、新聞事業，與萬邦爭雄的種種措施。曾氏集團以第二次鴉片戰爭失敗為契機，與清廷中奕訢等人倡行的「自強新政」鼓桴相應，啟動了以禦侮自

強、借師助剿爲初衷的洋務運動。對峙雙方在極不情願與被迫的心境下，踏上了中國近代社會變革的起端。這種共識與選擇，對於對峙的雙方來說，都僅僅表現爲一種理知認識，一種無可逃避的理性選擇。這種認識與選擇，與人們當時現有的心理現實與情感基礎存在著背離和衝突，因而很難順利地轉化爲自覺的審美創造。咸同之際，中國人的情感世界尚在頑強地抵禦著歐風美雨的侵襲與誘惑，文學創造於異域文明，亦竭力保持著高貴的緘默。這種現象還與辛亥革命前後文學對歐風美雨的禮讚，形成了鮮明的對比。

　　歷史突變的飛躍，尚在等待著漸變的積累。

【附　註】

① 《太平天國印書》。

② 《太平天國印書·太平天日》。

③ 《曾文正公文集》。

④ 《庸庵全集·拙尊園叢稿序》。

⑤ 《曾文正公文集》。

⑥ 《太平天國印書·英傑歸眞》。

⑦ 《太平天國印書·欽定士階條例》。

⑧ 《庸庵全集·跋曾文正公手書冊子》。

⑨ 《庸庵全集·拙尊園叢稿序》。

⑩ 《洪仁玕自述》。

⑪ 《曾文正公詩集》。

⑫ 《曾文正公詩集·贈李眉生》。

⑬ 《太平天國印書·英傑歸眞》。

⑭ 《太平天國印書·軍次實錄》。

⑮ 《軍次實錄·諭復敵天燕方永年詩》。

第五章　稗官爭說俠與妓

——19世紀小說創作趨向

俠妓故事的文學稟賦——19世紀小說俠妓熱題的成因——
俠妓小說的主題模式——俠之歸順與馴化：19世紀寫俠小
說所展示的英雄道路——編織情愛理想與展示風流恩怨：
言妓小說的兩大主旨——情癡、情正、情變、情戒：言妓
小說由情愛夢幻末向情場現形的軌跡

　　19世紀小說最引人注目的創作趨向，是長篇白話作品中俠、
妓題材的空前盛行，形成了稗官爭說俠、妓的特有景觀。說俠者
有《三俠五義》（首刊於1879年）、《蕩寇志》（首刊於1851
年），說妓者有《品花寶鑑》（首刊於1849年）、《青樓夢》
（成書於1878年）、《花月痕》（首刊於1888年）、《海上花
列傳》（結集本初版於1894年）。合英雄之性、男女之情於一
身的有《兒女英雄傳》（成書於1849年）。其卷帙繁多，蔚爲
大觀，成爲一種不容忽視的文學現象和創作潮流。19世紀俠、妓
小說是英雄之性、男女之情傳統主題模式的衍化與畸變，作者分
別選取世俗人生中最富有神秘傳奇色彩的人物與生活場景，在工
筆濃彩、騰挪變化之中，演述著人世間的悲喜劇。19世紀俠、
妓小說產生在中國封建社會正在走向土崩瓦解的社會背景下，它
所表露的思想情感具有特定的文化意蘊。

一 俠妓演述：熱題成因與主題模式

俠與妓，是江湖間與風塵中的人物。他們浪跡天涯、漂萍人間，有著不同於常人的價值觀念、行爲方式，也有著不同於常人的歡樂痛苦和人生感受。俠與妓的生活，構成了獨特而神秘的社會風景。俠與妓並非高蹈世外不食人間煙火者，相反，他們以各自的方式與塵世保持著割捨不斷、千絲萬縷的聯繫。特殊的生活閱歷，使他們有比普通人更豐富的俠骨柔腸，有比普通人更耐咀嚼的人生故事。講述俠與妓故事的作品源遠流長，自漢人之《游俠列傳》，至明人之《水滸傳》，自唐人之《教坊記》，至明人之《杜十娘》，寫俠寫妓者，精品不斷，異彩紛呈，構成了一條五光十色的藝術長廊。

歷代作家之所以對俠、妓題材情有所鍾，俠、妓故事的演述之所以綿延不絕，其原因是多重的。人類生活的組成以人性作爲底蘊。對惡的憎恨，對善的讚美，對美的追求，對英雄之性的崇拜，對兒女之情的迷戀，構成了人類最基本的人性原則和情感指向。俠、妓故事與英雄之爭天抗俗，兒女之柔情似水，展示人性中陽剛與陰柔之美的兩種極致：寫惡者終得惡報，善者終得善果，讓人性在善惡美醜的巨大張力中磨礪洗刷，從而啓迪人們對人性真諦的領悟。俠、妓故事痛快淋漓地展示人類最基本的人性原則和情感指向，這是原因之一。人類生活是一種社會性活動，其自身充滿著對社會公正和人性自由發展的渴望。在中國封建社會裡，社會公正原則遭到君權原則的壓抑，禮教規範束縛著人性的自然發展，人們便把對社會公正和人性自由的期待轉移到文學世界，轉移到俠妓故事的演述中，在俠之以武犯禁的行爲中，尋求正義公平，在妓之青樓歌榭的溫柔裡，寄托浪漫風流。俠妓故事的演

述，有著深廣的社會心理基礎，這是原因之二。俠妓生活既與世俗社會保持著廣泛聯結，又具有自身活動的隱秘性。與社會廣泛聯結，便有許多可以講述的人間故事，爲作家展示特定時代的生活場景、風俗人情，表現社會各個階層的人物活動，提供了莫大的便利。俠妓活動的隱秘性，又給故事本身憑空帶來了許多詭秘和傳奇色彩，作者可以在較大的自由度上制幻設奇，縱橫捭闔，提高作品的可讀性與愉悅效應。俠妓故事具有天然而無與倫比的文學稟賦，這是原因之三。

上述僅爲俠、妓故事演述常盛不衰的一般性原因。19世紀，繼《聊齋》之志怪、《儒林》之諷世、《紅樓》之言情之後，俠妓題材驟然成爲小說的表現熱點，形成了一種長篇紛呈、言俠言妓者雙峰對峙、幾於主持說苑的聲勢。這種「稗官爭說俠與妓」現象的形成，又有其特殊的時代與文化成因。

19世紀，中國封建社會在經久不息的動盪中已走向崩潰的邊緣。道咸以降，內亂不已，外侮頻加，戰爭風雲籠罩海內。封建政權失去往日的威嚴與靈光，現有的思想信仰堤壩紛紛坍陷，政治文化秩序陷入混亂，整個社會像失去重心的陀螺搖擺不定。面對紛亂的現實，人們在心理上充滿著對命運、對未來的恐懼、焦慮、憂患和莫名的失落感。憂道者追憶著逝去的帝國盛世、文治武功，沉湎於補天救世的夢幻，期待著封建秩序的恢復、綱常倫理的重整，渴望仗劍戡亂、澄清乾坤、再振雄威的英雄出現。狂狷者恃才傲世，世遭奇變，更覺英雄末路，既不能爲世所用，遂以聲色犬馬消磨心志，在粉黛裙裾中尋求紅粉知己，寄托不遇牢愁。嬉世者遊戲人生，值此更以及時行樂苟且偷安爲生命宗旨，在遊花採美、情場角逐中尋求快慰。世紀之變，影響著一代士人的心理結構、人生情趣，對世紀英雄的幻想和頹廢感傷的士人心

態，爲俠、妓熱題的流行創造了適宜的文化氛圍。

就小說自身演進的歷史而言，明清兩代說俠之書，自《水滸》之後，繼踵者寥如晨星，康乾年間成書的《說岳全傳》問世不久，便遭查禁，此與清代禁忌繁多的文化政策不無關係。俠之以武犯禁與官方統治多有牴觸，故命運不佳。與之形成鮮明對比的言情之作，則高潮迭起。明末之市井小說，清初之才子佳人小說，清中葉之《紅樓夢》及其續書，生活場景由市井而轉至家庭，情調由艷冶而漸至優雅。19世紀的文網鬆弛，行俠者先出現於公案小說中，助官破案，緝盜戡亂。世人對於俠義久別重逢，分外親切，故而趨之如鶩。言情之作徜徉於後花園與簪纓之家既久，讀者口饜耳倦而作者亦意拙技窮。道咸年間，繼京都狎優之風盛極之後，海上洋場間粉藪脂林，不勝枚舉，狎妓成爲時下士林風尚。言情之作把生活場景由後花園轉向青樓妓院，主人公由官宦子弟、名門淑媛改換爲冶游文人與賣笑倡優，只是舉手之勞，俠、妓熱題的形成又是小說家適應讀者審美時尚的有意選擇。

俠妓故事講述江湖英雄行俠仗義、勾欄妓院男女相悅之事，這是一個司空見慣而永遠富有閱讀效應的題材。但19世紀小說家面對俠、妓題材，並不感到十分輕鬆，他們的心理壓力來自於題材之外。如何在俠妓故事的演述中，落實勸戒、洩憤的小說主旨，通過故事講述、人物活動傳達作者的政治觀念、文化意識，起到整肅人心、洩導人情的作用？如何使俠、妓行爲的描寫，限制在適宜的「度」內，使之契合於社會認可的思想與道德規範，達到社會效應與題材效應的一致？這些問題，都被小說家有意識地統一消融在主題模式的設計中。主題設計，這是小說家進入創作過程所不可迴避的問題，也是作家思想意念滲透於故事講述之中的第一通道。在說俠之作中，作者將俠義天馬行空的活動編織在公

案故事的經緯中，把傳統俠義題材中的俠、官對立模式，轉換爲俠、官協力，同扶聖主、共戡盜亂的主題模式。俠以武犯禁一變而爲俠以武糾禁。在說妓之作中，作者或重寫實，敷陳京都海上巨紳名士之艷跡，或重寫意，借美人知遇抒寫英雄末路之牢愁。無論敷陳艷跡之主題模式，還是抒寫牢愁之主題模式，無不在描繪柔情中推重風雅，渲染用情守禮而鄙夷猥褻放蕩，總體奉行著情清欲濁、重情斥欲的價值標準。

19世紀寫俠之長篇小說主要有《蕩寇志》、《三俠五義》、《兒女英雄傳》等。《蕩寇志》又名《結水滸全傳》。作者俞萬春，以20餘年之力，寫成《蕩寇志》一書，書之序言及結子部分言其著書之意甚明。俞氏認爲，施耐庵著《水滸傳》，並不以宋江爲忠義，施氏「一路筆意，無一字不寫宋江之奸惡。」而羅貫中之續書竟有宋江被招安平叛亂之事，將宋江寫成眞忠眞義，使後世做強盜者援爲口實，以忠義之名，行禍國之實。羅之續書刊刻行世，壞人心術，貽害無窮。《蕩寇志》一書，即要破羅續書之僞言，申明「當年宋江並沒有受招安、平方臘的話，只有被張叔夜擒拿正法一句話」，以使「後世深明盜賊忠義之辨，絲毫不容假借。」俞書自《水滸傳》金聖嘆70回刪改本盧俊義之噩夢續起，至梁山泊英雄非死即誅，忠義堂被官軍搗毀，山寨爲官軍塡平，108股妖氣重歸地窟，張叔夜、陳希眞終成平亂大功，封官加爵處止。

《蕩寇志》一書把宋江等人寫成殺人放火、打家劫舍、戕官拒捕、攻城陷邑、占山爲王的賊寇，他們與朝中奸臣高俅、蔡京、童貫暗中勾結，沆瀣一氣。方臘起事浙江之時，朝中曾有招安宋江、借力平亂之議，蔡京極力攛掇促成此事。但宋江賊心難收，爲安定梁山人心，羈縻衆將，表面歡天喜地應允，暗中卻差人殺

了使者，自絕了梁山受招安之路。與梁山盜賊對陣的是已告休的南營提轄陳希眞、陳麗卿等人。陳氏父女武藝出衆、才略超人，因逃避高俅父子迫害出走京師。在走投無路的情況下，遂與姨親劉廣奔猿臂寨落草，權作綠林豪傑，並收撫祝永清等一批驍將，與梁山作對。他們身在江湖，心存魏闕，時時念叨皇恩浩蕩，一心以助官剿匪的行爲，「得勝梁山，作贖罪之計。」猿臂寨與梁山多次對陣交鋒，使梁山人馬損兵折將。最後在朝廷委派大員張叔夜的統領下，一舉平滅梁山。

《蕩寇志》在故事結構上以敘寫陳氏父女活動及猿臂寨建興爲主線。《水滸傳》中的官盜、忠奸矛盾在書中雖依然可見，但已退居於事件背景的交代之中。作爲綠林好漢對立面的貪官污吏、土豪惡霸則杳然無跡。《蕩寇志》一書主要展示的是兩大江湖集團的爭鬥厮殺及其不同的命運歸宿。猿臂寨首領陳氏父女因受奸佞迫害而走上綠林，這與宋江等人走上梁山並無不同。所不同的是，陳氏父女落草之後，輒以逆天害道之罪民自責，外慚惡聲，內疚神明，時時不忘皇恩浩蕩，日夜伺機助官剿寇，立功贖罪，將有朝一日接受招安，作爲解脫之道：宋江等人則嘯聚山野，假替天行道之名，攻城陷邑，對抗官府，桀驁不馴，於招安之事缺乏誠心。陳氏父女深明天理，以有罪之身，助王剿亂，終爲朝廷所用，功成名就；宋江等人一意孤行，背忠棄義，倒行逆施，終至人神共怒，身敗名裂。陳氏父女報效朝廷，眞得忠義之道；宋江等人恃武犯禁，已入盜寇之流。作者正是在一俠一盜、一榮一衰的命運對比中，誇耀皇權無極，法網恢恢，曉告世人，忠義之不容假借混蒙，盜賊之終無不敗。尊君親上，招安受降，是綠林俠義、江湖英雄最好、最理想的歸宿。

如果說《蕩寇志》一書的思想主旨是尊王滅寇，那麼，《三

俠五義》的思想主旨則是致君澤民。《三俠五義》又名《忠烈俠義傳》，它在民間說唱藝術的基礎上，經文人增飾而成。《三俠五義》是一部較爲典型的以清官斷案爲經，以俠義行俠爲緯的公案俠義小說。它帶有更多的市井細民對清官與俠義行爲的理解和願望。作品前27回講述清官包拯降生出仕，決獄斷案，審烏盆、斬龐昱、爲李太后伸冤尋子的故事。自南俠展昭得包拯舉薦、被封御貓事件之後，引出三俠五義的紛紛登場，他們由互相猜忌，敵視爭鬥，終至聯袂結盟，各奮神勇，各顯絕藝，輔助清官名臣除暴安良，爲國爲民獻忠效力。

　　《三俠五義》是以忠奸、善惡、正邪作爲故事基本衝突的。小說展示了上自宮廷皇室、下至窮鄉僻壤間的種種社會矛盾。貪官污吏結黨營私，誣陷忠良，鑄就冤獄；土豪惡霸荼毒百姓，魚肉鄉里；皇親國戚廣結黨羽，圖謀不軌。這些奸邪醜惡的存在，爲清官、俠士提供了用武之地。他們相互輔助，洞幽燭微，剪惡除奸，濟困扶危，仗義行俠，爲民除害，清官與俠義代表著社會公正與正義。作者致君澤民的思想主旨，也正是在清官與俠士的行爲中體現出來的。在作品中，包拯、顏查散等清官名臣，展昭、歐陽春等義士俠客，充當著君主意志與民衆願望的中介。君主的意志通過清官名臣的作爲而得能顯現，清官名臣的作爲依靠俠客義士的輔助而獲得成功，俠客義士除暴安良的行爲，又體現著民衆社會公正的願望。清官名臣、俠客義士，上盡效於朝廷，下施義於百姓，使民衆願望與君主意志、社會公正原則與君權原則獲得和諧統一，這正是作者所期望的致君澤民的思想與行爲規範。

　　《三俠五義》中的俠客義士係有產者居多。在歸附朝廷之前，大都有過飄零江湖、行俠仗義，甚至以武犯禁的行爲。他們歸附朝廷並非是屈服於政府的武力，而大多是出於爲國效力的願望，

對清官名臣高風亮節的折服及對皇上知遇之恩的報答，他們的歸附被視爲一種義舉。當他們接受清官的統領之後，其除暴安良的行爲便不再僅僅具有行俠仗義、打抱不平的性質，而是一種代表政府意志的活動。俠義之士一旦與江湖隔絕、與個人英雄行爲分離，江湖上少了一位天馬行空的英雄，而官府中則多了一名抓差辦案的吏卒。這也是俠義何以與公案小說合流的重要原因之一。

《三俠五義》顯示出俠義與公案小說的合流，《兒女英雄傳》則試圖將俠義與言情故事同說。《兒女英雄傳》初名《金玉緣》，作者文康在《首回緣起》中借天尊之口揭明此書立意云：世人大半把兒女英雄看作兩種人，兩椿事，殊不知英雄兒女之性，純是一團天理人情，不可分割。「有了英雄至性，才成就得兒女心腸；有了兒女眞情，才做得出英雄事業。」又謂世人看英雄兒女，誤把些使用氣力、好勇鬥狠的認作英雄，又把些調脂弄粉、斷袖餘桃的認作英雄，殊不知英雄兒女眞性在忠孝節義四字。立志做忠臣、孝子，便是英雄心；做忠臣而愛君，做孝子而愛親，便是兒女心。由君親而推及兄弟、夫婦、朋友，英雄兒女至性便昭然人世、長存天地。作者正是在這種理念的基礎上鋪綴文字，「作一場英雄兒女的公案，成一篇人情天理的文章，點綴太平盛世。」

《兒女英雄傳》以書生安驥與俠女何玉鳳（十三妹）的弓硯之緣作爲故事主線。漢軍世族舊家子弟安驥攜銀往淮南救父，路遇強人，爲十三妹所救。十三妹本中軍副將何杞之女，其父爲大將軍紀獻唐所陷害，玉鳳攜母避禍青龍山，習武行俠，伺機復仇。十三妹在能仁寺救出安驥之後，當下爲安驥與同時救出的村女金鳳聯姻，並解送威震退邇的彈弓，讓他們一路作討關護身的憑證，十三妹自己拾得安驥慌亂中丟下的硯台。安驥之父安東海獲救後，棄官訪尋十三妹於青雲峰，告知她父冤已伸，以硯弓之緣爲由，

極力撮合十三妹與安驥的婚姻。玉鳳嫁安驥後，與張金鳳情同姐妹，又善於理家斂財，鼓勵丈夫讀書上進。安驥科場得意，官至二品，政聲載道，位極人臣。金、玉姐妹各生一子，安老夫妻壽登期頤，子貴孫榮。

《兒女英雄傳》爲俠客義士、綠林英雄安排了一條與陳希眞父女、南俠、五鼠不同的歸順道路——走向家庭生活。十三妹身爲將門之女，自幼彎弓擊劍，拓弛不羈。家難之後，憑一把倭刀、一張彈弓嘯傲江湖，馳名綠林，血濺能仁寺，義救鄧九公，行俠仗義，抱打不平，是何等的豪放威武。但這些在飽讀詩書的安學海看來，卻是璞玉未鑿，「把那一團至性，一副才氣弄成一團雄心俠氣，甚至睚眥必報，黑白必分。這等人若不得個賢父兄、良師友苦口婆心地成全他，喚醒他，可惜那至性奇才，終歸名墮身敗。」①故而決心盡父輩之義，披肝瀝膽，向十三妹講述英雄兒女的道理。十三妹聽了安學海的勸解，「登時把一段剛腸，化作柔腸，一股俠氣，融爲和氣」，決意「立地回頭，變作兩個人，守著那閨門女子的道理才是。」②一向打家劫舍、掠搶客商、稱雄綠林的海馬周三等人，也聽從教誨，學十三妹的樣子，決心跳出綠林，回心向善，賣刀買犢，自食其力，孝老伺親。走向家庭生活的俠女十三妹，將倭刀彈弓盡行收藏，英雄身手只在竊賊入房、看家護院時偶爾顯露。

在上述三部寫俠小說中，俠義之士或接受招安，或報效朝廷，或步入家庭，無一不走著一條通向自身異化的命運之路。他們由嘯聚江湖、逸氣傲骨變而爲循規蹈矩、事故世俗，由替天行道、仗義行俠變而爲爲王前驅、以武糾禁，由現行政治法律、倫理綱常的挑戰者和反叛者變而爲執行者、維護者，這種以表現江湖俠士收心斂性、改邪歸正行爲爲主旨的作品，我們不妨稱之爲「歸

順皈依」主題。這種主題模式的形成，帶有晚近期封建皇權政治文化的特徵，它建立在一套以忠君觀念爲核心的價值理論體系之上。根據這種價值理論體系，作者極力尋求綠林英雄與皇權政治妥協調和的方式，而又總是以俠義之士向皇權政治的歸順皈依作爲最終結局。作者正是在這種歸順皈依的主題模式下，寄寓著勸戒的意蘊和重整綱常倫理、社會秩序的渴望。

19世紀言妓小說有寫實、寫意之分。寫實者，敷陳京都海上巨紳名士之艷跡，重在描繪繁華鄉里、風月場中的聞聞見見，此類作品有《品花寶鑑》、《海上花列傳》。寫意者，借美人知遇抒寫英雄末路之牢愁，重在賞玩潦倒名士、失意文人之落拓不羈、雅致風流，此類作品有《青樓夢》、《花月痕》。

乾、嘉以降，京都狎優之風甚盛。公卿名士招梨園中伶人陪酒唱曲、狎愛游樂，成爲一時風尚。雖所招均爲男子，與之調笑戲謔，卻以妓視之，呼之爲「相公」。流風所被，以至「執役無俊僕，皆以爲不韻，侑酒無歌童，便爲不歡。」③《品花寶鑑》所記述的即京都狎優韻事。作者陳森，道光中寓居都中，因科場失意，境窮志悲，日排遣於歌樓舞榭間，於狎優之風，耳聞目睹，遂揮毫以說部爲公卿名士、俊優佳人立傳寫照，道人之所未道而兼寓品評雌黃之意。

作者認爲：「大概自古及今，用情於歡樂場中的人，均不外乎邪正兩途。」④本書之立意，即要寫出正者之高潔和邪者之卑污，以作爲品花者鑑影之具。故而書中開首第一回，先將縉紳子弟、梨園名旦各分爲10類，推之爲歡樂場中之正品，又將卑污之狎客、下流之相公分爲8種，斥之爲歡樂場中的邪類。書中用主要筆墨描寫10位「用情守禮」的縉紳子弟與10位「潔身自好」優伶的交往。10位優伶來自於京都聯珠與聯錦兩大戲班，他們聰

慧清秀、儀態婉嫻，在紅氍毹上各有絕技。雖生於貧賤、長於污卑，卻自尊自愛、擇良友而交結，出污泥而不染。10位縉紳子弟家資豐饒，地位顯赫，才華橫溢，風流倜儻，他們視「這些好相公與那奇珍異寶、好鳥名花一樣，只有愛惜之心，卻無褻狎之念。」⑤其中波折橫生，作者極盡曲意的是對梅子玉與杜琴言、田春航與蘇蕙芳交往故事的描述。梅、杜之交，形淡情濃、悲多歡少，而重寫其纏綿相思之苦；田、蘇之交，熾熱率直、知己相報，而重寫其道義相扶之樂。最終眾名士功名各自有得，眾優伶脫離戲班，跳出孽海，會聚於九香樓中，將那些舞衫歌扇、翠羽金鈿焚燒盡淨，皆大歡喜。在描述美人名士好色不淫的交往之外，書中還穿插講述了奚十一等無恥狎客與蓉官、二喜等「狐媚迎人，娥眉善妒，視錢財爲性命，以衣服作交情」的下流優伶的荒淫行徑，作爲美人名士的對照。作者以爲：「單說那不淫的，不說幾個極淫的，就非五色成文，八文合律了。」⑥

　　《品花寶鑑》對京城品優之風的描述抱著一種獵奇寫實、激濁揚清的基本態度，正因爲如此，作者在書中序言裡一再聲稱書中所言「皆海市蜃樓，羌無故實」。「至於爲公卿，爲名士，爲俊優、佳人、才婢、狂夫、俗子，則如干寶之《搜神》，任昉之《述異》，渺茫而已。」但不少好事者還能一一尋出書中某人即世上某人的蛛絲馬跡。

　　《海上花列傳》問世晚於《品花寶鑑》近半個世紀，但其刊行後的遭遇幾同於《品花寶鑑》。《海上花列傳》最初連載於《海上奇書》雜誌時，作者即在《例言》中聲明：「所載人名實俱憑空捏造，並無所指。如有強作解人，妄言某人隱某人，某事隱某事，此則不善讀書，不足與談者。」但讀者與研究者仍饒有趣味地索解書中的本事。《譚瀛室筆記》云：「書中人名皆有所指，

熟於同、光間上海名流事實者，類能言之。」許厪父為民國11年
《海上花列傳》排印本作序，謂此書為作者謗友之作。諸說無須
稽考，但作者之羅列眾相，點綴渲染的本領，卻通過索求本事者
積極踴躍這一現象反映出來。

　　《海上花列傳》開篇第一回言寫作緣起云：「只因海上自通
商以來，南部煙花日新月盛，凡冶游子弟傾覆流離於狎邪者，不
知凡幾。雖有父兄，禁之不可，雖有師友，諫之不從。此豈其冥
頑不靈哉？獨不得一過來人為之現身說法耳。」作者即是以「過
來人」的身分，寫照傳神，屬辭此事，點綴渲染，以見青樓花巷
令人欲嘔之內幕，繁華場中反覆無常之情變，「苟閱者按跡尋踪，
心通其意，見當前之媚於西子，即可知背後之潑於夜叉，見今日
之密於糟糠，即可卜它年之毒於蛇蝎。也算得是欲覺晨鐘，發人
深省者矣。」

　　與《品花寶鑑》中的狎優場面相比，海上煙花生活充滿著更
多的銅臭氣味。《海上花列傳》的作者似乎已失去了《品花寶鑑》
作者那種欣賞名士作派、玩味品花情韻的雅興，更多的是以平實
冷靜而不動聲色的筆調描述歡樂場中的艱辛悲苦。書中首回寫花
也憐儂在花海上躑躅留連，不忍捨去，那花海「只有無數花朵，
連枝帶葉，浮在海面上，又平勻，又綿軟，渾如繡茵綿翳一般，
竟把海水都蓋住了。」正因為如此假象，暢游花海者才容易失足
落水：「那花雖然枝葉扶疏，卻都是沒有根蒂的，花底下即是海
水，被海水沖激起來，那花也只得隨波逐流，聽其所止。若不是
遇著了蝶浪蜂狂，鶯欺燕妒，就為那蚱蜢、蜣螂、蝦蟆、螻蟻之
屬，一味的披猖折辱，狼藉蹂躪。惟夭如桃，穠如李，富貴如牡
丹，猶能砥柱中流，為群芳吐氣；至於菊之秀逸，梅之孤高，蘭
之空山自芳，蓮之出水不染，哪裡禁得起一些委屈，早已沉淪汩

沒於其間。」花海之綿軟其表，險惡暗藏，花朵之隨波逐流，命運不能自主，花海、花朵的暗喻表達著作者對海上煙花生涯的理解。

《海上花列傳》以趙樸齋由鄉下到上海訪親、初涉妓寮起，至其妹趙二寶被史三公子騙婚而驚夢處止，以趙家兄妹的命運照應故事首層。而中間敘事寫人，則採用史書中列傳體例與《儒林外史》的規制，加上所謂穿插藏閃之法，描述了30餘位妓女和奔走於柳街花巷中的嫖客、老鴇各色人等之間的恩怨糾葛、風波結局。其中反目成仇、背信棄義者有之，附庸風雅、迂闊癡情者有之，始合終離、始離終合、不離不合者有之，寒酸苦命、淫賤下流、衣錦榮歸者也各有之。在這個以叫局吃酒、打情罵俏，爭風吃醋、勾心鬥角為主要生活內容的社會層面裡，充滿著人世間的喧囂波瀾。

《海上花列傳》曾以《青樓寶鑑》之名刊印。它和《品花寶鑑》之所以同稱為「寶鑑」，即含有還其真面、引為法戒的兩重含意。兩書作者在故事敘述中都以「過來人」的口氣現身說法，他們對特定生活場景的描述，遵照「道人之所未道」「寫照傳神」、「其形容盡致處，如見其人、如聞其聲」的寫實宗旨，以接近現實真實的努力，向讀者講述京都海上歡樂場中的怪怪奇奇、妍媸邪正，為狹邪中人物立傳寫照。這種以展示狹邪生活場景、描摹梨園青樓世態人情、寄寓警世勸戒之意為主旨的作品，我們稱之為言妓之作中的「敷陳艷跡」模式。

言妓之作「敷陳艷跡」模式之外的另一支流是「人生感悟」模式。如果說，敷陳艷跡之寫實派承《儒林外史》之筆意，旨在羅列眾相、為狹邪者立傳、為風月場寫照的話，人生感悟之寫意派則以發憤說為底蘊，借青樓風月之演述，玩味人生悲歡離合、

榮辱窮達之禪機，抒寫人生牢愁與感慨。《花月痕》、《青樓夢》
的寫作之旨，近於後一類型。

《花月痕》為何而作？作者魏秀仁於本書《後序》中云：「
余固為痕而言之也，非為花月而言之也。」花之春華秋實，月之
陰晴圓缺，其形人人得而見之，而花月之痕，則非人人都能體味。
花之有落，月之有缺，人若有不欲落、不欲缺之心，花月之痕遂
長在矣。花月之痕，得人之憐花愛月之情而存在，「無情者，雖
花妍月滿，不殊寂寞之場，有情者，即月缺花殘，仍是團圓世界。」
人海因緣之離合，浮生蹤跡之悲歡，與花月何異？有情者，其合
也，誠浹洽無間，其離也，雖離而猶合。此一段莊言宏論，正是
作者鋪綴文字的立意所在。

《花月痕》開首即為一篇《情論》。「情之所鍾，端在我輩」，
「乾坤清氣間留一二情種，上既不能策名於朝，下又不獲食力於
家，徒抱一往情深之致，奔走天涯。」不遇之士情深不能自抑，
無處排遣，故向窗明几淨、酒闌燈灺處尋求適情之物與多情之人，
借詩文詞賦、歌舞樓榭寄情耗奇。「那一班放蕩不羈之士，渠起
先何曾不自檢束，讀書想為傳人，做官想為名宦，奈心方不圓，
腸直不曲，眼高不低，坐此文章不中有司繩尺，言語直觸當事逆
鱗，又耕無百畝之田，隱無一椽之宅，俯仰求人，浮沈終老，橫
遭白眼，坐團青氈。不想尋常歌伎中，轉有窺其風格傾慕之者，
憐其淪落係戀之者，一夕之盟，終身不改。」仕途官場不遇之人，
得遇於尋常歌伎；欲為傳人名宦不成，而倦歸於溫柔之鄉。《花
月痕》開首之「情論」，點明所言之「情」的特殊規定性，又儼
然是一篇不羈名士與青樓佳麗天作地合的辯詞。

「一夕之盟，終身不改」，作者將名士美人青樓之遇的情感
關係推向了一種理想化的極致。「幸而為比翼之鶼，詔於朝，榮

於室，盤根錯節，膾炙人口；不幸而爲分飛之燕，受讒謗，遭挫折，生離死別，咫尺天涯，賚恨千秋，黃泉相見。」⑦作者正是根據幸與不幸的命運、榮辱與共的情盟來安排情節、設置人物的。

《花月痕》主要講述「海內二龍」韓荷生、韋癡珠與「并州二鳳」杜采秋、劉秋痕悲歡離合的故事。韓、韋以文名噪世，以文字相識，同游并州，得識青樓佳麗杜、劉。韓有經世之略，得人推薦，於并州兵營贊襄軍務，平回之役中屢建奇勛。後應詔南下，收復金陵，官至封侯，與所戀佳妓杜采秋終成眷屬，采秋被封爲一品夫人。韋癡珠著作等身，文采風流，傾倒一時，所上《平倭十策》，雖不見用，卻享名海內。攸忽中年，困頓羈旅，內窘於贍家無術，外窮於售世不宜，心意漸灰。與并州花選之首劉秋痕情意相投，卻無資爲其贖身，終至心力交瘁，咯血而死，秋痕自縊以殉。韓、杜與韋、劉，同是情盟似海，結局卻是天壤之別。韓、杜之交，是「幸而爲比翼之鶼」者，韋、劉之交，則是「不幸而爲分飛之燕」者。作者以歆羨之筆寫「比翼之鶼」，而以淒惋之筆寫「分飛之燕」。幸與不幸的根結何在？韓荷生得遇而位極人臣，故福慧雙修、恩寵並至；韋癡珠不遇而窮愁困頓，雖眷愛而不能相保。遇與不遇，是達與不達、幸與不幸的根本。癡珠華嚴庵求簽，知與秋痕終是散局，但蘊空法師告知，數雖前定，人定卻也勝天，而癡珠終因不遇而無力贖回秋痕；荷生欲娶采秋，鴇母初亦爲難，後聞荷生做了欽差，追悔不及，親將采秋送迎，韓、杜終得如願以償。作者在《花月痕前序》中寫道：「浸假化癡珠爲荷生，而有經略之贈金，中朝之保薦，氣勢赫奕，則秋痕未嘗不可合。浸假化荷生爲癡珠，而無柳巷之金屋，雁門關之馳騁，則采秋未嘗不可離。」雖然離合之局，繫於窮達，榮辱之根，植於遇與不遇，但若情之長存，離者亦合，辱者猶榮。作者對人生命運、情愛價

值的理解於此可鑑。

與《花月痕》不謀而合，《青樓夢》亦以一篇「情論」橫亙篇首。作者以爲「人之有情，非歷幾千百年日月之精華，山川之秀氣，鬼神之契合，奇花異草，瑞鳥祥雲，禎符有兆，方能生出這癡男癡女。生可以死，死可以生，情之所鍾，如膠漆相互分拆不開。」書中所講述的癡男癡女，其前生都是仙界人物，因種種原因謫降人間，了卻風流姻緣。癡男爲吳中名士金挹香，其素性風流，志欲先求佳偶，再博功名，與青樓中三十六妓交游，特受愛重。金挹香歷遍花筵，自稱「歡伯」。入泮之後，眾美咸以新貴目之，青雲得路，紅袖添香，娶眾美中紐氏爲妻，另納四美爲妾，妻妾和睦，溫馨倍增。挹香爲顯親揚名，捐官浙江，割股療母以盡孝，政績斐然而盡忠。欲重訪眾美，眾美已紛紛如鶴逝鳳去，雲散難聚。心灰意冷之中，決意棄官修道，回頭向岸，終與妻妾白日升天，與三十六美再次聚首，重列仙班。

作者自稱《青樓夢》一書是「半爲挹香記事，半爲自己寫照。」⑧書中以情論起興，以空、色作結。依照「遊花園、護美人、採芹香、掇巍科、任政事、報親恩、全友誼、敦琴瑟、撫子女、睦親鄰、謝繁華、求慕道」⑨的情節順序展開故事，描摹了一位勘破三夢、全具六情者一生的經歷。其以《青樓夢》命書名，乃是因爲主人公以遊花園、護美人，遍交天下有情人爲初志，中經憐香惜玉、擁翠偎紅之癡夢，花晨月夕、談笑詼諧之好夢，入官筮仕、顯親揚名之富貴夢之後，回顧平生，諸願得遂，父母之恩已報，富貴功名得享，妻妾之樂領略，人世間之癡情、眞情、歡情、離情、愁情、悲情一一經歷，歡盡悲來，頓生浮生如夢、過眼皆空的感受，終至參破情關、洗空情念而升仙入道。金挹香之慕道，並非由於人生失意而尋求精神解脫，而是由於人生得意而尋求更

完美的自我完成，尋求更永恆的生命存在。作者依據封建士人最
完美的人生理想設計了主人公的一生。這裡的「情關」、「情念」，
已不局限於男女之情的範疇，而是泛指人生存在的一切生命欲求。
一切生命欲求都得以實現，便在升仙入道中尋求生命的永恆。《
青樓夢》前半部也有敷陳艷跡的痕跡，但它只是把青樓艷遇作爲
人生之夢的一種加以誇示。《青樓夢》不同於敷陳艷跡寫實派之
處，在於它運用理想化的手法，將作者對人生存在意義的理解，
融匯在它所編造的人間故事之中。

二　英雄觀念與情愛旨趣

　　俠在中國是英雄的別名。俠之所以有口皆碑、受人仰慕，除
了他們具有絕頂的武藝、過人的膽略、超常的智慧之外，還因爲
他們具有強烈的使命感、正義感、英勇的犧牲精神和堅貞的英雄
氣節。武藝、膽略、智慧，是俠之克敵制勝的資本，而使命感、
正義感、犧牲精神和英雄氣節，則是俠士立身行世所特有的思想
品格和行爲準則，也是俠之所以成其爲俠，俠之人格光輝之所在。
俠以行仁仗義，「興天下之利，除天下之害」[10]作爲自己的使命。關
於「仁義」，司馬遷《史記·自序》中所謂「救人于厄，賑人不
贍，仁者有乎？不食信，不倍言，義者有取焉」的詮釋，最符合
俠之仁義精神。俠以排難解紛、求仁重義爲本分。俠之正義感，
來自個人的良知和性善本能。它依照於社會公正的原則，而並非
亦步亦趨於政治、法律之規範。俠之鋤強扶弱、除暴安良，在政
治、法律範圍之外主持著社會正義和公平，雖然其行爲大多具有
以武犯禁的性質而與現行政治、法律制度相違背。俠之犧牲精神，
體現著摩頂放踵、以利天下的思想境界。他們重然諾、輕性命，
一言既出，萬死不辭，赴湯蹈火，決不退避。俠之英雄氣節，表

現爲獨立於世，傲骨錚錚，威武不能屈，富貴不能淫，聽命於知己，而不聽命於達貴，視金錢、名利如草芥糞土，冰清玉潔，超然世俗。

在俠之思想品格和行爲準則中，正義感和英雄氣節是最可寶貴的。俠之建立在個人良知、性善本能和社會公正原則之上的正義感，使他們永遠爲社會所不可缺少，並有別於侵孤凌弱、橫行不法、爲所欲爲的豪暴之徒。失去了行仁仗義、維護社會公正的正義感，俠便失去了其存在的價值和意義。俠之獨立於世、傲骨錚錚的英雄氣節，使他們贏得了天下人的仰慕、尊敬和信賴。失去威武不能屈、富貴不能淫的英雄氣節，委身依附於達貴或計較於個人的進退榮辱，俠便失去了受人仰慕、尊敬的資格。

19世紀寫俠小說最引人注目的現象是俠的歸順與馴化。俠義之士或接受招安，或報效朝廷，或步入家庭，其行爲方式漸次向著步入規範的方向發展。他們仍具有絕頂的武藝，過人的膽略，超常的智慧，並不乏使命感和犧牲精神，但他們的正義感和英雄氣節卻發生了變異。他們依舊以行仁仗義、興天下之利、除天下之害爲己任，但仁義利害的判別標準不再依據於個人良知、性善本能和社會公正原則，而是依據於皇權政治的需要。他們以尊王滅寇、致君澤民，甚至以恪守婦道作爲自身價值實現的最高目標，將嘯聚江湖、替天行道的鋒芒收斂，將獨立於世、傲骨錚錚的脊梁彎曲，或甘心爲王前驅、效力官府，以博得封賞爲榮，或將弓刀收藏、回心向善，踐履於三從四德。這種向皇權政治、倫理歸順皈依的變異傾向，動搖了傳統的俠義觀念。歸順朝廷、皈依官府、走入家庭，19世紀俠義小說的這種價值取向，賦予其書中的俠義形象以一種類型學的意義。他們不再是逍遙江湖、無拘無累，超然於政治、法律之外的正義使者，而是聽命於號令、委身於官

府，剿匪平賊、抓差辦案的馴化型英雄。這一變異完成的代價是巨大的，它使作品中的俠義形象失去了神聖的人格光輝，人們十分自然地將這一英雄馴化現象看作是俠義品格的墮落。

以聚嘯任俠起事，以自生自滅、或歸順投誠告終，江湖上並不乏這樣的事例。個體或結義團體反抗社會，很難曠日持久。但將歸順皈依皇權、奔走效力官府，或守著閨門道理作為俠的最佳歸宿，甚至把綠林當作終南捷徑，當作晉身揚名的階梯，以充滿欣賞的筆墨，津津有味地描寫英雄馴化現象，卻反映了19世紀小說家的政治見解和思想傾向。當19世紀小說家面對動盪不安、烽火四起的結局，以輔翼教化、整肅人心的社會角色自居時，他們試圖在俠義故事的演述中，尋找到一條綠林英雄與皇權政治消解對立、妥協合作的途徑，以實現重整天地綱常、再建太平盛世的願望。皇權的神聖利益是天經地義、不可動搖的，那麼，皇權政治與綠林英雄的妥協合作，只能以綠林英雄的變異而得以實現。小說家用以更換俠之正義感和英雄氣節的思想材料是以君臣人倫為主要內容的忠義觀念。

綠林中的「忠義」，歷來有多層涵義。一是就俠之本分而言，不食信，不背言一諾千金，受人之託，忠人之事，行仁仗義，維護公正，此種忠義是俠義之士的基本風範，建立在良知與道義的基礎之上。一是就俠義之間而言，相互信任，同功同過，同生同死，肝膽相照，此種忠義自發地起始於一種團結禦侮的願望，建立在天涯淪落、榮辱與共的情感與命運基礎之上。一是就俠義與皇權而言，忠君事君，知恩報效，俠以尊君親上為本分，君掌生殺予奪之權力，此種忠義為封建禮教秩序之大端，建立在對皇權絕對服從的封建倫理主義的基礎之上。19世紀寫俠小說再三致意者，主要是第三種忠義。

　　宋江等人在《水滸傳》中是被作為忠義者加以表彰的。被李贄稱為「有忠有義」、「忠義之烈」的梁山人物，在《蕩寇志》中，則被指斥為假忠義者流。他們小有不忿，則嘯聚山野，又與朝中奸臣暗中勾結，攻城陷邑，賞功戮罪，僭越君臣名分。《蕩寇志》揭露宋江等梁山英雄忠義之偽，又重在破其「官逼而反」、「替天行道」之說。

　　書中第九十四回，寫宋江自稱忠義武怒之師，欲討伐猿臂寨，猿臂寨寨主陳希真修書力陳忠義之辨并歷數宋江所為，將宋江無忠義之實而以忠義自誇比作夏姬自伐貞節，極盡奚落之事。書中第九十八回寫宋江、吳用路遇笋冠仙道，宋江自稱避居水涯、替天行道，到處鏟除貪官污吏，為民除害。仙人聽後笑道：「貪官污吏干你甚事？刑賞黜陟，天子之職也，彈劾奏聞，台臣之職也；廉訪糾察，司道之職也。義士現居何職，乃思越俎而謀？」此語雖以勸誡口吻出之，卻暗藏譏笑鋒芒，它將梁山好漢替天行道、鏟除貪官污吏行為輕詆為越俎代庖的多餘之舉。不在其位，不謀其政，此名分之限，貪官污吏自有皇權機構加以處置，何勞他人假替天行道之名而置喙其間！在這裡，俠存在的合理性、必要性以及它所代表的正義精神、社會公正原則，被漫不經心地抹去。把糾正政治、社會弊端的希望寄託在皇權體制自身，它體現了19世紀初流行於士大夫階層中的「自救」心理。

　　《蕩寇志》中，身負尊王滅寇重任而被賦予真忠真義品格的是猿臂寨英雄。他們武藝高強，信念堅貞，雖流落江湖而不忘君臣大義，以為王前驅、剿寇清匪的行動贏得接受招安的資格，走出了與梁山好漢不同的命運之路，陳希真之作為，正是作者理想中的英雄模式。其真忠真義的實質，則是把認同與歸順皇權作為棄舊圖新、走出逆境、改變自身命運的契機。

　　與《蕩寇志》中的英雄通過剿匪立功而獲取眷愛封賞稍有不同，《三俠五義》中的俠士大多是由於清官力薦而得與朝廷效力的。陳希真本京畿提轄，以剿滅梁山有功獲取眷愛封賞，可謂梅開二度；三俠五義原野雲閑鶴，其賴清官力薦而得與朝廷效力，則是皈依正途。兩書之構思敘寫各有不同，但其寫英雄馴化卻是異曲同工。

　　《三俠五義》中所謂三俠，即南俠展昭，北俠歐陽春，雙俠丁兆蘭、丁兆蕙；所謂五義，即鑽天鼠盧方，徹地鼠韓彰，穿山鼠徐慶，翻江鼠蔣平，錦毛鼠白玉堂。三俠五義中，最先與包拯結識的是南俠展昭，展昭浪跡江湖，「遇有不平之事，便與人分憂解難」⑪，包拯赴京趕考、陳州放賑、天昌鎮遇刺、龐府除妖，均靠展昭襄助才逢凶化吉。包拯為國薦賢，給展昭一次在耀武樓表演絕藝的機會，受到天子賞識而被封為御前四品帶刀護衛，並得到「御貓」的綽號。展昭被封之事，尤其是「御貓」的綽號，激怒五鼠，白玉堂遂有大鬧東京之舉，後得包拯周旋，五鼠得赦，金殿試藝後，被一一加封官銜。南俠與五義對皇上加封，皆受寵若驚，甚感皇恩浩蕩。

　　南俠與五義一一被封，得力於包拯推薦，更得力於天子聖明。俠士絕藝在身而志圖報國，皇上勵精圖治而獎掖人才，加之清官穿針引線，從中斡旋，俠士、清官、皇上之間的三元結盟遂得以形成。皇上以超擢選用人才，清官以知遇施恩於俠士，俠士以效忠報皇上超擢之恩，以效力報清官知遇之恩，俠士通過清官，形成了與皇權的人身依附關係，並以知恩圖報而維持著走入仕途後的心理平衡。皈依之後的英雄，將血氣之勇收起而聽命於將令，將使命感、正義感托付於清官，在清官的統率下，改變路見不平拔刀相助的行俠方式，而盡力於致君澤民、除暴安良，英雄們執

行著俠士與官吏的雙重職能。

與陳希眞接受招安而剿匪、南俠五義報答知遇而緝盜不同，《兒女英雄傳》中的何玉鳳則爲人情天理所折服，將一團英雄剛氣化爲兒女柔情，由行俠綠林而遁入家庭。何玉鳳出身於軍宦之門，雖身爲紅妝，卻喜愛刀劍槍法，對十八般武器樣樣都拿得起來，因婚姻之事得罪父親上司紀獻唐，其父何杞被下獄而斃命，何玉鳳本欲以手中刀弓取仇人之首級，但一念紀獻唐爲朝廷重臣，國家正在用他建功立業，不可因一人私仇而壞國家大事；二念冤冤相報，使父親九泉之下背個不美不名；三念萬一有個閃失，母親無人贍養。瞻首忠、孝兩端，都不可輕舉妄動，故而退避江湖，化名十三妹，伺機再行報仇。十三妹在江湖之上，奉行「願天下人受我的好處，不願我受天下人的好處」⑫的宗旨，濟人困急，解人危難，贏得俠名。靠手中的刀、弓，尋趁些貪官污吏、劣幕豪奴、刁民惡棍的不義之財用度，「把個紅紛的家風，作成個綠林的變相。」⑬十三妹與安驥萍水相逢，知其是個正人孝子，便在任俠尙義中又多了一層同病相憐的情義，故不但奮勇從能仁寺和尙刀下救出安公子，並成人之美、慷慨贈金。十三妹在能仁寺中與張金鳳說道：「你我不幸托生個女孩，不能在世界上轟轟烈烈作番事業，也得有個人味。——有個人味，就是乞婆丐婦，也是天人。沒個人味，讓她紫誥金封也同狗彘。」⑭所謂「人味」，正是人情天理，這人情天理在十三妹念忠、孝兩端而退避江湖和「願天下人受我的好處，不願我受天下人好處」的行爲方式中已充分地顯示出來。安驥之父安學海正是看準了這一點，故而也從人情天理處入手，竭力說服十三妹還卻紅妝，謹守婦道。

礙於天理，屈於人情，何玉鳳答應做安家的媳婦，弓硯之緣得以圓滿。何玉鳳入安家後，「安不忘危，立志要成全起這分人

家，立番事業。」⑮何玉鳳立志所做的事業除了侍奉翁姑、支持門庭、料量薪水之外，最重要的是幫助丈夫讀書上進。至此，叱咤於青雲山、顯威於能仁寺的女俠已不復可見，代之而出的是一位婦德、婦言、婦容、婦工四者兼備，立志保佑丈夫闖過知識、書房、成家、入宦人生四重關隘的家庭主婦。

　　何玉鳳折服於天理人情，與南俠五義稽首於知恩圖報，梁山英雄理屈於君臣大義，陳希眞得逞於尊王滅寇，具有同等的意義。19世紀寫俠小說中的人物命運與作者的道德意識有著緊密的聯接。在作品的人物命運之上，寄托著作者的道德評判和以重整道德觀念爲契機，恢復封建社會禮治秩序的願望。以拯救道德而達於救世救國，是中國士人奇特的政治假想。這種政治假想建立在中國特有的家族親緣關係與皇權統治秩序互相滲透的社會政治結構之上。在這種社會政治結構中，孝親與忠君被賦予同等神聖不可侵犯的意義，並被看作是家庭與社會和諧的凝合之物。當孝親與忠君成爲個體倫理的自覺時，天下遂歸於一統和平，當其受到背叛時，天下則紛亂無序。反之推論，當天下紛亂無序時，必定是道德敗壞的結果，救時救世，必以刷新、振興道德爲先。19世紀小說家並未能擺脫這一道德救世情結，他們在俠之歸順皈依的描寫中，摻和著整飾綱常的希望，表現出通過道德調整達到補天自救的社會文化心理。俠的歸順皈依是仁風化雨、太平盛世的徵兆，它能給人帶來皇權無極、萬民樂業的虛幻，同時也給犯上作亂者指明一條歸心向順的生路。對輔翼教化文化角色的認同和作者道德理念的邏輯演繹，造成19世紀寫俠小說中俠士形象使命感和犧牲精神移位，正義感與英雄氣節變異，因而，19世紀寫俠小說中的俠義英雄雖然具有絕頂的武藝、過人的膽略、超常的智慧，但卻帶有洗脫不掉的猥瑣之相。19世紀寫俠小說爲古典小說的俠義

部落提供了一種英雄模式——馴化英雄模式。

就描寫男女相悅故事而言，19世紀言妓小說與明末市井小說、清初才子佳人小說有著較爲接近的血緣關係。與市井和才子佳人小說相比，言妓小說最顯著的特點是將生活場景由社會、家庭轉向青樓妓院，人物由市井細民、才子佳人變而爲嫖客娼妓。同樣寫男女相悅故事，言妓小說在市井小說邂逅相遇、心挑目許和才子佳人小說郎才女貌、吟詩聯情的模式之外，撤去婚姻、家庭生活框架和以婚姻、家庭生活爲唯一目的的情愛指向的限制，賦予男女主人公以更爲自由、隨意的交往關係和活動空間。

對於勾欄酒肆、青樓妓院中的狹邪生活，19世紀言妓小說有著大致相同的理解標準。它們並不把狹邪生活的存在盡然看作是一種社會的病態和醜惡，也不把狹邪行爲等同於見色生心、淫蕩縱慾。在婚姻、家庭生活框架的限制之外寫男女相悅故事，言妓小說遵循著洩憤勸戒的寫作宗旨，恪守著情清慾濁、重情誼輕背盟的情愛旨趣。它既不像明末市井小說那樣，率直眞切地表現人慾主題，在讚美自然人性的同時，夾帶著本能肉慾的描寫；也不像才子佳人小說那樣，亦步亦趨於理性自律規範，迂腐呆板地講述著一個個「發乎情，止乎禮儀」的婚姻故事，言妓小說著意在狹邪故事中，編織著男女相悅，不以婚姻、家庭生活爲唯一指向的情愛理想，展示京都海上巨紳名士挾美縱酒、以錢買笑的風流恩怨、怪怪奇奇。

編織情愛理想與展示風流恩怨，作者從狹邪生活中挖掘社會意蘊的立足點不同，形成了言妓小說中人生感悟之寫意派與敷陳艷跡之寫實派之間的分野。寫意派視青樓妓院是繫戀寄情處所，狹邪游人爲多愁善感之輩，在青樓妓院與狹邪游人之中，有著浹骨汲髓、動人心魄的人間眞情；寫實派視青樓妓院是行樂風流處

所，狹邪游人有妍媸邪正之分。在青樓妓院與狹邪游人中，既有
鍾情矢志之上品，也有卑污下賤之頑賴。寫意派重在以哀感牢愁
之筆抒寫心志，足證情禪；寫實派則以激濁揚清之筆繪摹世態，
現形勸戒。

　　《花月痕》、《青樓夢》無疑屬於編織情愛理想類型的作品。
兩書寫青樓生活、狹邪人物，總帶有幾分掩飾不住的讚美激情。
作者力圖在狹邪故事的演述中，尋覓人世間磨滅與失落的情愛。
兩書均以「情論」開卷，以明全書意趣。而兩段「情論」卻又無
異於兩篇狹邪情愛的讚辭。

　　《花月痕》中的兩對男女主人公，相識於風塵之中，雖命運
結局大不相同，韓、杜發達，韋、劉困厄，但發達者不改初衷，
困厄者相濡以沫，都能做到「一夕之盟，終身不改」。在作者筆
下，韋、韓在仕途上有遇有不遇，而在情關面前，卻都是幸運者。
作者對韓、杜之交，重在寫其發達富貴之中的「眞意氣」，對韋、
劉之交，則重在寫其歷經磨難之中的「眞性情」。發達富貴，不
改初衷，固屬可貴；而貧賤困厄，相濡以沫，更見眞情。

　　如果說，《花月痕》中「富貴不改，貧賤不移」的情愛理想，
仍不過是婚姻、家庭生活題材中矢志不渝情愛理想的移植，那麼，
《青樓夢》中「意欲目見躬逢，得天下有情人方成眷屬」[16]的情
愛方式，則帶有更豐富的狹邪情愛的特點。《青樓夢》中的男主
人公金挹香，素性風流，志欲訪遍花叢，尋找佳偶，以爲「苟得
知己相逢，亦何嫌飄殘之柳絮，蹂躪之名花。」[17]故而徜徉青樓，「
凡遇佳人麗質，總存憐惜之心」[18]，得交三十六美。挹香以歡伯、花
鈴自視，以歷遍花筵、暢飲愛河來撫慰岑寂，於三十六美中擇最
爲知己者娶作妻妾，享受衆星拱月、五美團圓的艷福全福。

　　同是編織情愛理想，《花月痕》以纏綿見長，《青樓夢》以

顛狂取勝。在其情愛理想中，婚姻只是情愛發展中的一個過程，而並非最終目的。尋得鍾情知己，比婚姻家庭的建立更爲至關重要。得一鍾情知己，雖未能終成眷屬，仍是花好月圓，如《花月痕》中之韋癡珠與劉秋痕；訪遍花叢，親見躬逢，已是衆星拱月，妻妾滿堂，仍爲舊美雲散、鶴離鳳去而凄情傷感，悵然若失，如《青樓夢》中之金挹香。以鍾情知己爲情愛理想之至境，汲汲以求，自無可非議；在情愛故事的悲歡離合中，寄寓人生窮達聚散之感慨，亦易爲理解。但在青樓妓院、狹邪人物中尋找人間眞情，不知是一代鍾情之輩的曠達風流，抑或是其不幸悲哀？

《品花寶鑑》、《海上花列傳》的寫作旨趣，屬於展示風流恩怨類型。《品花寶鑑》寫京都狎玩相公習俗中的聞聞見見，《海上花列傳》寫海上通商後南部煙花間的怪怪奇奇，其重在通過梨園青樓之世態人情的描摹，爲狹邪者寫照，爲風月人立傳，爲人世間留鑑。對於筆下人物及其活動，它們不像《花月痕》、《青樓夢》那樣，一味充滿著讚美激情，而是據其品行，分出清濁邪正，寄寓扶正袪邪、激濁揚清之意。品評雌黃優伶娼妓、狹邪中人，其所持標準不外乎情與欲、鍾情與負心之辨，因而，在作者對書中人物的抑揚褒貶之中，即可窺知其情愛旨趣之大端。

《品花寶鑑》將用情於歡樂場中之人，分爲邪正兩途，正者「皆是一個情字」[19]。其中，縉紳中子弟有情中正、情中上、情中高、情中逸、情中華、情中豪、情中狂、情中趣、情中和、情中樂10種，梨園中名旦與之相對，有情中至、情中慧、情中韻、情中醇、情中淑、情中烈、情中眞、情中酣、情中艷、情中媚10種，縉紳中子弟是用情守禮的君子，梨園中名旦是潔身自好的優伶，此爲歡樂場中的上等人物，他們冰清玉潔、光彩照人。至於邪者，「這個情字便加不上」[20]，他們只知口耳之娛、聲色是逐，分

爲淫、邪、黠、蕩、貪、魔、崇、蠹8種，此爲歡樂場中的下等
人物，他們臟腑穢濁、卑污下賤。

　　同爲歡樂場中之人，邪、正兩途的行徑有霄壤之別。用情守
禮君子行列中的「群仙領袖」徐子云，以巨資修建怡園，供京城
名旦日夕來遊，子雲「視這些好相公，與那奇珍異寶、好鳥名花
一樣，只有愛惜之心，卻無褻狎之念，所以這些名旦，個個與他
忘形略跡，視他爲慈父慈母，甘雨祥雲，無話不可盡言，無情不
可徑遂。」㉑邪佞淫穢之徒中的奚十一，則用盡心機，設置機關，以
錢物誘使好財相公上當，以遂淫欲。潔身自好優伶行列中的蘇蕙
芳，對死命糾纏的醜類潘其觀，極盡揶揄捉弄，令其醜態百出，
保全了節操，對癡情於己而臨近窮途末路的名士田春航，則好言
相勸，處處相幫，結成道義之交。卑污下賤優伶中的蓉官、二喜
等人，骨節少文，舉動皆俗，「狐媚迎人，娥眉善妒，視錢財爲
性命，以衣服作交情，今日迎新，明朝棄舊」㉒，出賣色相，纏
頭是愛，與潔身自好優伶不可同日而語。兩樣行徑對比，邪正妍
媸立辨。

　　在言妓諸作中，《海上花列傳》問世最晚，其寫作精神，與
稍後雲湧而起的譴責小說極爲接近，書中敘海上妓家之事與人情
世態，寓褒貶抑揚於平實筆法之中。作者在書中首回自稱此書「
寫照傳神，屬辭比事，點綴渲染，躍躍如生，卻絕無半個淫褻穢
污字樣，蓋總不離警覺提撕之旨。」如果說，《花月痕》、《青
樓夢》樂道於情癡，《品花寶鑑》屬意於情正，《海上花列傳》
則描摹於情變，提撕於情戒。

　　《海上花列傳》首回對花海的描寫，是頗有象徵意味的。無
數花朵，連枝帶葉，漂在海上。花沒有根柢，隨波逐流，聽其所
止。觀花之人如只見花、不見水、跌落花海之中，即很難自拔。

書中第三十九回的號稱「風流廣大教主」的齊韻叟，因趙二寶淪
為倌人之事感嘆道：「上海個場花，賽過是陷阱，跌下去個人勿
少涅！」同寫青樓妓院、狹邪游人，《海上花列傳》給人的感覺
是，在男女交往相悅過程中，情愛基礎正在悄悄地消退，金錢則
汹汹然喧賓奪主。倌人因生活所迫而為倌人，嫖客圖聲色之娛而
為嫖客，癡情者漸少趨利者增多。19世紀言妓小說中始終籠罩著
的溫情脈脈的面紗，正逐漸被金錢的巨手所撕破，言妓小說開始
由人為的夢幻接近於現實的真實。

在《海上花列傳》中，陶玉甫與李漱芳的情義結盟可謂是鳳
毛麟角。陶玉甫與李漱芳的相好許久，情意繾綣，玉甫欲討漱芳
為正室，家人以為倌人從良，難居正室，堅持不允。漱芳因此抑
鬱成病。玉甫一心一意，衣不解帶，服侍於病榻之前。至漱芳病
重並撒手而去，玉甫痛不欲生，號啕不止，「哭得喉音盡啞，只
打乾噎，腳底下不曉得高高低低。」又強打精神，盡心為漱芳辦
理後事，代為照看漱芳尚未成年的妹妹浣芳。生報以情，死盡於
義，此種情契義盟在《海上花列傳》中是絕無僅有的，書中更多
的則是背情棄義的例子。趙二寶為倌人後，結識了史三公子，趙
家對史三公子竭力討好巴結。史三公子盤桓趙家既久，也喜二寶
沒有風塵氣味，以娶作正房相許。二寶不勝感激，竟自涕淚交頤，
次日便「不敷脂粉，不戴釵釧，並換一身淨素衣裳」，決意閉門
謝客，連史三公子所付局錢也照樣送還，又舉債籌劃置做衣服，
採買嫁妝之事，單等史三公子自金陵家中歸來後，結成姻緣。誰
知史三公子一去之後，再不回返，待趙樸齋去金陵打聽時，才知
史三公子已去揚州迎親。乍聽此信，二寶昏死過去，醒來之後，
強忍悲痛處理完善後事宜，至晚間：

　　二寶獨自睡在床上，這才從頭想起史三公子相見之初，

如何目挑心許；定情之頃，如何契合情投；以後歷歷相待情形，如何性兒浹洽，意兒溫存；即其平居舉止行爲，又如何溫厚和平，高華矜貴，大凡上海把勢場中一切輕浮浪蕩的習氣一掃而空。萬不料其背盟棄信，負義辜恩，更甚於冶游子弟。想到此際，悲悲戚戚，慘慘凄凄，一股怨氣沖上喉嚨，再也捺不下，掩不住。那一種嗚咽之聲，不比尋常啼泣，忽上忽下，忽斷忽續，實難以言語形容。㉓

此種背盟棄信、負義辜恩的行爲，怎能爲《花月痕》中「一夕之盟，終身不改」者、《青樓夢》中聲稱「決不以青樓爲勢利場」者所可以想見。由樂道於情癡，到屬意於情正，再到描摹情變，提撕情戒，圍繞情愛中心，19世紀言妓小說由高蹈虛幻走向面對現實，由詩般讚美走向寫實現形，由抒寫心志、足證情禪走向繪摹世態、寄寓勸戒，情愛旨趣的變化，從某種角度顯示著這個時期言妓小說的發展軌跡。

俠妓小說的盛行，構成了19世紀不可忽視的文學現象。當小說家群起以輔翼教化和發憤著書的魔棒去觸及英雄、男女題材時，他們在狹義和狹邪故事的講述中，自覺地融入了各自對現實生活、人倫理想、英雄之性、男女之情諸多問題的理解和思考。俠妓小說展示了世俗人生中最富有傳奇色彩的社會風景，它們所塑造的馴化英雄、狹邪男女，帶有明顯的封建末世的印痕，顯示出獨特的思想風貌和審美特徵。這也正是我們特別看重俠妓小說的眞正原因。

【附　註】

① 《兒女英雄傳》第十六回。
② 《兒女英雄傳》第十九回。

③ 柴桑：《京師偶記》。

④ 《品花寶鑑》第一回。

⑤ 《品花寶鑑》第五回。

⑥ 《品花寶鑑》第二十三回。

⑦ 《花月痕》第一回。

⑧ 《青樓夢》第六十回。

⑨ 《青樓夢》第一回。

⑩ 《墨子・兼愛》。

⑪ 《三俠五義》第十一回。

⑫ 《兒女英雄傳》第八回。

⑬ 《兒女英雄傳》第八回。

⑭ 《兒女英雄傳》第八回。

⑮ 《兒女英雄傳》第三十回。

⑯ 《青樓夢》第一回。

⑰ 《青樓夢》第一回。

⑱ 《青樓夢》第一回。

⑲ 《品花寶鑑》第一回。

⑳ 《品花寶鑑》第一回。

㉑ 《品花寶鑑》第五回。

㉒ 《品花寶鑑》第十二回。

㉓ 《海上花列傳》第六十二回。

第六章　維新改良文學運動

——具有現代思潮形態的文學變革

文學發展的兩種驅力——文化反省運動：對傳統文化的批判與揚棄——文化反省背景下的文學轉軌——維新改良文學思潮發生發展的四個階段及特點——四界革命：詩歌、散文、小說和戲曲的改良——文學整體轉軌的實現：從傳統向現代的歷史過渡

一　文化的反省與文學的轉軌

　　如果從宏觀形態上看，19世紀末至20世紀初中國文學的發展表現為兩個相互聯繫相互滲透相互衝突的歷史過程。亦即傳統文學逐步走向衰落、產生蛻變的過程和新型文學逐漸滋生、發育、成長的過程。在這一矛盾交織的歷史過程中，中國文學開始了從傳統向現代的轉軌，最終完成了跨世紀的歷史轉變，翻開了全新的一頁。

　　清代樸學家焦循從學術思想嬗變的角度得出結論，認為「一代有一代之所勝」①，王國維亦從文體之代變角度感喟「一代有一代之文學」②。這實際上已經揭示了文學之嬗變的歷史必然性，文學發展本身的歷史也證明了這一點。從一般意義上看，促使文學產生巨大變化的驅力實際來自兩方面。第一，「內驅力」，即文

學在沿自身軌跡發展時所產生的求變要求。當傳統的藝術表現規範和文體形式等經過長時期的歷史積澱和發展而被推向其極致之後,「而後世莫能繼焉者也」③,必然會陷於一種難以超越的困境,而打破原有範式的變革要求因此會被逼出。它既可表現爲對傳統規範和範式的補充、豐富與發展,亦可表現爲打破原有範式之後對新範式的建構與確立。所謂「盛極而衰,衰而生弊,弊極而變」揭示的即是這個道理。第二,「外驅力」。文學的發展不可能不受時代的制約和影響,尤其是當文學處身於激烈的文化變革時期,這種制約與影響會表現得更爲明顯。我們將時代變化、文化轉換、學術嬗變對文學的影響稱爲「外驅力」。當然這一驅力對文學的影響是比較複雜的。它既可表現爲「背景式」的作用,亦可通過文化和觀念的滲透作用於文學、影響文學發展的時代格局與歷史走向。19世紀末至20世紀初中國文學所產生的變化正是這雙重力量作用的結果。

就19世紀中葉以後中國文學思潮和學術思潮的主流而言,顯示出兩個較爲突出的特點。(1)文學在遵循著傳統既定規範自然沿續時,已開始表現出對傳統的小心翼翼的突破與探索。雖然占據文壇正統地位的是那些以承接文統道統自居和以學步先哲、宗古法先爲號召的文學派別,但是他們也不再僅僅滿足於對傳統的一味承襲,而力圖在文學的表現內容與表現形式等方面對傳統有所發展,有所突破。這種在傳統規範下的求變意識,其結果相當奇特。它們缺乏衝破傳統束縛打破傳統格局的力量與勇氣,仍在傳統詩文與審美範疇、概念、法式中徘徊,輝煌的傳統不僅沒能成爲創造的源泉,反而窒息了學步者的想像。因此,其在整體上所顯示的創造力貧乏昭示著傳統文學步入衰落的必然,展示著傳統文學的困境、掙扎與無奈。(2)清乾嘉之際形成高潮的考據之學開

始走向衰落，在現實危機與動盪的作用下，知識階層關注的問題開始側重於現實。濫觴於明清之際的經世致用學術思潮再度勃興，不僅影響了整個社會的文化選擇與價值趨向，而且以其獨特的方式制約著作家們的心理與行為方式，不斷向文學滲透，產生了強烈的作用力，促使文學在沿著傳統軌跡行進時，不得不以現實的需要為歸依，調整自身的結構，以適應紛紜變化的社會現實。

　　現實影響的力度隨著19世紀九十年代民族生存危機和社會政治危機的進一步加劇而增強。伴隨著以救亡圖存為旨歸的文化反省運動的進一步展開，以儒家文化為主體的傳統文化格局，受到強烈衝擊，文學也開始逐步脫離了傳統軌道，被納入整體的社會文化變革思潮之中。這一切終於釀就了19世紀末至20世紀初的一場文化政治與文學劇變，這就是融政治改良、文化變革與文學革新為一體的「維新改良思潮」。它的出現，不僅預示了傳統文化與文學格局即將打破，而且在思想文化、藝術形態、文學觀念、價值趨向等諸多方面為後來的五四新文化與新文學運動做了舖墊與準備。自此，中國文化與文學開始了跨世紀的轉換。

　　我們仍然按習慣將跨世紀的這場文學變革稱為「維新改良文學思潮」。雖然這一稱呼由於過重的社會政治色彩而讓「純藝術」批評派看來有忽視文學自身特性的嫌疑，但卻暗示了文學革新運動與社會文化變革之間的密切關係──而這一關係是無法改變的歷史事實。就時間上而言，它的醞釀要早於戊戌變法，而達到高潮則又是在戊戌變法失敗之後。其真正驅動力主要來自19世紀末那場為救亡和啓蒙而發動的社會文化變革運動。就其本身的內容和性質而言，仍可被認為是維新改良思潮的一個有機組成部分。在中國歷史上，文學以如此之大的熱情參與、反映並推動著社會文化變革，這還是第一次。它為曾經輝煌而又走向了衰落的傳統

文學畫了一個句號，又爲即將降臨的新世紀文學開啓了先河。

　　作爲維新改良思潮的一個有機組成部分，文學改良思潮是伴隨著19世紀末社會文化變革運動而逐步展開的，它是時代風雲激盪的歷史產物。

　　梁啓超論及「時代思潮」時曾說過：「凡文化發展之國，其國民於一時期中，因環境之變遷，與夫心理之感召，不期而思想之進路，同趨於一方向，於是相與呼應，洶湧如潮然。」④自鴉片戰爭失敗之後，中國社會開始進入劇烈變化時期，傳統文化結構和價值系統也隨之發生變化。迴盪在近代中國上空的最強音是以救亡和啓蒙爲主旋律的時代交響曲，近代中國的各種文化社會思潮莫不圍繞著這一中心而展開。爲探尋中國積弱之原因，尋求挽救危亡之路徑，一場貫穿於近代中國的文化反省運動也歷時不斷，在19世紀九十年代割地賠款狂潮的進一步刺激下，達到了一個新的高潮。這是促使中國文學發生深刻變化的最直接的文化動因。

　　所謂文化反省，是指某一文化傳統的知識階層，在特殊的文化背景和時代氛圍下，由於現實危機的刺激，從各個層面對自身文化傳統和價值觀念進行檢討、調整或變革，以求擺脫危機，實現自身文化傳統的更新。對於這種文化反省在近代中國所經歷的歷史過程，梁啓超有過極爲簡潔的概括：

　　　　古語說得好：「學然後知不足」。近五十年來，中國人漸漸知道自己的不足了。這點覺悟，一面算是學問進步的原因，一面也算是學問進步的結果。第一期，先從器物上感覺不足。……第二期是從制度上感覺不足……。第三期，便是從文化根本上感覺不足……，覺得社會文化是整套的，要拿舊心理運用新制度，決計不可能，漸漸要求全人格的覺悟。

⑤

　　從器物的覺悟到政治制度的覺悟，最終發展到整體文化變革的覺悟，這是一個由表及裡、由淺到深、由片面到全面的文化覺悟過程。當這種覺悟深入到文化的深層層面時，必然從整體上對傳統文化與價值系統產生強烈衝擊，知識階層（作家）的文化價值心理及趨向也因此會發生較大變化。19世紀末至20世紀初，正值文化反省從第二階段到第三階段時期。文化反省對傳統文化的揚棄與批判，對域外異質文化大規模引進與介紹，在動搖著傳統文化大廈的同時，也在動搖和瓦解著傳統文學賴以生存的文化根基和社會根基，改變著人們的文學價值觀念和審美觀念。

　　維新改良運動發生的現實依據是抗擊外侮失敗而導致的民族生存危機，其理論根據則是康有爲在《新學僞經考》、《孔子改制考》等著作中表達的「變法」思想和梁啓超、嚴復等人在介紹西方文化時所傳達的思想。前者是「托古改制」，著眼於傳統文化的揚棄，後者是「托外改制」，著眼於傳統文化的批判。

　　從學術角度看，康有爲的《新學僞經考》經不起認眞推敲。其所以能形成「思想界一大颶風」，誠爲梁啓超所言：「第一，清學正統派之立腳點根本動搖；第二，一切古書皆須重新檢查估價」⑥。《新學僞經考》的文化價值和現實意義並不在學術方面，而在於它通過對古文經學的激烈抨擊，從根本上對正統儒學和官方統治思想提出了挑戰。它公開宣稱，自西漢末以來一千多年爲歷代統治者和儒家所尊崇的經典——古文經學是「僞經」，是劉歆爲王莽篡權而僞造的新朝之學即新學。這不僅對於破除當時知識階層對傳統經學的迷信起了積極的作用，而且它所昭示的懷疑和批判精神，對人們的文化價值心理產生了巨大震撼。它是在從根本上動搖傳統文化的思想和價值基礎。既然長期被人們奉爲圭臬

的傳統經學亦可受到懷疑、抨擊和批判,那麼,隨之而來的必將
是對傳統信仰和價值的重新思索與估價。在《孔子改制考》和《
春秋董氏學》等著作文章中,康有爲肆意發揮今文經學的所謂「
微言大義」。認爲「六經」皆爲孔子改制之作,把孔子打扮爲「
托古改制」的「素王」,以「公羊三世說」爲《春秋》之一大義,
以「據亂世」、「升平世」、「太平世」解釋歷史的發展進化,
並比附君主制、君主立憲制和民主共和制三種政治制度。這一理
論的政治意旨是極爲明顯的,我們姑且不論。而就其文化思想意
義而言,它的作用即在於從傳統經典中引伸出了歷史發展進化的
觀點,從而爲傳統文化和價值的重估提供了歷史觀基礎。康有爲
還充分發揮了《周易》「窮則變,變則通,通則久」的思想,認
爲「聖人之爲治法也,隨時而立義,時移而法亦移矣」,「易者,
隨時變易,窮則變,變則通。」⑦這一思想無疑又爲反省傳統文
化,變革傳統文學,提供了強有力的哲學基礎。因爲按照「變易」
理論推論,傳統的經可變,法可變,那麼建立在這「經」、「法」
基礎之上的傳統價值觀和文學審美觀念自然亦包含在「可變」之
列。這種以「托古改制」面目出現的對傳統文化的反省,不僅爲
改革現存制度和傳統文化罩上了一個「神聖」的光環,而且在文
化價值心理和思想深層對傳統文學的歷史轉軌產生影響。以古爲
上,崇古法先的文學價值心理趨向會因其思想價值基礎的動搖而
走向瓦解,取而代之的必將是文學隨時代而變化的歷史進化觀。

　　康有爲通過對古文經學的抨擊批判而進行的文化反省,雖然
爲變革揚棄傳統文化,改良現存制度提供了理論根據,而由於其
打著孔子旗號,披著儒家今文經學的外衣,所以無法徹底破除人
們對傳統文化偶像的迷信。而以嚴復等人爲代表的思想家對西方
文化的大規模介紹與引進,在爲中國社會文化變革提供一個全新

的文明參照系的同時，大大推進和強化文化反省的深度與力度，這種以「托外改制」面目出現的文化反省對19世紀末至20世紀初的文化與文學變革起了推波助瀾的巨大作用。

言及對西方學術和思想的引進，梁啓超曾說：「『鴉片戰役』以後，志士扼腕切齒、引為大辱奇戚，思所以自湔撥，經世致用觀念之復活，炎炎不可抑。又海禁既開，所謂『西學』者逐漸輸入，始則工藝，次則政制，學者若生息於漆室之中，不知室外更何所有，忽穴一牖外窺，則粲然者皆昔所未睹也，還顧室中，則皆沈黑積穢。於是對外求索之欲日熾，對內厭棄之情日烈。」⑧

嚴復以其對西方文化的深入了解，譯介了以《天演論》等為代表的一批西方學術理論名著，向國人宣傳了進化論和民權民主思想。這不僅在理論層面強化了知識階層對民族危機的認識，給他們變革傳統政治制度和文化以巨大啓迪，而且在意識形態、文化心理結構等深層次上給傳統文化以巨大衝擊。嚴復通過中西比較的方式所進行的文化反省，顯得更為深刻。其言曰：

> 中國最重三綱，而西人首明平等；中國親親，而西人尚賢；中國以孝治天下，而西人以公治天下；中國尊主，而西人隆民；……其於為學也，中國誇多識，而西人尊新知；其於禍災也，中國委天數，而西人恃人力。

> 中西事理，其最不同而斷乎不合者，莫大於中之人好古而忽今，西之人力今以勝古。中之人以一治一亂一盛一衰為天行事之自然，西之人以日進無疆，既盛不可復衰，既治不可復亂，為學術政化之極則。⑨

這種文化反省，不僅涉及了文化價值和心理構成，而且也涉及了思維方式、歷史觀等領域，因此在嚴復看來，中國之危亡的出現，決不僅僅是戰爭失敗之所致，其積弱原因「究所由來，夫

豈一朝一夕之故也哉！」是整體文化競爭中的落後，故「如今日
中國不變法則必亡是矣」⑩。

據此，嚴復對傳統文化舊學的反思與抨擊就更爲激烈。他認
爲，不僅八股取士「錮智慧」、「壞心術」、「滋游手」，應當
拋棄，就是傳統的宋學義理、漢學考據、文章辭賦等，「一言以
蔽之，曰無用」，「曰無實」，「其爲禍也，始於學術，終於國
家」⑪。

梁啓超在進行中西比較時亦言：「中國政治之所以不進化，
曰惟共主一統故；中國學術所以不進化，曰惟宗師一統故」⑫。
中國思想之痼疾在好依傍，名實混淆與言必托古，「此病根不拔
則思想終無獨立自由之望」⑬。梁認爲「能運他國文明新思想，
移植於本國以造福於其同胞，此其勢力，亦復有偉大而不可思議
者」⑭，介紹西方「新理新說公諸天下，將一洗數千年之舊毒」
。僅在1902年一年間，梁啓超一人在《新民叢報》就發表12篇
專論，宣傳西方各種學說和理論，其作用如時人所言：「歐風墨
雨隨君手，洗盡文明衆腦肝」⑮。據顧燮光所著《譯書經眼錄》
統計，僅1902—1904年的譯著，就有8大類，25種，共計533冊
之多，涉及西方文化各領域。這些譯著和介紹，雖然門類龐雜，
拙於選擇，但它們對社會變革、文化反省和文學發展所起的推動
作用，卻是有目共睹的。

被梁啓超稱爲「晚清思想界之一彗星」的譚嗣同，「欲將科
學、哲學、宗教冶爲一爐」融中學西學爲一體，創「衝決網羅」
之說，從思想理論層面對傳統文化和價值觀進行了猛烈抨擊。梁
啓超在評價其思想時說：「嗣同根本的排斥尊古觀念，嘗曰：『
古而可好，則何必爲今之人哉！』（《仁學》卷上）對於中國歷
史，下一總批評曰：『二千年來之政，秦政也，皆大盜也；二千

年來之學，荀學也，皆鄉愿也；惟大盜利用鄉愿，惟鄉愿工媚大盜。」（《仁學》卷下）當時譚、梁、夏一派之論調，大約以此爲基本，而嗣同尤爲悍勇，其《仁學》所謂衝決網羅者，全書皆是也，不可悉舉」⑯。

19世紀末伴隨著政治變法運動而展開的文化反省運動，以救亡啓蒙爲旗幟，對傳統文化及其價値觀做了較爲全面而深刻的反省，大大推動了中國社會的進步和文化的變革，對擺脫傳統的束縛，實現從傳統向現代的轉軌，產生了深遠的影響。概而言之，包括以下幾方面：

第一，由於這場文化反省對傳統古文經學的批判與抨擊，動搖了傳統文化及價値觀賴以存在的經學根基，打破了知識階層（包括作家）對傳統經學的迷信，開創了思想自由與價値多元的新時代，爲傳統文學體系結構的調整與改造，提供了不可或缺的思想價値基礎和文化精神氛圍。

第二，文化反省過程中對於西方文化引進與介紹，打破了傳統文化的封閉體系，爲中國文化的更新與發展注入了新鮮血液，激發出新的活力。這種大規模的思想文化引進，爲中國社會文化變革提供了一個文明程度和發展水平更高的參照系，徹底打破了傳統「以尊臨卑」「以夏變夷」的文化價値心理。「要救國，只有維新，要維新，只有學習外國」成爲一時強烈呼聲與要求，使中國知識界以更爲理性的態度去審視近代以來的中西文化衝突，亦使中西文化在衝突中的融滙進入一個新的階段，達到了一個新的水準與高度。在這種時代風氣影響下，許多維新之士和翻譯家也把對西方文學思潮、流派、文學理論和思想的介紹變爲實際自覺的行動，並以此爲參照，對傳統文學進行了清理與改造，力求創造一種適應時代需要，表現時代精神的新的文學範型。

　　第三，這場文化反省在破除、揚棄許多傳統文化價值觀念的同時，也逐步確立了許多新的觀念和理論，這一方面促使知識階層的文化心理結構發生變化，另一方面也通過觀念的滲透直接或間接地影響著文學。如文化反省中對復古崇古思想的批判，對今文經學變易思想的發揮，對達爾文進化論思想的介紹，不僅打破了以古爲上、宗先法古的文學價值心理，而且形成了文學是隨時代而變化，歷史是不斷發展進化的共識。這一思想共識，正是維新改良文學思潮揚棄傳統文學、呼喚「小說界革命」、「詩界革命」等的重要理論根據之一，對推動文學觀念的變革起了不可低估的作用。

　　第四，由於此階段文化反省主要著眼點在於傳統政治制度的改良，期望以此來推動中國社會的進步，振興積弱的國家和民族，雖對傳統文學有所批判，但實際無暇顧及文學的改良。但隨著文化反省的逐步深入，維新改良志士從制度上感覺不足「到從文化根本上感覺不足」，意識到開啓民智是改良政治制度的基礎，從而把「新民」放在了首位，維新改良思潮的重心由政治轉向了啓蒙。由於文學在開啓民智上「具有不可思議之力」，因而以空前的熱情去呼喚文學的改良。文學從傳統「載道」和抒情言志之工具，一躍而成爲「新民救國」之良器，被真正納入了時代變革大潮之中。圍繞著開啓民智和思想啓蒙而展開的文學改良思潮，成爲世紀之交的時代最強音。文學的這種歷史性的變化，無疑得益於文化反省的推動。

　　在時代劇變和文化反省的強大推力下，中國文學無論是外在形態、審美觀念，還是表現內容與藝術形式等，都開始脫離傳統文學的運行軌道，以新的時代文化和歷史品格，顯示出對傳統的超越。雖然這一時期的文學在諸多方面呈現了歷史劇變與轉軌過

程中不可避免的新舊雜糅及矛盾性複雜性，但從歷史主義的觀點看，它對中國社會、文化、文學的整體推動，無疑爲未來新文學的孕育發展奠定了不可或缺的思想文化與文學基礎，顯示了中國文學跨入新世紀的強勁態勢。

二　文學的改良與改良的文學

梁啓超曾把思潮的發生發展比附佛說的一切流轉相。他認爲「佛說一切流轉相，例分四期，曰：生、住、異、滅。思潮之流轉也正然，例分四期：一、啓蒙期（生）；二、全盛期（住）；三、蛻分期（異）、四、衰落期（滅）。無論何國何時代之思潮，其發展變遷，多循斯軌」⑰。對19世紀末至20世紀初的維新改良文學思潮大致可作如是觀。特分述之。

㈠**發生期**。維新改良文學思潮的孕育與發生，主要得益於「外驅力」的推動。其學術思想淵源可上溯至鴉片戰爭後學術文化思想的轉換。其文學淵源來自於對傳統文學的反思與揚棄。如梁啓超所言：「鴉片戰役以後，志士扼腕切齒，引爲大辱奇戚，思所以自湔撥，經世致用觀念之復活，炎炎不可抑」⑰。經世致用觀念的復活，在政治上表現爲社會批判意識與變革意識的增強，在學術思想上表現爲今文經學之昌興。「然今文學派之開拓，實自龔氏」（同上）。龔自珍以其敏銳的觸覺，最先感受到「日之將夕，悲風驟至」⑱的末代衰世的來臨，以其奇思妙想，開啓一代關心國事民瘼，慷慨論天下事之風氣。他從今文學派的思想中汲取營養，抨擊時政，詆毀專制，反思傳統，倡言「更法」、「改圖」。其言曰：「自古及今，法無不改，勢無不積，事例無不變遷，風氣無不移易」⑲。「一祖之法無不敝，千夫之議無不靡。與其贈來者以勁改革，孰若自改革？」⑳表現出前所未有的反

抗與叛逆精神。在文學上他主張「尊心」、「尊情」、「尊自然」
，反對「頌古非今」。強調知識分子（作家）要「通經致用」，
文學要起到「經世匡時」之作用。他的這些思想，對後來的維新
改良思潮產生了巨大影響。正如梁啓超所言：「自珍性佚宕，不
檢細行，頗似法之盧騷，喜爲要眇之思，其文辭俶詭連犿，當時
之人弗善也。而自珍益以此自憙，往往引《公羊》義譏切時政，
詆排專利，晚歲亦耽佛學，好談名理。綜自珍所學，病在不深入
，所有思想，僅引其緒而止，又爲瑰麗之辭所掩，意不豁達。雖
然，晚清思想之新解放，自珍確與有功焉。光緒間所謂新學家者
，大率人人皆經過崇拜龔氏之一時期。初讀《定庵文集》，若受
電然」㉑。劉師培亦言，「近歲以來，作文者多師龔、魏」㉒。
龔自珍雖「引其緒而止」，但卻給維新改良派之仁人志士以巨大
的啓示，並在他們手中得以發揚光大，龔自珍「特立獨行」之人
格亦給他們以巨大影響。

　　「吾國四千餘年大夢之喚醒，實自甲午戰敗、割台灣、償二
百兆以後始也」㉓。這前所未有的刺激，直接導致了維新改良思
潮的興起。致力於改革的思想家們，在傾力於思想變革政治變法
時，也開始著手於文學的改良。這是維新改良文學思潮發生的現
實基礎。發生期的維新改良文學思潮雖然側重於文化的反省和思
想的變革，但也從文學與時代之關係這一角度，通過對傳統文化
的審視，對傳統文學及思想進行了批判與揚棄。嚴復在1885年
發表《原強》、《救亡決論》等文，通過中西文化對比方法，對
中國民族文化心理和傳統文學進行了反省評估。他認爲，西方之
所強盛，原因之一即在其文化「先物理而後文物，重達用而薄藻
飾」，中國之所以積弱，原因之一在於「其學最尙詞章」。傳統
文學詞章之道，雖能極海市蜃樓惝恍迷離，移情遣意，卻無補於

救亡救貧，因而應當束之高閣，待國家富強，物阜民康之時，方可用來怡情遣興。嚴復並對復古觀念進行了批判：「夫稽古之事，固自不可為非。然察往事而以知來者，為孟子求故之說可也。必謂事事必古從之，又常以不及古為恨，則謬矣！」[24]譚嗣同則更為激進，他認為當前是中外虎爭之時代，而傳統文學與此無涉，是為無用。「天發殺機、龍蛇起陸，猶不自懲，而為此無用之呻吟，抑何磨歟？三十年前之精力，必於所謂考據辭章，垂垂盡矣，施於今，無一當焉，憤而發篋，畢棄之」[25]。表現出與舊文學決絕的決心。梁啟超也認為，傳統舊學，不求務實，不逮時代，「而抱帖括、考據、詞章之俗陋，謂吾中國之學已盡於是，以此與彼中新學相遇，安得而不為人弱也？」[26]黃遵憲從自己的詩歌創作感受出發，就詩歌與時代的關係提出了自己的看法，他認為：「詩之外有事，詩之中有人。今之世異於古，今之人亦何必與古人同」[27]。他強調「詩之外有事」即要求詩歌表現現實，「詩之中有人」即是要表現自己的切身感受與個性。黃遵憲的這種主張實際上也是針對當時占據文壇的舊派文學而發的。這時期是宋詩派之後緒「同光體」詩派的一統天下，這一詩派師法宋詩，主張「力破餘地」和「學問之詩」，在傳統舊文學的領域打圈圈，在舊詩形式上做文章。正因為如此，黃遵憲才提出「今之世異於古，今之人何必與古人同」的革新主張。通過對舊文學的反省，黃遵憲還提出「我手寫吾口，古豈能拘牽」[28]，在詩歌表現內容和形式上做了積極的探索。他還在語言改革上提出明確主張，認為傳統語言與文字的脫離，造成不少弊端，「語言與文字離，則通文者少」，只有做到「語言與文字合，則通文者多，其勢然也。」語言改革的目標，即是要創造一種「欲令天下農工商賈婦女幼稚皆能通文字之用」的語言[29]，這些主張不僅推動了詩歌改良，而

且在推動中國文學整體上脫離傳統語言形式的變革方面起了先導作用。

在此時期，思想文化界和文學界對傳統文化和文學所做的清算，雖未能在實踐上產生多大的效果，但卻顯示文學價值觀和革新意識的變化與增強。在文學與時代關係上形成了基本共識，而這一共識成爲推動文學改良的最初的思想基礎。

㈡**高潮期**。在維新變法逐步推進過程中，改良派開始意識到，「欲求一國自立，必使一國之人之智慧足可治一國之事，然後可。今日之中國，其大患總在民智不開」㉚。這一思想在政治變法失敗後得到進一步強化。「新其政不新其民，新其法不新其學」，勢必陷於無望，故變法之道在於「欲新民必新學，欲新學必新心」㉛，「以新民爲今日中國第一急務」㉜。他們認爲，歐美等國，其開化之時多得益於文學之助，故而轉向了報刊等輿論工具的創辦建設和文學的全面改良，文學改良運動因而開始達到高潮。其標誌主要表現在以下幾方面：

第一、出現了大量的報刊雜誌。如《強學報》、《時務報》、《知新報》、《湘學新報》、《清議報》、《無錫白話報》、《新民叢報》、《新小說》等，其中亦不乏專門的文學報刊和專門討論文學的文章。維新派還先後在上海和日本橫濱創建了廣智書局和譯書局。這一切不僅爲維新改良提供了輿論工具，而且爲文學改良的理論倡導和作品的發表，提供了陣地。一些專業文藝刊物的出現，不僅培養了中國最早的一代職業編輯和專業作家，而且大大推動了創作本身的繁榮與發展。文學開始向專業化和職業化邁進，這亦成爲文學向現代過渡的重要標誌之一。

第二、理論建設有了較大發展。與發生期側重於舊文學的揚棄與清理不同，這一期除了繼續對傳統舊文學進行清理與反省外

，重點轉向了改良主義文學理論的建設與鼓吹。建立起了以改良主義和功利主義為基礎，以建立新的文學範型為目標的文學理論價值體系。並在「新學詩」實驗的基礎之上，提出了「詩界革命」；在早期馮桂芬、王韜、鄭觀應等散文改革實踐基礎上，創造出「報章文體」，並提出「文界革命」；在清理傳統小說舊觀念舊思想的同時，提出了以注重小說價值功用和改造小說思想內容為核心的「小說界革命」。在理論建設的推動下，「新派詩」、「新文體」、「新小說」的創作出現了高潮，而配合改良主義運動的通俗文藝，如評話、戲曲、彈詞等創作亦層出不窮。中國文學的傳統形態開始出現巨大變化，即由傳統的詩文並舉的文學形態轉向了小說、詩歌、散文三者鼎足而立的近代形態，文學擺脫了作為傳統經學附庸的地位。

　　第三、對西方文學的翻譯介紹出現了高潮。許多作家自覺地以西方近代文學為範型，汲取域外文學之營養，以豐富、發展、改良中國文學。對西方文學的介紹與翻譯，不僅開闊了國人的眼界，而且對打破傳統文化與文學的封閉性體系，實現文學觀念的更新，推動藝術技巧和形式的發展等方面，起了巨大的作用。尤其是林紓對西方小說的翻譯及其在小說序跋中有意識地對中外小說的思想、時代背景、藝術表現等所進行的比較，推動了小說理論和創作的發展，使中西文學的融匯達到前所未有的新水平。梁啓超曾言：「國與國相通，則文教愈盛」㉝。說明改良主義思想家們已經從文化交流融滙發展的規律這一高度認識到對西方文化和文學引入的重要性。他們對西方啓蒙主義以來思想文化的介紹，也賦於中國文學創作一新的思想風貌和精神。

　　第四、在思想文化變革和理論先導的推動下，文學創作也出現了前所未有的繁榮。如果說，在發生期中國文壇仍是古詩古文

擬古主義和復古主義的天下的話，那麼，到了這一階段，整個文壇的創作結構與面貌已大爲改觀。雖然以「同光體」和「桐城派」爲代表的傳統古詩文創作仍餘緒不斷，但文壇的主流和格局已發生了變化。以表現「新民」、「救亡」等時代精神爲主要內容，以通俗化、大衆化爲主要形式的「新派詩」、「新文體」、「新小說」、「新戲曲」取代了傳統古文學而成爲文壇的主流。這些創作不僅實踐並豐富了文學改良理論，而且，以其新的時代藝術風貌展示了文學改良的實績。

第五，白話文運動高潮的來臨。在維新改良文學運動的發生期，言文合一問題即爲黃遵憲所提出。而隨著思想啓蒙運動的發展，維新改良派愈來愈意識到語言變革對「新民」、「啓蒙」的重大作用，開始以空前的熱情倡導白話文。他們對傳統文言形式和語言與文字不相合之現象，進行了強烈抨擊，認爲「吾中國有文字而不得爲智國，民識字而不得爲智民」，實爲「文言之爲害矣」。「文言之害，靡獨商受之，農受之，工受之，童子受之，今之服方領習矩步者皆受之矣。不寧惟是，愈工於文言者，其受困愈堪」，若「使古之君天下者，崇白話而廢文言，則吾黃人聰明才力無他途以奪之，必且務爲有用之學，何至闇沒如斯矣？㉞」把改文言爲白話的語言變革提高到與政治改良和「新民救國」這一高度來認識，明確提出「白話爲維新之本」。裘廷梁還歷數白話文之八大好處，認爲「文言文之光力，不如白話之普照也，昭昭然矣」㉟。被認爲是嚴復和夏曾佑合撰的《本館附印說部緣起》一文，亦從小說語言使用的角度，論述了語言變革的重要性。他們認爲：「若其書之所陳，與口說之語言相近者，則其書易傳。若其與口說之語言相遠者，則其書不傳。故傳之界大小，即以其與口語之語言相去之遠近爲比例」。梁啓超亦從語言的角度的提

出：「文學之進化有一大關鍵，即由古語之文學變爲俗語之文學是也」㊱。一時間，鼓吹白話文的文章充斥報刊，而白話文報紙更是如雨後春筍般出現。白話文運動雖主要著眼點不在文學，但它的興起起碼在兩方面對文學產生了重大影響，一是它推動了以報章文體爲代表的散文革命，一是它推動了白話文小說創作的發展，它對後來五四新文學運動中的白話文革命也產生了深刻影響。

㈢**分化期**。維新改良文學思潮之所以能在短短幾年時間裡形成如此巨大的高潮，如前所述，主要得益於社會變革、政治改良和文化反省的推動。而隨著思想啓蒙和文化反省的逐步深入，以政治改良爲重心的維新變法運動在經歷政治失敗之後，轉向了以思想變革爲主，改良派內部亦產生了思想分化，梁啓超曾言：「啓超自三十以後，已絕口不談『僞經』，亦不甚談『改制』，而其師康有爲大倡設孔教會、定國教、祀天、祀孔諸義，國中附和不乏，啓超亦不謂然，屢起而駁之」。「啓超對於我國舊思想之總批判，及其所認爲今後新思想發展應遵之途徑，……然持論既屢與其師不合，康、梁學派遂分」㊲。這種思想分化不僅表現在改良派內部，而且也表現在改良派與革命派之間的思想論爭。庚子事變之後，革命派之思想勢力漸起，圍繞著中國是改良還是革命，是建立君主立憲政體還是徹底推翻專制政權，建立民主共和國等問題，革命派與改良派展開了激烈的思想論戰。這一論戰，不僅推動了改良運動向革命運動的轉化，促進了思想文化的進步與開放，而且加速了維新改良文學思潮的分化，推動了由維新改良派最初倡導的文學改良運動向縱深方向發展，分化期的文學發展表現出這樣幾個特點：

第一、由於思想變革的深入與分化，文學的時代主題也開始

發生轉移，對革命的呼籲和對封建專制制度與傳統思想的批判與
抨擊愈來愈激烈，也愈來愈突出鮮明。鄒容在其《革命軍》中，
以大量的事實揭露了封建統治的黑暗，抨擊了君主專制制度的腐
敗。「宴息於專制政體之下者，無所往而非奴隸」、「中國之所
謂二十四朝之史，實一部大奴隸史也」㊳，爲擺脫「奴隸」之地
位，就「不得不革命」「不得不變昔日之政體」。許多革命派的
作品文章，以「物競天擇，適者宜存，萬物莫然」的天演之公理
，來證明「政體進化」，民權戰勝君權，證明自由平等時代到來
的必然性。這一時期的大量作品中還充滿著對封建禮教等思想的
猛烈批判和痛斥：「保赤牧民以爲仁，束縛馳驟以爲禮，預知天
縱以爲聖，順民奴隸以爲忠，割股埋兒以爲孝，焚身殉葬以爲節
。日日言五帝三王而淫虐愈甚，日日言治國平天下而靡爛愈甚」
㊴。秋瑾亦以其作品，發出反抗封建禮教、爭取婦女自由解放之
呼聲。其《精衛石》在歷數封建禮教對婦女殘害之罪惡後，疾呼
「苦海沉淪何日出，這般壓制太難堪，不能自由眞可恨，願只願
時時努力跳奴圈」。對於當時革命派的文學活動，阿英先生曾做
過這樣的概括與評價：「隨著革命運動的普遍與深入，1904前
後，出現了好多種宣傳資產階級民主革命的『白話報』……這些
『白話報』的主要內容，不外是『覺民』和『革命』。……所採
取的宣傳方式是有特點的。傳記文學在這一時期獲得了新的發展
，產生了像《黃帝傳》、《大禹傳》、《陳涉傳》、《大俠張子
房傳》、《文天祥傳》、《鄭成功傳》一類的富有民族主義和愛
國主義精神的傳記，與當時的革命鬥爭，配合得較好……大量的
刊載了文藝作品，如詩歌《光復歌》、小說《玫瑰花》、《多少
頭顱》、傳奇《博浪椎》、《風洞山》、《羅星塔》、《斷頭台》
，班本《游俠傳》、《俄占奉天》等等，對辛亥革命都起過一定

的積極作用」⑪。

第二、對西方文化及思想和文學的介紹開始進入一個新的階段，這進一步促進了文學內容的革新和文學形式的改良。較之改良派，許多革命民主派人士表現出更大的向西方探尋眞理的熱情與勇氣。他們拋開了維新改良派曾使用的「托古改制」的形式，以全新的面貌引進介紹西方啓蒙主義以來的思想學說，並把這些學說作爲基本精神融入自己的創作之中。鄒容在《革命軍》中曾寫道：「吾幸夫吾同胞之得盧梭《民約論》、孟德斯鳩《萬法精神》、彌勒約翰《自由之理》、《法國革命史》、《美國獨立檄文》等書譯而讀之也。是非吾同胞之大幸也夫！」他們以西方「平等」、「自由」等思想爲武器，把對傳統思想文化批判的矛頭指向了孔丘。認爲孔學是專制君主制度的幫凶「孔子的說話都是叫人尊君親上，把君民、官民的名分定得頂嚴，百姓有與皇帝或官吏爲難的，動不動就說他是亂臣賊子；又教人倚賴皇帝（孟子言：『三月無君則皇皇如也』，可見孔子是個頂喜歡依賴皇帝的東西）。如今把天賦人權、人類平等諸種學說演成白話，教全國中、下等社會裡頭，個個都有權利思想，曉得皇帝是百姓的公僕、沒有什麼好懼的……。那『叛逆』、『反亂』、『不道』各種放屁話，如今不必相信了，無所謂名分，無所謂尊卑」⑪。一時間，歌頌平等、自由、表現資產階級民主主義精神和個性主義精神的文章作品充斥各種報刊。

這一時期對西方文學的翻譯介紹雖然仍主要側重於小說，但詩歌的翻譯亦開始出現，如蘇曼殊對雪萊、拜倫詩的翻譯，不僅開闊了中國詩人們的眼界，而且把西方詩人的獨特個性和思想精神輸入了中國，這對促進中國詩歌的改良與進步不無裨益。即使在小說翻譯介紹中，內容也更爲豐富，涉及面也更爲廣闊，翻譯

小說不僅包括西方文學名著，而且也包括一般作品，不僅有西方現實主義的作品，也有其他創作方法和風格的作品，如陳景韓（筆名冷血、冷）在主持《時報》和《新新小說》等刊物時翻譯了許多虛無黨小說和偵探小說，其在《虛無黨・叙》中曾言：「我愛其人勇猛，愛其事曲折，愛其道爲制有權勢者之不二法門」。說明其翻譯不僅注重小說之思想，而且對小說的敘事方式亦充滿興趣，這些翻譯小說對促進中國小說在表現內容和藝術方式的改良與發展上均起過積極的作用。胡適曾言：「《時報》在當日確能引起一般少年的文學興趣。……每日登載『冷』或『哭』譯著的小說，有時每日兩種。冷血先生的白話小說，在當時譯界中確算很好的譯筆，他有時自己也做一兩篇短篇小說，如《福爾摩斯來華偵探案》等，也是中國人做新體短篇小說最早的一段歷史。」㊷

　　第三、批判現實主義文學的興起與繁榮。如果說前此階段，維新改良文學思潮中大量湧現的作品多表現出激昂慷慨和英雄主義精神的話，那麼到這一階段，除上述作品外，發生變化的顯著標誌之一，就是以譴責小說爲代表的批判現實主義文學的興起與繁榮。庚子事變後，國家日益衰落，政治日益腐敗，文學因此也出現轉向，由原來對改良的呼籲與宣傳，轉向了對黑暗現實的揭露與批判。其代表性作品即爲清末四大譴責小說：《官場現形記》（李伯元）、《二十年目睹之怪現狀》（吳趼人）、《老殘游記》（劉鶚）、《孽海花》（曾樸）。這些作品或取材於官場，或描寫下層生活，或爲親身所歷之藝術紀錄，或道聽塗說之概括，有一點是共同的，即通過這些生活現象的描繪，揭露社會的黑暗與腐敗，正如魯迅先生所言：「其在小說，則揭發伏藏，顯其弊惡，而於時政，嚴加糾彈，或更擴充，並及風俗」㊸。創作的繁榮不僅是以社會現實爲基礎的，往往還需有理論爲其先導，批判現

實主義文學的繁榮與批判現實主義理論發展是相一致的。批判現實主義小說家，在創作動機上，以「匡世」、「糾彈」爲己任，表現出鮮明的社會批判意識，吳趼人曾言：「余向以滑稽自喜，年來更從事小說，蓋改良社會之心，無一息敢自己焉。」㊹他們以小說比附正史，以史筆之實錄的方法記錄社會之怪現狀，表現自己對社會的批判，洩內心之憤之積鬱。如吳趼人之言：「落拓極而牢騷起，抑鬱發而叱咤生，窮愁著書，寧自我始？夫呵風雲，撼山岳，奪魂魄，泣鬼神，此雄夫之文也，吾病不能。至若態蟲魚，評月露，寫幽恨，寄纏綿，此兒女之文也，吾又不屑。然而憤世嫉俗之念，積而愈積，即砭愚訂頑之心，久而彌切，始學爲嬉笑罵之文，竊自儕於譎諫之列」。㊺這些作品「不畏強禦，不避斧鉞，筆伐口誅，大聲疾呼，卒伸大義於天下，使若輩凜乎不敢犯清議，雖謂《春秋》之力至今存可也，而誰謂草茅之士，不可以救天下哉？」㊻曾樸後來談其《孽海花》的創作時說：「這書主幹的意義，只爲我看著這三十年，是我中國由舊到新的一個大轉關，一方面文化的推移，一方面政治的變動，可驚可喜的現象，都在這一時期內飛也似的進行。就想把這些現象，合攏了他的側影或遠景和相聯繫的一些細事，收攝在我筆頭的攝影機上，叫他自然地一幕一幕的展現，印象上不啻目擊了大事的全景一般」㊼。以實錄的方式描寫現實，通過現實的側影或細事，來表現歷史的眞實境況和全景，這是這一時期批判現實主義小說家們的共同追求。也顯示了他們在理論認識上的完善與成熟。這些理論見解，直接影響了以譴責小說爲代表的批判現實主義小說的創作與發展趨向。

　　第四，由於創作本身的發展與推動，理論的認識與討論亦開始向縱深方向發展。如果說在前此階段對文學的認識還僅僅側重

於其社會功能的話，到了這一階段開始更多地從藝術技巧、美學
特徵等方面認識文學，這無疑有助於創作水平和質量的提高。如
夏曾佑從小說人物的塑造上提出「五易五難」說，認爲小說「寫
小人易，寫君子難」、「寫小事易、寫大事難」、「寫貧賤易、
寫富貴難」、「寫事實易，寫假事難」、「叙實事易、叙議論難」⑱
。很明顯這是從藝術創作角度著眼的。如 1907年創刊的《小說
林》曾對小說的技巧和美學特徵發表多篇文章探討。如《小說小
話》一文曾言：「小說之描寫人物，當如鏡中取影，妍媸好醜令
觀者自知，最忌攙入作者論斷，……故小說雖小道，亦不容著一
我之見。如《水滸》之寫俠，《金瓶梅》之寫淫，《紅樓夢》之
寫艷，《儒林外史》之寫社會中種種人物，並不下一前提語，而
其人之性質、身分、若優若劣，雖婦孺亦能辯之，眞如對鏡者之
無遁形也。夫鏡，無我者也」⑲。這已涉及到現實主義小說美學
的基本規律。黃摩西在《小說林發刊詞》中明確指出，小說之實
質「文學之傾於美的方面之一種也」，「昔之視小說也太輕，而
今之視小說又太重也」，過分注重小說經世匡時之作用，而忽視
小說之美學特點，不屑爲美，實當今小說創作之弊端。徐念慈則
認爲「所謂小說，殆合理想美學、感情美學而居其上乘者」⑳，
並引證黑格爾等西方美學家之言來說明這一問題，認爲美之要素
在其形象性。這些見解都表明文學開始向自身回歸，文學改良思
潮初期過分注重文學之社會功能而忽視其自身特性的偏向得到一
定程度上的糾正。在其他方面，如對悲劇問題的探討，蔣觀雲、
王國維等人的論述，也多側重於美學方面，王國維在《紅樓夢評
論》中，汲取了叔本華、尼采等西方美學家思想之成分，從人生
哲學的高度來認識悲劇的本質，闡釋悲劇之意蘊，開中國現代悲
劇意識與美學之先河。這一階段出現了大量中西文學比較的文章

及論述，尤其是中西小說的比較研究，這對探索藝術創作之規律，促進小說創作的進一步繁榮都起了很大作用。諸如這些，不僅對傳統文學觀念產生強烈衝擊，而且大大有助於傳統文學價值系統解體後的新理論的建構，對未來新文學的孕育誕生，起了理論催化和先導作用。

㈣**衰落期**。在經歷了從19世紀末到20世紀初十幾年間的風雲激盪之後，到20世紀第一個十年的中下葉，維新改良文學思潮終於走向衰落。造成這一文學思潮衰落的原因相當複雜，概括起來主要包括兩方面。第一，時代的發展變化使然，正如梁啓超在論述「思潮」之衰落原因時所言，「環境既已變易，社會需要，別轉一方向」[51]。如前所述，維新改良文學思潮發生發展的基本原因之一是19世紀末興起的政治變法和文化啓蒙反省運動的推動，到了這一階段，釀就這一思潮的社會思想基礎和文化氛圍已經發生變化。改良主義作為前一時期的歷史主角，在產生分化的同時，已逐步退出了歷史舞台，「社會需要，別轉一方向」，由「變法」轉向了革命。這一革命的要求愈來愈強烈，終於釀成實際的革命鬥爭活動，社會文化的重心也開始向這一方面傾斜，最終出現了辛亥革命推翻滿清專制政權的壯舉。思想文化變革的呼籲既陷於沉寂，那麼與之相呼應的文學改良運動也因失去這一依托而陷入衰落的必然之中。伴隨著排滿革命而興起的國粹主義思潮喧囂噪起，這一思潮倡導的「保種、愛國、存學」，對傳統文化和文學的認同與弘揚，很明顯，在文化和文學觀念上是一個退步。但由於其與時代革命新主題相一致，產生了更強的號召力，對維新改良文學思潮是一個巨大的衝擊。維新改良的許多領袖人物，除梁啓超仍處於「不惜以今日之我，難昔日之我」的進步之外，如康有為等人，不僅失去了昔日的號召力，也失去了昔日銳利的思想

而趨於保守，這一切都不可避免地促使文學改良思潮走向衰落。
第二，文學自身發展的原因。維新改良文學思潮以前所未有的勇
氣與力量，對中國傳統文學進行了揚棄與否定，開創了中國文學
的新時代，但由於其改良傳統文學的著眼點和動力在於強調文學
的政治功利性和社會作用，不僅未能創造出超出傳統文學水準的
宏篇佳構，而且把自己引入了一個困境。雖然在其發展過程中對
此有過理論上的糾正，但呼聲甚微。他們所創造的「亦新亦舊」
的文學大廈又爲傳統文學留下了生存餘地，也無力從根本上達到
對傳統文學的否定與揚棄。因此，在其走向衰落的時期，傳統古
文學亦有復甦之勢，「同光體」、「桐城派」餘緒不斷，並爲許
多人所認同。而作爲強調文學政治功利性和社會作用的反撥，文
學的趣味主義橫行，出現了大量以消閑爲目的的作品，許多曾立
志於改良社會改良文學的作家，也因種種原因去創作言情、艷情、
消閑作品。對西方文學的翻譯和介紹也大多側重於趣味性之大小。
如徐念慈所言：「默觀年來更有痛心者，則小說銷路之類別是也。
他肆我不知，即小說林之書計之，記偵探者最佳，約十之七八；
記艷情者次之，約十之五六；記社會態度、滑稽事實者又次之，
約十之三四，而寫軍事、冒險、科學、立志諸書爲最下，十僅得
一二也」㉜。從小說之銷路看，亦可發現文學向趣味主義的轉向。甚
至還出現了被人們稱爲「嫖界指南」的《九尾龜》之類的作品，
以迎合市民階層的低級的欣賞心理和趣味，文學改良高潮期的言
情小說發展成爲後來的艷情和哀情小說，具有批判現實主義精神
的譴責小說墮落爲後來的黑幕小說，最終出現了以「鴛鴦蝴蝶派」
爲代表的宣揚趣味主義的文學派別。這些作品，雖其中有一些篇
什不乏積極意義，藝術形式也多有變化，但整體上看，已完全失
卻了文學改良思潮的基本宗旨和精神。正如鄭振鐸先生所批評的：

「他們對於文學的態度，完全是抱著遊戲的態度的。那時盛行的
『集錦小說』──即一人寫一段，集合十餘人寫成一篇的小說──
──便是最好的一個例子，他們對於人生也便是抱著這樣的遊戲態
度的。他們對國家大事乃至小小的瑣故，全是以冷嘲的態度出之。
他們沒有一點的熱情，沒有一點的同情心，只是迎合著當時社會
的一時的下流嗜好，在喋喋的閑談著，在裝小丑、說笑話，在寫
著大量的黑幕小說，以及鴛鴦蝴蝶派的小說來維持他們的『花天
酒地』的頹廢的生活。幾有不知『人間何世』的樣子。恰和林琴
南輩的道貌儼然是相反的。有人謔之曰『文丐』，實在不是委屈
了他們的。」⑬

　　從文學的改良到改良的文學，維新改良文學思潮在經歷了十
幾年的發展之後，從輝煌走向衰落。作為中國傳統文學的歷史收
束和五四新文學運動的先行者，它不可避免地打上從傳統向現代
的過渡的種種烙印，自身也充滿著諸多矛盾，籠罩著濃重的歷史
陰影。但無論如何我們應當承認，正是由於維新改良文學思潮的
出現，才使得中國文學完成了前現代化的一場文化蛻變。它是中
國文學史上第一場具有現代思潮形態和現代意義的文化與文學變
革運動。它對打破傳統文學的封閉體系，促使中國文學實現從封
閉到開放，從單一到多元，從古典到現代，從非審美的自覺到審
美的自覺，從創作方法的無意識到創作方法的自覺意識，起了明
顯的推動和催化作用。

三　「四界革命」：詩歌、散文、小說和戲曲的改良

　　如前所述，維新改良文學思潮對中國文學的發展起了整體性
的推動作用。從宏觀形態上看，這場變革運動不僅涉及到中國社
會文化的各領域，而且也涉及到文學的各領域，不僅表現在理論

上，也反映在實際創作過程中。因此，我們考察這一思潮發展的
實際狀況，評價其得失，也必須從其倡導的「四界革命」，即詩
界革命、文界革命、小說界革命和戲曲界革命入手。這「四界革
命」是相互聯繫而又有所區分的。爲論述方便，特分述之。

(一)詩界革命

　　詩歌是中國傳統文學式樣中最爲古老，最爲發達，形式最爲
完備，取得成就最高的一個領域。正因爲如此，其變革最爲艱難。
在詩界革命發生前，中國詩壇是傳統古典詩歌的一統天下。由於
在傳統文學的自身發展演變中，詩歌這一藝術式樣已被推向了自
身所能達到的極致，乃至唐宋以後詩歌的創作始終無力超越這一
傳統，亦難有較大的創新。清末詩壇亦是如此。以宋詩派（包括
其餘緒「同光體」）爲代表的傳統詩派，在相當一段時間裡占據
著文壇的正統地位。他們雖倡導「以學問爲詩」、「學人之言與
詩人之言合」，求「力破餘地」，但無非還是以宗古法先爲路徑，
以學宋學唐爲號召，在小處花樣翻新。如陳衍所言：「吾輩生古
人後，好詩已被古人說盡。尙有著筆處者，有無窮新哲理出，可
以邊際之語寫之。」⑭在理論上他們也反對對傳統詩歌進行大膽
革新，公開提出，「詩最患淺俗，何謂淺？人人能道語是也。何
謂俗？人人所喜語是也。」⑮這表明，這一派的詩歌創作，無論
是觀念上還是創作上，都已經不適應時代發展的需要。而處於劇
烈變革的時代中的中國文學，其必然要通過自身的調整與改革，
以適應時代，反映時代精神，這一切也都昭示了中國詩歌改良之
時代的必然來臨。

　　最初提出改良詩歌要求，透露出改良信息的是黃遵憲，他在
1868年所創作的《雜感》詩云：「俗儒好尊古，日日故紙研，
六經字所無，不敢入詩篇。古人棄糟粕，見之口流涎。沿習甘剽

盜，妄造叢罪愆。黃土同搏人，今古何愚賢？即今忽已古，斷自
何代前？……我手寫吾口，古豈能拘牽？即今流俗語，我若登簡
編，五千年後人，驚爲古爛斑」㊇。在此，黃遵憲不僅對「尊古」、
「復古」的思想進行了嘲諷，而且明確提出自己的創作主張，即
「我手寫吾口」。這是最早的關於改革傳統詩歌的理論主張，成
爲後來「詩界革命」的先聲。

如果說黃遵憲這時提出詩歌改革，呼聲尚顯孤單和微弱的話，
那麼從19世紀九十年代中後期開始，在許多維新人士的自覺響應
下，這呼聲很快形成一股潮流，掀起了「詩界革命」的熱潮。譚
嗣同盡棄舊學轉爲新學詩之創作，黃遵憲更爲自己所做之新派詩
驕傲，其在《酬曾重伯編修》一詩中云：「廢君一月官書力，讀
我連篇新派詩。風雅不亡由善作，光豐之後益矜奇」㊉。第一次
將這些有異於傳統詩歌的作品稱爲「新派詩」。梁啓超則首先揭
起「詩界革命」之大旗，號召改良詩歌者要爲「詩界之哥倫布」，
其言曰：

> 余雖不能詩，然嘗好論詩。以爲詩之境界，被千餘年來
> 鸚鵡名士占盡矣。雖有佳章佳句，一讀之，似在某集中曾相
> 見者，是最可恨也。故今日不作詩則已，若作詩，必爲詩界
> 之哥倫布、瑪賽郎然後可。……要之，支那非有詩界革命，
> 則詩運將絕。雖然，詩運無絕之時也。今日者，革命之機漸
> 熟，而哥倫布、瑪賽郎之出世，必不遠矣㊋。

對於當時「詩界革命」的狀況與收穫，梁啓超在其《飲冰室
詩話》中多有記述。他說：「蓋當時所謂新詩者，頗喜撏扯新名
詞以自表異。丙申、丁酉間，吾黨數子皆好作此體，提倡之者爲
夏穗卿，而復生亦慕嗜之。」「詩界革命」的代表詩人主要有黃
遵憲、譚嗣同、夏曾佑、康有爲、梁啓超、蔣智由、邱逢甲、邱

煒菱、麥孟華、狄葆賢等。

「詩界革命」對中國詩歌發展的主要貢獻表現在理論和創作兩方面。就理論上而言，可以概括爲這幾方面。

第一，他們以進化的眼光看待中國詩歌的發展，認爲詩歌必然隨時代而變化，並以此爲出發點對詩歌創作的復古主義傾向進行了抨擊和批判。如前引黃遵憲之《雜感》詩。梁啓超在《飲冰室詩話》中論及中國傳統詩歌之得失後言：「中國結習，薄今愛古，無論學問、文章、事業，皆以古人爲不可幾及。余生平最惡聞此言。竊謂自今以往，其進步之遠軼前代，固不待蓍龜，即並世人物亦何遽讓於古所云哉？並稱黃遵憲之「新派詩」「中國文學界足以自豪矣」。

第二，在詩歌與時代的關係上，他們主張，詩歌要反映時代，表現時代新精神。康有爲認爲，詩歌應「上感國變，中傷種族，下哀生民」，要「鬱積勃發」⑤⑨。詩人創作要「人情志鬱於中，境遇交於外，境遇之交壓世也環異，則情志之鬱積也深厚」，「情者陰也，境者陽也，情幽幽而相襲，境娓娓而相發，陰陽愈交迫，則逾變化而旁薄」⑥⓪，黃遵憲也提出：「詩之外有事，詩之中有人，今之世異於古，今之人亦何必與古人同」⑥①。要求詩人把日新月異，千變萬化的現實納入詩歌的表現內容之中。「遵憲竊謂詩之興，自古至今，而其變極盡矣，雖有奇才異能英偉之士，率意遠思，無有能出其範圍者。雖然，詩固無古今也，苟天地、日月、星辰、風雲、雷雨、草木、禽魚之日出其態以賞我者不窮也；悲歡、憂喜、欣戚、思念、無聊、不平之出於人心者無盡也；治亂、興亡、聚散、離合、生死、貧賤、富貴之出於我者不同也。苟能即身之所遇，目之所見，耳之所聞，而筆之於詩，何必古人？我自有我之詩者在矣」⑥②。從詩歌與現實人生的密切關係出發，

他們不僅推導出詩代有所變，人所有異的結論，而且特別著重詩歌的社會功能。黃遵憲認爲，「詩雖小道，然歐洲詩人出其鼓吹文明之筆，竟有左右世界之力」⑥，梁啓超亦把詩歌視爲改造國民精神的重要方式，「蓋欲改造國民之品質，則詩歌、音樂爲精神教育之一要件」，把黃遵憲《軍歌》譽爲「詩界革命之能事至斯而極矣」⑥，而該詩二十四章各章最後一字連綴，恰組成一政治口號：「鼓勇同行，敢戰心勝，死戰向前，縱橫莫抗，旋師定約，張我國權」。由此可見，他們倡導「詩界革命」的基本著眼點亦是在把詩歌視爲開啓民智，改良政治的工具。

第三，在「詩界革命」中，他們不僅力主對傳統詩歌形式及語言進行改造，要求詩歌語言淺顯易懂（如梁啓超稱讚邱逢甲「以民間流行最俗最不經之語入詩，而能雅馴溫厚乃爾，得不謂詩界革命一巨子耶？」）而且要求對詩歌內容進行改良。梁啓超明確說：「過渡時代，必有革命。然革命者，當革其精神，非革其形式。吾黨近好言詩界革命，雖然，若以堆積滿紙新名詞爲革命，是又滿洲政府變法維新之類也。能以舊風格含新意境，斯可以舉革命之實矣。苟能爾爾，則雖間雜一二新名詞，亦不爲病」⑥。梁啓超在《飲冰室詩話》中提出的「以舊風格含新意境」，「熔鑄新理想以入舊風格」，實際上都表明了「詩界革命」在詩歌形式和內容改造上的目標。而如何實現這一目標呢？梁啓超亦提出了具體的方式與途徑。他除了要求詩歌貼近時代現實外，又特意提出汲取外來營養問題。他說：

> 宋明人善以印度之意境、語句入詩，有三長具備者，⋯⋯然此境至今日，又已成舊世界。今欲易之，不可不求之於歐洲。歐洲之意境、語句，甚繁富而瑋異。得之可以陵轢千古，涵蓋一切，今尚未有其人也⑥。

　　在《新中國未來記》中，梁啓超道出「詩界革命」，「必取泰西文豪之意境之風格，熔鑄之以入我詩，然後可爲此道開一新天地」，可見把西方新思想、新學說、新事物引入中國之詩歌中，是實現「詩界革命」的重要途徑和方式。在提出「以古人之風格入之」時，亦說明「詩界革命」在理論上仍較爲重視對傳統詩歌的繼承，這種繼承實際上帶來正負兩方面的作用，一方面使「詩界革命」之改良新詩能繼承中國傳統詩歌中的優良之處，爲「詩界革命」提供傳統的藝術養料；另一方面又限制了「詩界革命」徹底實現對傳統詩歌的革新，使之在新思想與舊風格中產生不可克服的矛盾，使「詩界革命」最終難以擺脫傳統詩歌的束縛。

　　第四，對詩歌通俗化的重視。因爲「詩界革命」仍把詩歌視爲開啓民智之工具，希冀其產生「左右世界之力」，所以他們對詩歌的通俗化比較重視。從黃遵憲提出「我手寫吾口」，到創作中以口語、俗語入新詩，都說明了這一點。梁啓超對「新詩」大量使用生疏或生造之詞語典故表現出不滿和指責，認爲這些詩要「注至二百餘字乃能解」或「雖十日思不能索其解」，晦澀難懂，不足爲取。他稱讚歌謠「易於上口也，多爲俗語，易於索解也」⑯黃遵憲喜愛古風體，亦著眼其通俗曉暢，淺顯易懂，他對民歌還特別欣賞，其言曰：「十五國風妙絕古今，正以婦人女子矢口而成，使學士大夫操筆爲之，反不能爾，以人籟易爲，天籟難學也。余離家日久，鄉音漸忘，輯錄此歌謠，往往搜索枯腸，半日不成一字，因念彼岡頭溪尾，肩挑一擔，竟日往復，歌聲不歇者，何其才之大也」⑰。自己還採集加工了不少山歌民謠。黃遵憲之詩歌創作的通曉明暢，無疑也得益於他的這種理論認識和對傳統古風歌行樂府及山歌民謠的吸收借鑑，他所提出並身體力行的「新體詩」，被稱之爲「雜歌謠」，正是在吸收民間歌詞藝術上發

展形成的一種通俗化的詩歌藝術形式。

「詩界革命」不僅在理論上提出了自己一整套的見解，而且在實踐中也進行了大膽的探索和試驗，他們的詩歌創作不僅全面地反映了急劇變化的現實與時代，拓展了中國詩歌的表現範圍與領域，而且把新的思想、新的理想融入詩歌創作之中，使中國詩歌在意境、風格上出現了新的變化，表現出他們鮮明的創作個性。如果說從19世紀末開始，中國詩歌顯示出更為鮮明的時代特色，表現出與時代更為密切的關係的話，那麼這正是「詩界革命」推動的結果。從「新學詩」、「新派詩」到「新體詩」，中國傳統詩歌在藝術形式、詩體上也經歷了一次較大的解放與革新，這為未來白話新詩的發展、誕生，打下了理論和創作基礎。可以肯定，「詩界革命」是中國傳統詩歌向現代新詩發展中一個不可或缺的過渡階段。它的種種不足之處，在證明著傳統詩歌的衰落，而它的成功之處，則又在證明著未來新詩出現的必然。雖然「詩界革命」無力完成中國詩歌的徹底革命，但沒有它的出現，沒有它對中國傳統詩歌觀念和形式的揚棄改造，恐怕也不會有後來新詩的順利誕生。從這一意義上看，「詩界革命」的歷史意義是不言而喻的。

㈡文界革命

如果說「詩界革命」最初起動於對傳統詩歌形式上的不滿足與革新的話，那麼「文界革命」則可以說是維新變法政治運動和文化革新的直接產物，是晚清各種文學式樣中與變法啓蒙運動聯繫最為廣泛密切並直接服務於變法啓蒙的工具。因此，它一開始就是從內容改革方面著手的，最終實現了從內容到形式的雙重革命。

「文界革命」之說雖由梁啓超提出❽，但在「文界革命」提

出之前即已開始醞釀並有實際的動作。甲午戰役後，嚴復即發表
《救亡決論》對傳統文化與文學，尤其是八股文，進行抨擊和批
判。認爲八股文有三害，「錮智慧」、「壞心術」、「滋游手」，
並對傳統古文教育進行了犀利的揭露：「垂髫童子，目未知菽粟
之分，其入學也，必先課之以《學》《庸》《語》《孟》，開宗
明義，明德新民，講之既不能通，誦之乃徒強記。如是數年之後，
行將執簡操觚，學爲經義，先生教之以擒挽之死法，弟子資之於
剽竊以成章。一文之成，自問不知何語。」「夫取他人之文詞，
腼然自命爲己出，此人恥心所存，固已寡矣」。嚴復之言雖不在
文章文體之改革，但其對以八股文爲代表的言之無物、空洞無實
的古文內容的抨擊，實際上已經涉及到文章內容革新問題。

　　梁啓超在其著名的《變法通議》一文中，對此亦有過揭露。
其言曰：「故學綴文者，必先造句，造句者，以古言易今言也。
今之爲教者，未授訓詁，未授文法，闖然使代聖賢立言，朝甫聽
講，夕即操觚，……又限其格式，詭其題目，連上犯下以鈐之，
擒釣渡挽以鑿之。意已盡而敷衍之，非三百字以上勿進也；意未
盡而桎梏之，自七百字以外勿庸也。百家之書不必讀，懼其用僻
書也；當世之務不必講，懼其觸時事也。以此道教人，此所以學
文數年，而下筆不能成一字者比比然也」⑥。這些言論的出現，
已預示了文界之改革必然到來。

　　如果說文界革命目標之一就是求文之有實有用的話，那麼這
一思想的淵源似可追溯到鴉片戰爭後出現的經世文派。魏源早就
提出過，「書各有旨歸，存乎實用」、「經世之作在行事，不在
文章，備掌故，不備體格」⑦。後郭嵩燾評價說：「默深先生（
即魏源）喜經世上略，其爲學淵博貫通，無所不窺，而務出己意，
恥蹈襲前人」⑦。林昌彝也評價說：「默深所爲詩文皆有裨益經

濟，關係運會」⑫。早其改良派人士如馮桂芬、鄭觀應、王韜等
亦倡導過散文改革，力行實踐，如王韜所言：「文章所貴在乎紀
事述情，自抒胸臆，俾人人知其命意之所在而一如我懷之所欲吐，
斯即佳文，至其工拙，抑末也」⑬。他們所開創的「論說」之體，對
後來「文界革命」之「新文體」產生了較大影響。

　　在正式提出「文界革命」，進行散文改革前，改良派人士如
梁啓超、譚嗣同等亦曾經歷過崇尚古文之時期。梁啓超言：「啓
超夙不喜桐城派古文，幼年爲文，學晚漢魏晉，頗尚矜煉」⑭。
譚嗣同也曾說：「嗣同少頗爲桐城所震，刻意規之數年，久自以
爲似矣；出示人，亦以爲似。或授以魏晉間文，乃大喜，時時籀
繹，益篤耆之。」⑮隨著維新變法運動的展開，他們開始意識到
開啓民智，宣傳變法，進行思想啓蒙之重要，所以一方面著眼於
輿論工具如報刊建設，一方面開始「新文體」的創作。爲開創局
面，他們不僅對八股文進行了抨擊，亦把矛頭指向了在當時文壇
占正統之地位的桐城古文。梁啓超在其倡導思想啓蒙的重要文章
《自由書》中曾言：

　　　　冬烘學究之批評古文，以自家之胸臆，立一定之準繩。
　　一若韓柳諸大家作文，皆有定規，若者爲雙關法，若者爲單
　　提法，若者爲抑揚頓挫法，若者爲波瀾擒縱法，自識者視之，
　　安有不噴者耶！彼古人豈嘗執筆學爲如此之文哉？⑯

　　他們對傳統古文的批判，多指責其屬守義法教條，文之無物、
無實、無用，如梁啓超評論桐城派，其言曰：「然此派者，以文
而論，因襲矯揉，無所取材；以學而論，則獎空疏，閼創獲，無
益於社會」⑰。因此，對於文界之改革，他們針對古文之弊端，
提出了明確的主張。在內容方面注重新思想的傳播，重在其「覺
世」之功用；在形式上求流暢銳達，重在其通曉明晰。梁啓超說：

「傳世之文，或務淵懿古茂，或務沉博絕麗，或務瑰奇奧詭，無
之不可；覺世之文，則辭達而已，當以條理細備、詞筆銳達爲上，
不必求工也」⑱。在他們看來，「學者當以覺天下爲己任」，倡
導人們做「覺世之文」。梁啓超在評論嚴復的譯文時，亦從「覺
世之文」的內容和形式兩方面入手，一方面讚賞其對新思想的介
紹，稱其精善，另一方面又對其古樸深奧之文筆提出了批評：「
但吾輩所猶憾者，其文筆太務淵雅，刻意摹行先秦文體，非多讀
古書之人，一翻殆難索解。……著譯之業，將以播文明思想於國
民也，非爲藏山不朽之名譽也。文人結習，吾不能爲賢者諱。」
並明確指出：「夫文界之宜革命久矣，歐美、日本諸國文體之變
化，常與其文明程度成比例。況此等學理邃頤之書，非以非流暢
銳達之筆行之，安能使學僮受其益乎？」⑲這一點均表明「文界
革命」的倡導者們既注重文章內容的革新，又要求形式的通俗易
懂。

　　由於對嚴復譯文的批評，在當時亦曾引起一場爭論。這場爭
論對推動文界革新起過積極的作用。嚴復在其《與梁啓超書》中，
對文體改革頗不以爲然，其言曰：「若徒爲近俗之辭，以取便市
井鄉僻之不學，此於文界，乃所謂陵遲，非革命也。且不妄之所
從事者，學理邃頤之書也，非以餉學僮而望其受益也，吾譯正以
待多讀中國古書之人。使其目未睹中國之古書，而欲稗販吾譯者，
此其過在讀者，而譯者不任受責也。」對此，黃遵憲在《致嚴復
書》中表示異議，明確說：「公以爲文界無革命。弟以爲無革命
而有維新。如四十二章經，舊體也。自鳩摩羅什輩出，而內典別
成文體，佛教益盛行矣。本朝之文書，元明以後之演義，皆舊體
所無也，而人人遵用之而樂觀之。文字一道，至於人人遵用之、
樂觀之足矣。」這實際上是從時代的發展變化角度，爲「文界革

命」提供了理論根據。這一觀點黃遵憲亦早有說明：「周秦以下，文體屢變，逮夫近世，章疏移檄，告諭批判，明白曉暢，務期達意，其文體絕為古人所無」⑧。這些均已闡明文體之改革的歷史必然性。

在梁啓超等人的大力倡導下，文界革命終於形成了高潮。他們以變法、維新、開啓民智相號召，以《時務報》、《新民叢報》、《清議報》等報刊為陣地，一時間，以刊載變法維新，宣傳新思想為內容，以明白曉暢之新文體為形式的報刊「風靡海內，數月之間，銷行至萬餘份，為中國有報以來所未有，舉國趨之，如飲狂泉。」⑧在文體改革的推動和影響下，清末白話文運動亦開始醞釀。這一運動以更加激烈的行動，對傳統古文進行了批判。他們大膽提出「崇白話而廢文言」，認為「愚天下之工具，莫文言若；智天下之工具，莫白話若」⑧。主張報章宜用淺說。這一運動的興起，對文體改革起了巨大的推動作用，進一步擴大了文界革命的影響。

文界革命的最大成果之一，即在於其創造出了一種新文體。對於這種文體，梁啓超曾有過說明：「啓超夙不喜桐城派古文，幼年為文，學晚漢魏晉，頗尚矜煉，至是自解放，務為平易暢達，時雜以俚語韻語及外國語法，縱筆所至不檢束，學者競效之，號新文體。老輩則痛恨，詆為野狐。然其文條理明晰，筆鋒常帶情感，對於讀者，別有一種魔力焉。」⑧這種文體，既不同於八股文和傳統古文，亦有別於桐城派文。它實際上是介乎於傳統古文與現代白話文之間的一種文體，對其特點和長處，當其在《時務報》上出現後，譚嗣同就曾做過概括和說明。譚嗣同把中國傳統文體概括為三類十體，認為這種新文體融滙了三類十體各家之長。胡適也認為，這一派「在散文方面的成績只是把古文變淺近了，

把應用的範圍也更推廣了。」⑭在論到新文體的藝術特點時,胡適先生又說:

> 這種文字在當日確有很大的魔力。這種魔力的原因約有
> 幾種:(1)文體的解放,打破一切「義法」、「家法」,打破
> 一切「古文」「時文」「散文」「駢文」的界限;(2)條理的
> 分明,梁啓超的長篇文章都長於條理,最容易看下去;(3)辭
> 句的淺顯,既容易懂得,又容易模仿;(4)富於刺激性,「筆
> 鋒常帶感情」⑮。

「文界革命」及其創造的新文體和報章文體在當時的確產生了很大影響,就是對「文界革命」不以爲然的嚴復也曾讚揚道:「任公文筆,原自暢達,其自甲午以後,於報章文字,成績爲多,一紙風行,海內觀聽爲之一聳」⑯。阿英先生也曾評論說:「由於新聞事業的發達,在清末產生了一種新型文學,就是譚嗣同所說的『報章文體』,也就是『政論』。這種文字,在當時影響很大。敢於說話,無所畏忌,對於當前發生的事件,時有極中肯的論斷。這種政論,在中日戰爭年代,已顯出了它的力量,到戊戌政變以後,更成爲一種無上的權威。」⑰

「文界革命」的歷史影響不僅表現在它打破了傳統古文的一統大卜,創造出一種新的文體形式,而且還在於它對後來五四新文化和新文學運動的影響,對於這一點,鄭振鐸先生有過很好的概括,他說:文界革命「鼓盪了一支像生力軍似的散文作家,將所謂懨懨無生氣的桐城文壇打得粉碎」。他還說:新文體「打倒了所謂奄奄無生氣的桐城古文,六朝體的古文,使一般的少年都能肆筆自如,暢所欲言,而不再受已僵死的散文套式與格調的拘束,可以說是前幾年的文學改革(按:指五四白話文運動)的先導」⑱。「文界革命」從思想內容到藝術形式對傳統古文的革新

改造，雖然不可避免地帶有歷史的局限，但卻在從傳統古文向現
代白話文的歷史過渡中起了不可磨滅的巨大推動作用，在「文界
革命」影響下出現的清末白話文運動，更是對五四白話文運動產
生了直接的影響，正是在這一浪高過一浪的文體改革衝擊下，「
桐城謬種」「選學妖孽」終於壽終正寢。中國散文終於完成了從
傳統古文到現代白話文的徹底革命。

㈢小說界革命

在維新改良文學思潮發生發展的十幾年間，其聲勢最爲浩大，
影響面最廣，持續時間最爲長久的當屬小說界的革命。由於小說
這一藝術形式本身所具有的「不可思議之力」，因此，倡導變法
維新的改良派們自然也就對此表現出更大的熱情與關注，早在維
新變法初期，梁啓超即從通曉易懂這一角度對小說表現出高度的
重視。其言曰：

> 五曰說部書。古人文字與語言合，今人文字與語言離，
> 其利病既屢言之矣。今人出話，皆用今語，而下筆必效古言。
> 故婦孺農氓，靡不以讀書爲難事，而《水滸》《三國》《紅
> 樓》之類，讀者反多於六經⑧。

在梁看來，小說「上之可以借闡聖教，下之可以雜述史事；
近之可以激發國恥；遠之可以旁及彝情。乃至宦途醜態，試場惡
趣，鴉片頑癖，纏足虐刑，皆可以窮極異形，振厲末俗。其爲補
益，豈有量耶！」⑨爲證明小說確有如此之大的功用，梁啓超援
外國之例說明之，「西國教科之書最盛，而出以遊戲小說者尤多。
故日本之變法，賴俚歌與小說之力，蓋以悅童子以導愚氓，未有
善於是者也」⑨。1897年創刊的《國聞報》，也在其創刊後發表
《本館附印說部緣起》，第一次以小說爲論題，全面闡述了小說
之所以發生重大影響的原因，認爲，「夫說部之興，其入人之深，

行世之遠，幾幾出於經史上。而天下之人心風俗，遂不免爲說部之所持。」「且聞歐美東瀛，其開化之時，往往得小說之助。」因此，《國聞報》附印說部，其「宗旨所在，則在乎使民開化。自以爲亦愚公之一畚，精衛之一石也。」由於理論上對小說之功用有這樣的共識，所以對小說革命的鼓吹和實踐逐步進入高潮，1902年梁啓超在《論小說與群治之關係》一文中，第一次有「小說界革命」之說。

小說界革命提出的原因，除了因爲對小說的社會功用的高度重視外，另一原因就是基於對傳統舊小說的認識與評價。其革命者，革舊小說之命也。在小說界革命的倡導者們看來，傳統舊小說餘毒甚深，其內容「不出誨盜誨淫兩端」，「而用之於惡，則可以毒萬千載」。⑫梁啓超還明確指出：

> 吾中國人狀元宰相之思想何自來乎？小說也。吾中國人佳人才子之思想何自來乎？小說也。吾中國人江湖盜賊之思想何自來乎？小說也。吾中國人妖巫狐兔之思想何自來乎？小說也。⑬

小說界革命的倡導者們實際上是想利用小說這一藝術形式所具有的功能和魅力，通過對傳統舊小說的思想改造和新思想的輸入，以達到服務於維新變法和思想啓蒙之目的。但小說界革命興起之後實際所帶來的影響及其對中國小說發展的巨大推動，已遠遠超出初期倡導者們的想像，小說界革命不僅在理論上，而且在創作上，不僅在內容上，而且在表現方式上，對中國小說發展起了整體性的推動作用。自此，中國小說不僅開始了從傳統向現代的轉換，而且逐步發展爲20世紀中國文學各種藝術門類中影響最大，成就最高，最爲發達的一種藝術形式。對於小說界革命的實際成果與影響，我們不妨從其理論建設和實際創作兩方面加以說

明。

　　小說理論建設的發達，不僅是小說界革命興起的基本標誌之
一，而且也充分顯示了小說界革命的實際成果。這種發達不僅表
現在談論小說的大量文章的出現上，而且更重要的是從諸多方面
對小說這一藝術形式的理解、認識和闡釋。從視小說為開啓民智
之利器到推小說為「文學之最上乘」，從重視小說思想內容的改
革到認識到「小說者，文學之傾於美的方面之一種也」，小說理
論的發展表現出逐步遞進完善的過程。小說界革命在理論上的建
設和發展具體表現在這幾方面：

　　第一，對小說功能的高度重視。小說在中國傳統文學體系中，
歷來被視為俗文學之一種，為小道，不登大雅之堂。「小說家者
流，自昔未嘗為重於國也。《漢志》論之曰：『小道可觀，致遠
恐泥』。揚子云有言：『雕蟲小技，壯夫不為』。」⑭元明以後
這種局面雖有改善，但小說之地位始終仍在經史詩文之下。而自
小說界革命開始，這種傳統觀念被徹底打破，小說竟被認為是「
國民之魂」。⑮康有為在1897年就說出這樣的話：「僅識字之人，有
不讀經，無有不讀小說者，故六經不能教，當以小說教之；正史
不能入，當以小說入之；語錄不能喻，當以小說喻之；律例不能
治，當以小說治之。」⑯小說之功用不僅能與經史相頡頏，甚至
能代替律治。所以康有為後來又感慨：「經史不如八股盛，八股
無如小說何。……方今大地此學盛，欲爭六藝為七岑。」⑰當維
新變法失敗之後，他們開始把變法的政治熱情轉向了思想啓蒙，
意識到「新民為今日中國第一急務」⑱，對小說界革命表現出更
大的熱情和重視。梁啓超在《論小說與群治之關係》中說出這樣
一段著名的話：

　　　　欲新一國之民，不可不先新一國之小說。故欲新道德，

> 必新小說；欲新宗教，必新小說；欲新政治，必新小說；欲
> 新風俗，必新小說；欲新學藝，必新小說；乃至欲新人心，
> 欲新人格，必新小說。何以故？小說有不可思議之力支配人
> 道故。

把小說與整個社會文化人心人格的變革聯繫起來，編造出小說救
國濟民之神話，把小說之社會功用推向了極致。

他們之所以有這種結論，除了對小說本身具有的魅力認識外，
主要原因，還是對域外文學的一種錯誤的理解。他們認爲，西方
開化之時，往往得小說之助，所以不憚辛勞，鼓吹小說革命，如
梁啓超所言：

> 在昔歐洲各國變革之始，其魁儒碩學，仁人志士，往往
> 以其身之經歷，及胸中所懷政治之議論，一寄之於小說……
> 往往每一書出，而全國之議論爲之一變。彼美、英、德、法、
> 奧、意、日本各國政界之日進，則政治小說爲功最高焉[99]。

此說一出，對小說功用大肆鼓吹的文章充斥著報章雜誌。其
論述或同於此，或更有誇張。如陶祐曾言：「小說！小說！誠文
學界中之占最上乘者也。其感人也易，其入人也深，其化人也神，
其及人也廣。是以列強進化，多賴稗官，大陸競爭，亦由說部」。
「欲革新支那一切腐敗之現象，盍開小說界之幕乎？欲擴張政法，
必先擴張小說；欲提倡教育，必先提倡小說；欲振興實業，必先
振興小說；欲組織軍事，必先組織小說，欲改良風俗，必先改良
小說」[100]。

由重視小說的社會功用而引發出的對小說的無限推崇，雖言
辭過分誇張，但其實際影響卻不可低估。它徹底改變了人們的傳
統小說觀念，提高了小說的社會地位，因而吸引了大批有志於改
革中國社會的仁人志士、文人雅士進行小說創作。這既促進了小

說創作的繁榮，也推動了小說理論研究的深入。對這種影響，吳趼人曾說：「吾感夫飲冰子《論小說與群治之關係》之說出，提倡改良小說，不數年而吾國之新著新譯之小說，幾乎汗萬牛充萬棟，猶復日出不已而未有窮期也。」⑩

　　第二，在提倡改良小說，重視小說社會作用的同時，也出現了大量論述小說之所以產生巨大作用的文字文章。這些論述已開始涉及小說美學等方面的內容，提高了人們對於小說特徵的認識和理解。梁啓超認為，小說之所以具有支配人道的作用，在於其有四種力，即「薰、浸、刺、提」，這實際上是從審美心理和接受美學角度闡釋了小說產生作用的原因。把小說比附史傳，以此來闡述小說之特點，是小說界革命理論倡導中帶有普遍性的又一傾向。夏曾佑認為，「史亦與小說同體，所以覺其不若小說可愛者，因實有之事常平淡，詆設之事常濃艷，人心去來淡而即濃艷，亦其公理，此史之處於不能不負者也。」「小說者，以詳盡之筆，寫已知之理者也，故最逸。史者，以簡略之筆，寫已知之理者也，故最難」。認為「小說之為人所樂，遂可與飲食、男女鼎足而三。」⑩狄葆賢則從小說本身的藝術特點著眼，論述了小說為何會產生如此巨大作用。他得出的結論是：「小說者，專取目前人人共解之理，人人習聞之事，而挑剔之，指點之者也。惟其為習聞之事也故易記，惟其為共解之理也故易悟。」嚴復、夏曾佑則從表現人性這一角度認識到，人類「莫不有一公性情焉」，「一日英雄，一日男女」，小說之長即在於表現了人類這種「公性情」，所以最易產生影響⑩，這些認識不僅闡明了小說之所以具有支配人道力量的原因，而且也觸及了小說文體在表現內容和藝術形式上的一些特徵。

　　第三，小說界革命理論建設的成績之一就是小說研究方面取

得的進展。這些研究在創作方法，小說分類，對西方小說的認識，對傳統小說的評價等諸多方面所取得的成績，大大推動了小說界革命和小說創作的繁榮與發展。

梁啓超最早從「理想」與「寫實」這一角度對小說進行了分類，其言曰：

> 凡人之性，常非能從現境界而自滿足者也。而此蠢蠢軀殼，其所能觸、能受之境界，又頑狹短局而至有限也。故常欲於其直接以觸以受之外，而間接有所觸有所受，所謂身外之身，世界外之世界也。……小說者，常導人游於他境界，而變換其常觸常受之空氣者也。……人之恒情，於其所懷抱之想像，所經閱之境界，往往有行之不知，習矣不察者，無論爲哀爲樂，爲怨爲怒，爲戀爲駭，爲憂爲慚，常若知其然而不知其所以然，欲摹寫其情狀，而心不能自喻，口不能宣，筆不能自傳。有人焉和盤托出，徹底而發露之，則拍案叫絕曰：「善哉善哉，如是如是。」……由前之說，則理想派小說尚焉；由後之說，則寫實派小說尚焉。小說種目雖多，未有能出此兩派範圍外者也。[04]

這說明，小說界革命的倡導者對「浪漫主義」和「現實主義」這兩大派別及創作方法已經有了初步的了解。當然，更多的則是從小說的內容題材和社會功能角度對小說進行的分類。於是便有了政治小說之類的說法。如《新世界小說社報發刊辭》即曰：「文化日進，思潮日高，群知小說之效果，捷於演說報章，不視爲遣情之具，而視爲開通民智之津梁，涵養民德之要素，故政治也、科學也、實業也、寫情也、偵探也，分門別派，實爲新小說之創例，此其所以絕有價值也。」小說林社在《謹告小說林社最近之趣意》中，把小說分爲十二類，即「歷史小說、地理小說、科學

小說、軍事小說、偵探小說、言情小說、國民小說、家庭小說、社會小說、冒險小說、神怪小說、滑稽小說」。除上述分類外，又有「哲理小說、理想小說、俠情小說」之說。這種駁雜的小說分類，雖多著眼於小說之內容，但卻對清末小說創作起了直接導向的作用，推動了小說表現內容的拓展，而且也旁及了小說的表現風格與手法。如《月月小說發刊詞》亦言：「白話小說分數家：說近考據，則為考據家之小說；言涉虛空，則為理想家之小說；好用詩詞，則為詞章家之小說；言近道德，則為理學家之小說；好言典故，則為文獻家之小說；好言險要，則為地理家之小說；點綴寫情，則為美術家之小說。」這種分類方式自然談不上科學，但卻表明了一個很值得注意的傾向，即在倡導小說革命的一些人士看來，小說應成為一個無所不包、無所不能的文體。晚清小說從內容到形式的駁雜陸離，不能不說和這種理解有關係。其益處則表現在有助於小說吸收各種藝術門類之優長，豐富小說的表現手段，促進形式風格的多樣化。

　　小說界革命對西方小說的認同，與其說是從閱讀接受開始，不如說是從觀念的理解與認同開始更準確些。不僅重視小說的社會功能是由感於泰西政治日進，小說為功甚高，而且對小說美之特性的認識，很大程度上也是受西方美學藝術觀念的影響和啟發所致。黃摩西視小說為「文學之傾於美的方面之一種也」[105]，徐念慈認為「所謂小說，殆合理想美學、感情美學而居其上乘者」[106]，都無不是把西方美學觀念和小說觀念作為立論之基礎或出發點的。這些都從不同側面反映出西方思想的輸入對小說界革命所產生的理論影響。在這種背景下，對西方小說的翻譯介紹蔚為風氣。如徐念慈所言，小說「著者十不得一二，翻譯者十常居八九」[107]。這些翻譯介紹雖難忠實於原著，但卻開闊了國人的眼界，加深

了對小說文體的認識，在創作和理論上爲小說界革命提供了一個
全新的參照系。

這種觀念的接受和作品的譯介，也大大推動了中西小說比較
研究的開展。許多比較已不再僅僅著眼於小說社會功能的宣傳而
轉向了對小說內在藝術特性的探尋。如《新小說》所載之《小說
叢話》在比較中西小說結構與敘事方式時曾言：

> 泰西之小說，書中之人物常少；中國之小說，書中之人
> 物常多；泰西之小說，所述者多爲一二人之歷史；中國之小
> 說，所述者多爲一種社會之歷史。……吾祖國之政治法律，
> 雖多不如人，至於文學與理想，吾雅不欲以彼族加吾華胄也。
> 蓋吾國之小說，多追述往事；泰西之小說，多描寫今人。其
> 文野之分，乃書中材料之範圍，非文學之範圍也。

這種比較雖談不上深刻，但著眼點顯然已轉向了藝術方面，
並力圖在橫向比較中實現中西小說的「平等對話」。因此，隨著
中西小說比較研究的深入，對中國傳統小說的評價也逐步發生了
變化，從簡單的否定趨向於理性的分析。這對於小說界革命而言，
是不可或缺的，因爲傳統是無法徹底割斷的。小說界革命中出現
的大量「新小說」正是在接受西方影響和繼承中國小說傳統雙重
基礎上發展起來的。

觀念的變化和理論的發展，成爲促使中國小說實現從傳統小
說向現代小說過渡的原動力之一。小說界革命對實現這一過渡起
了整體的推動作用。它所產生的巨大影響不僅表現在理論和觀念
上，而且反映在創作的發展中，小說界革命對晚清小說創作所發
生的深刻影響主要體現在下列幾個方面。

第一，由於小說界革命對小說的大力倡導與鼓譟，吸引了大
批學人文士投身於小說的翻譯與創作，小說遂成爲20世紀初最受

重視、影響最大的藝術形式。小說刊物之多，創作數量之多，出版發行面之廣，都是空前的。在清末民初的數十種文藝期刊中，僅以小說命名的雜誌就有29種之多，這還不包括其他文藝期刊中許多以刊載小說爲主的雜誌。據阿英《晚清戲曲小說目》所收錄1898-1911年間出版的小說，總計達1145種，剔除其中的翻譯著作，創作部分亦有數百部。據陳平原《20世紀中國小說史》（第一卷）統計，僅1907年一年間，所出版的小說199種，創作占三分之一強，有64種。這些小說期刊和出版小說的發行總數，迄今無法詳細統計。阿英在《晚清小說史》中論及《孽海花》的影響時說，此書「不到一二年，竟再版至十五次，銷行至五萬部之多」。這種說法雖不無誇張，但我們多少可以從中窺見到當時小說的影響。

　　一個龐大的讀者群的存在，爲晚清小說的興旺發達提供了一個現實基礎。所謂「經史不如八股盛，八股無如小說何」，不僅一般的百姓嗜好小說，即使是文人士子，也「易其浸淫『四書』、『五經』，變而爲購閱新小說」⑩。隨著讀者面的擴大和小說市場的形成，小說界革命的發展趨勢與格局也發生了較大變化。對小說的重視與實踐也不再僅僅著眼其社會政治功能，許多作家在標榜小說創作的崇高宗旨的同時，私下早已把小說視爲謀生的手段。因此，小說創作隊伍和職業化和專業化已成趨勢。既然小說雜誌和小說社要靠小說賺錢，小說家要靠小說謀生，那麼讀者的要求和好惡也就顯得至關重要了。小說界革命所標榜的開啓民智、新民救國的社會政治功能，在此衝擊下不可避免地出現了淡化，而小說的消閑功能卻因此而增強。當然這些情況的出現未必都是負作用，起碼它將使小說家們調動一切所能掌握的手段來提高小說的表現技巧，吸引讀者的注意力，激起讀者的閱讀興趣。從這

一意義上看，晚清小說在敘事方式和表現手法諸多方面發生的變化，多少也得益於這一現實因素的促動。

數量上的優勢不等於質量水準的提高。小說界革命發生後所出現的小說繁榮，不乏粗製濫造現象的存在。出於崇高的政治目的去寫小說，希望小說「發表區區之政見」，自然談不上藝術上的成功與完善；而出於現實的經濟動機去創作小說，並且是在印刷出版業空前發達，小說雜誌眾多，一人同時寫幾部或一年寫十幾部的情況下，自然也談不上精心構造，亦很難醱製出宏篇佳構。寅半生在《小說閑評》中一針見血地指出：

> 十年前之世界爲八股世界，近則忽變爲小說世界，蓋昔之肆力於八股者，今則鬥心角智，無不以小說家自命。於是小說之書日見其多，著小說之人日見其多，略通虛字者無不握管而著小說。循是以往，小說之書，有不汗牛充棟者幾希？顧小說若是其盛，而求一良小說足與前小說媲美者卒鮮。何則？昔之爲小說者，抱才不遇，無所表見，借小說以自娛，息心靜氣，窮十年或數十年之力，以成一巨冊，幾經鍛鍊，幾經刪削，藏之名山，不敢遽出以問世，如《水滸》、《紅樓》等書是已。今則不然，朝脫稿而夕印行，一刹那間即已無人顧問。蓋操觚之始，視爲利藪，苟成一書，售諸書賈，可博數十金，於願已足，雖明知疵累百出，亦無暇修飾。甚有草創數回即印行，此後竟不復續成者，最爲可恨。

同一作家不同作品水平的高低不一，同一部作品不同部分水平的參差不齊，也很能說明上述情況的存在。小說界革命發生後出現的小說創作數量的劇增，也是以某種犧牲爲其代價的。

第二，小說表現內容出現的變化。小說界革命的提出，正是因爲充分意識到小說這一藝術樣式所具有的左右人心、支配人道

的不可思議之力，希冀借小說來推動社會變革，改良群治。這種以小說社會功能為直接價值取向的小說觀，決定了小說家們必然把小說的表現主題和表現內容置於突出的地位。

對小說表現內容與主題的重視，首先體現在對傳統小說思想價值和內容的評價上，梁啓超在《論小說與群治之關係》一文中曾毫不客氣地把國人之落後蒙昧意識的來源歸結為傳統小說，所以提出「欲新民，必自新小說始」，而「新小說」，又必須從改良傳統小說的思想和內容入手。雖然眾多論者以「誨淫誨盜」等來概括評價傳統小說的思想內容不無偏頗，但從另一方面看，則正表明他們對改良小說內容，提高小說思想價值和意義的高度重視。

小說界革命對小說思想意蘊和內容的看重還體現在對西方小說的翻譯介紹活動中。在不少論者看來「歐美之小說，多係公卿碩儒，察天下之大勢，洞人類之賾理，潛推往古，豫揣將來，然後抒一己之見。著而為書，用以醒齊民之耳目，勵眾庶之心志。或對人群之積弊而下砭，或為國家之危險而立鑑，然其立意，則莫不在益國利民，使勃勃欲騰之生氣，常涵養於人間世而已。」[⑩]這種包含著接受誤解的結論，在相當一段時間裡代表著小說界的普遍看法。很明顯，這一結論與西方小說的創作實際相去甚遠，但客觀上卻進一步強化小說界重視小說思想及其意義的傾向。應當承認，小說界革命所引發的對西方小說的翻譯介紹，除少數外，大多缺乏精心獨到的選擇，而且門類駁雜，良莠不齊。但無論所譯介為何，譯介者往往不厭其煩地向讀者宣講其思想或內容，並言之鑿鑿，聲稱其如何有益於改良群治或有裨於中國社會與人生。而評論界或讀者對所譯介之小說的高低評價，也多遵循著「思想第一」標準。林紓曾不無自信地說：「當今變政之始，而吾書適

成，人人既遺棄故紙，勤求新學，則吾書雖俚淺，亦足爲振作志氣，愛國保種之一助」⑩。

在新小說的創作上，小說界革命更加注重小說思想內容的革新對新小說建構的巨大意義。不僅有理論的呼籲，而且有實際的動作。

以各小說雜誌的宣言宗旨爲例，新小說報社宣稱「本報宗旨，專在借小說家言，以發起國民政治思想，激勵其愛國精神。一切淫猥鄙野之言，有傷德育者，在所必擯」⑪。《新新小說》則標榜「本報純用小說家言，演任俠好義、忠群愛國之旨，意在浸潤兼及，以一變舊社會腐敗墮落之風俗習慣」⑫。《繡像小說》宗旨亦言：「從事於此者，率皆名公巨卿，魁儒碩彥，察天下之大勢，洞人類之賾理，潛推萬古，豫揣將來，然後抒一己之見，著而爲書，以醒齊民之耳目。或對人群之積弊而下砭，或爲國家之危險而立鑑，揆其立意，無一非裨國利民。」並且認爲，「支那建國最古，作者如林，然非怪謬荒誕之言，即記污穢邪淫之事，求其稍裨於國、稍利於民者，幾幾百不獲一……本館有鑑於此，於是糾合同志，首輯此編……藉思開化夫下愚，遑計貽譏於大雅。」⑬《新小說》則認爲：「蓋今日提倡小說之目的，務以振國民精神，開國民智識，非前此誨盜誨淫諸作可比，必須具一副熱腸，一副淨眼，然後其言有裨於用。」⑭《月月小說》也聲明，「改良社會，開通民智」，「此則本志發刊之旨也」⑮。熱心於小說界革命的人士既抱著如此宏大的宗旨與志向，對小說的內容又是如此高度重視，因此，對小說內容革新的熱潮既猛且烈。

值得我們注意的是，由於小說界革命主要是從功利主義角度切入小說內容革新問題的，所以更注重讀者在閱讀小說後所得到的思想教益。這便直接導致了小說在表現內容和思想上出現兩種

帶有主導性的傾向。一是借小說宣傳自己的政治主張、社會理想，即「發表區區之政見」；一是借小說長於敘事，表現生活面廣的特點，極盡所能，描寫、揭露清末社會的種種黑暗與腐敗。前者賦予小說以慷慨激昂的理想主義色彩和英雄主義精神；後者則使小說顯示出針砭時政、揭發伏藏的批判現實主義風格。這兩種傾向基本上代表了小說界革命後小說在思想內容上的主要趨向。

　　梁啓超的政治小說《新中國未來記》（刊於《新小說》一至三號）比較典型地代表了第一種傾向。小說以倒敘的方法，從1862年開始寫起，描寫了六十年前黃克強、李去病等人的思想及活動。前者擁護君主立憲，後者主張共和民主，通篇作品基本上由黃李二人的論辯構成。小說議論縱橫，不乏精彩睿智之處。很明顯，作者是借小說「發表政見，商榷國計」。梁啓超自己也認為，他的這種小說「似說部非說部，似稗史非稗史，似論著非論著，不知成何種文體，自顧良自失笑，則其體自不能不與尋常說部稍殊。編中往往多載法律、章程、演說、論文等，連編累牘，毫無趣味，知無以饜讀者之望矣。」⑩黃遵憲也認為「此卷所短者小說中之神采之趣味耳。」⑪陳天華的《獅子吼》充滿著英雄主義色彩和理想主義精神，以天演之理，鼓吹種族革命政治革命，呼籲建立獨立自由之國家。這些可能是比較極端的例子，但以小說發表政見，抒發政治理想或熱情，在小說界革命後，尤其是庚子事變後比比皆是，它們或倡導「開通民智」、「改進風俗」（如《黃繡球》），或「充溢其排外思想，復我三百年之大仇」（如《仇史》），鼓吹革命（如《女媧石》），或呼籲婦女解放（如《女獄花》），只是政見或有不同，宣傳政見之具體方式或有不同而已。

　　代表第二種傾向的作品主要是譴責小說。正如魯迅先生所分

析的，「光緒庚子（一九〇〇）後，譴責小說之出特盛。蓋嘉慶以來，雖屢平內亂（白蓮教、太平天國、捻、回），亦屢挫於外敵（英、法、日本），細民暗昧，尚啜茗聽平逆武功，有識者則已翻然思改革，憑敵愾之心，呼維新與愛國，而於『富強』尤致意焉。戊戌變政既不成，越二年即庚子歲而有義和團之變，群乃知政府不足與圖治，頓有掊擊之意矣。其在小說，則揭發伏藏，顯其弊惡，而於時政，嚴加糾彈，或更擴充，並及風俗。」[118]日益加深的社會危機和民族危機，政治的黑暗，官場的腐敗，社會的動盪不安，不僅爲譴責小說的出現提供了豐厚的社會土壤和文化氛圍，而且直接決定其思想價值趨向。阿英先生在其《晚清小說史》中，以「晚清社會概觀」爲題，論述此類小說，不無其道理。這類小說在思想傾向和表現內容上有兩個突出的特點。一是此類小說對清末社會種種黑暗的暴露是空前的，幾乎涉及晚清社會的各個方面，無論是國家政治的黑暗，還是官場的腐敗墮落，無論是社會的弊惡，還是道德的淪喪；從政治事變，到市井生活，其人物涉及社會各階層，上至達官貴人，下至妓女小民，無所不至，無所不寫，嬉笑怒罵，皆成文章。的確爲人們提供了一部部「晚清社會之大觀」。一是作者有意識以小說爲武器，對所揭露的各種現象和人物，大肆抨擊，極盡嘲諷之能事。此所謂「譴責」之意是也。如魯迅所評：「雖命意在於匡世，似與諷刺小說同倫，而辭氣浮露，筆無藏鋒，甚且過甚其辭，以合時人嗜好，則其度量技術之相去亦遠矣」[119]。

小說界革命後小說思想及表現內容所出現的上述變化，其積極意義仍應該加以肯定。(1)與傳統小說相比，小說的表現內容大大拓展了，不再僅僅是把才子佳人，帝王將相作爲主要描寫和表現的對象，而是把整個社會和時代納入小說的表現視野。(2)強化

了小說與現實的關係。小說不再是單純的消閑遣興的工具。其雖不能承擔濟世匡時之重任，但畢竟以自身獨特的方式參與了社會變革進程。小說以如此之大的熱情表現變革中的社會生活，以如此熱忱的目光去關注社會的進程和時代的變化，這無疑是第一次，也是最爲集中的一次。(3)正因爲如此，中國傳統小說的現實主義傳統得以繼承並有所發展，形成了以批判現實主義爲主導的時代風格。我們雖然可以責備其有這樣或那樣的不足，但不能不承認上述事實。

第三，在小說革命的推動下，晚清小說在藝術表現方式和敘事方式等方面，也出現了較大的變化與發展，從縱向和宏觀上看，我們可以認爲這種變化與發展展示了中國小說由傳統形態向現代形態轉換過渡的歷史軌跡。

如果我們籠統地說，小說界革命無視小說的藝術存在是不公平的，只是由於他們過多過重地談論強調小說的思想價值和政治功能從而掩蓋了他們在藝術上的眞知灼見和有益的探索。正因爲如此，黃摩西、徐念慈關於小說之美學特性的議論才顯得尤其受人注目，其實他們二人關於小說藝術方面的認識並沒有更多的超乎同時代的許多小說理論家或作家。比如被認爲是小說功利主義的始作俑者梁啓超，也並非不重視小說藝術上的特性，他談論這方面的文字並不乏見。他在轉譯法國小說《十五小豪傑》時，也曾寫下這樣的評語：

> 此書寄思深微，結構宏偉，讀者觀全豹後，自信余言之不妄。觀其一起之突兀，使人墮五里霧中，茫不知其來由，此亦可見泰西文字氣魄雄厚處。⑳

可見，梁啓超也相當注意從藝術角度看待小說。其小說《新中國未來記》雖「似說部非說部」、「似論著非論著，不知成何文體」，

但大膽嘗試倒裝敘述，可見他仍是留心於小說藝術及其手法的，只不過顯得幼稚些罷了。類似的現象在小說界革命興起後並不乏見，從現存的大量資料看，許多論述相當深入，如夏曾佑關於小說創作的「五易五難」說（《小說原理》），《新小說》雜誌所載之《小說叢話》對中國傳統小說藝術特長、得失的評論總結，對中西小說藝術不同的比較等。由於這些論述多散見於其他文章論著之中，且保留了中國傳統評點式的小說批評方式，缺乏系統性和高度的理論概括，故易爲人們所忽視。

如果從傳統小說形態向現代小說形態的轉換過渡著眼，晚清小說在藝術上的最大突破與發展主要表現在敘事方式的變化與變革方面。之所以出現這種局面，除了小說從其本體上講是一種敘事文體這一根本原因外，還在於中國傳統小說尤其注重「講故事」功能，就是所謂「布局」，而且當時對西方小說的翻譯與介紹，大多只能譯出原著的情節、布局，而極少能譯出原著的描寫方法。因此，對西方小說的接受與模仿也只能從情節、布局、敘事方式方面著眼。偵探小說風行一時，也正可以從上述角度找出原因。「講故事」的傳統不僅影響了小說藝術革新角度的選擇，重要的還在於培養了讀者早已習慣的閱讀定勢──他們欣賞的正是布局曲折、情節有趣的小說！這反過來又直接影響著小說家們的藝術創作。

福斯特在《小說面面觀》一書中認爲「小說是說故事。故事是小說的基本面，沒有故事就沒有小說。」「故事雖是最低下最簡陋的文學機體，卻是現代小說這種非常複雜機體中的最高要素」。儘管現代小說觀念逐步在淡化故事要素，但無可否認，故事仍是小說文體的本體要素。由於「講故事」的方式、角度的不同，從而導致小說的敘事與情節結構上的巨大差異。與傳統小說相比，

小說界革命後所出現的「新小說」正是在這方面顯示了對傳統小說的超越及自身的獨創。

從敘事角度上看，中國傳統小說大都是採用全知全能式的口吻來敘事。敘述者無所不在，無所不知。「作者不但可以使用人物之間的言行來描述人物的個性，而且可以讓讀者聽到人物內心的獨白。小說家可以闖入個人自我交通的領域，甚至更深入到潛意識領域裡去。」⑫因此，中國傳統小說敘事方式比較單一，結構方式也不複雜，基本上是從「說書人」的角度和以章回體的形式來實現其敘事的。這種情況隨著小說界革命的興起與展開，開始出現變化。變化的突出點之一，即在限制敘事的大量運用。所謂「限制敘事」，即作者不再以全知全能的身分出現或隱藏在小說敘事之中，而是通過書中之人物（或第三者，或以「我」的身分出現）來完成敘事，其目的在於增強小說的真實感和趣味性，以此引導讀者進入小說文體所描述的情景之中。如劉鶚的《老殘遊記》採用的即是「限制敘事」。魯迅先生便指出：「其書即借鐵英號老殘者之遊行，而歷記其言論聞見，敘景狀物，時有可觀，作者信仰，並見於內。」⑬整個小說均是從書中人物「老殘」的角度來敘述所歷所見，很明顯，這與傳統小說全知全能的說書人口吻敘事已完全不同。中國小說史家夏志清也曾明確指出這一點：劉鶚《老殘遊記》已「脫掉傳統的小說家那件說故事的外衣，又把沿習下來的說故事的所有元素，下隸於個人的識見之內，而為其所用。」⑭吳趼人的《二十年目睹之怪現狀》，採用的是第一人稱限制敘事，小說以「我」（九死一生）為線索，歷記「我」「二十年中所遇、所見、所聞之天地間驚聽之事，綴為一書」⑭。小說所選擇的「敘事人」，不僅規定了小說的敘事角度，而且「敘事人」也成為小說結構中的一個基本要素。這種敘事方式無疑增

強了讀者閱讀中的眞實感和親切感,使讀者不知不覺中受到小說
的浸化和薰陶。類似的以第三人稱「限制敘事」和以第一人稱「
限制敘事」的作品大量出現在小說界革命之後,對五四以後中國
現代小說敘事方式的變革產生了重大影響。

　　客觀上講,對敘事角度的選擇並不是晚清小說家自覺意識的
結果,很大程度上他們關心的主要是小說的「布局」,即情節結
構的方式,由於對「布局」的關心,才注意到敘事角度對小說的
作用,但最終歸結點還是在「布局」上,如論及《二十年目睹之
怪現狀》,評論者言:「此書舉定一人爲主,如萬馬千軍,均歸
一人操縱,處處有江漢朝宗之妙,遂成一團結之局」⑫。著眼點
仍是在結構布局。稱讚西方偵探小說,幾乎無不言及其情節曲折、
結構嚴謹、布局巧妙,並且認爲「我國小說,起筆多平鋪,結筆
多圓滿;西國小說,起筆多突兀,結筆多洒脫」⑫。林紓評論西
方偵探小說亦出此言:「文先言殺人者之敗露,下卷始敘其由,
令讀者駭其前而必繹其後,而書中故爲停頓蓄積,待結穴處,始
一一點清其發覺之故,令讀者恍然。此顧虎頭所謂傳神阿堵也」。
可見欣賞的還是布局。無怪乎熱心翻譯西方小說的周桂笙發出這
樣的感嘆:「我國小說體裁,往往先將書中主人翁之姓氏來歷敘
述一番,然後詳其事於後:或亦有楔子、引子、詞章、言論之屬,
以爲之冠者,蓋非如是則無下手處矣。陳陳相同,幾於千篇一律,
當爲讀者所共知」⑫。

　　正像許多晚清小說理論家、評論家對西方小說結構布局所關
注的那樣,他們在革新傳統小說時,非常熱心於布局的突兀,情
節的曲折。因此,他們自覺地扭曲小說的敘事時間與空間,追求
小說布局的變化。即使像梁啓超的《新中國未來記》、陳天華的
《獅子吼》這樣的藝術上極爲幼稚的政治小說,也不忽視這一點。

這兩部小說都採用了倒敘的結構布局方法，把不同時間和空間發生的事件、情景聯綴在一起，形成了強烈的對比反差。在這方面較爲成功的例子是吳趼人的《九命奇冤》，胡適先生因此而稱其爲「中國近代的一部全德的小說」⑲。胡適先生認爲：《九命奇冤》「開卷第一回便寫凌家強盜攻打梁家，放火殺人。這一段事本應該在第十六回裡，著者卻從第十六回直提到第一回去，使我們先看了這件燒殺八命的大案，然後從頭敘述案子的前因後果。這種倒裝的敘述，一定是西洋小說的影響。但這還是小節，最大的影響是在布局的謹嚴與統一。」「他又用西洋偵探小說的布局來做一個總結構，繁文一概削盡，枝葉一齊掃光，只剩這一個大命案的起落因果做一個中心題目。有了這個統一的結構，又沒有勉強的穿插，故看的人的興趣自然能自始至終不致厭倦。故《九命奇冤》在技術一方面要算最完備的一部小說了」⑳。

　　小說界革命後出現的大量「新小說」在這方面的探索相當突出。當然過渡期的痕跡也是相當明顯的，除了大多數小說仍保留了章回體的結構方式和《儒林外史》式的聯綴方法外，在敘事上仍體現出傳統小說的巨大影響與制約，「說書人」的痕跡時隱時現。這既爲五四現代小說積累了經驗，也提供了許多教訓。到了五四，出現了魯迅的《狂人日記》、《孔乙己》、郁達夫的《沉淪》等，敘事方式和結構方式才眞正趨於成熟。正因爲如此，我們才更應該認識和肯定小說界革命的在此方面探索的巨大意義。

　　㈣戲曲改良。

　　與晚清小說界革命相類似，戲曲改良運動的興起與發展完全得益於社會變革和文化轉換的推動，是思想文化啓蒙的歷史產物。在致力於社會文化變革的仁人志士們看來，鼓民力，開民智，新民德，莫若小說戲曲。我們可以將戲曲改良運動概括爲這樣幾句

話，重其功能，用其形式，改其內容，服務於救亡啓蒙和政治革命。現我們從理論與創作兩方面簡要論述一下戲曲改良運動的發展狀況。

與小說界革命相比較，戲曲改良無論在理論倡導還是在創作實踐上規模都要小些，其對後世戲劇革命之影響相對較弱。如果說五四以後現代小說的發展明顯表現出對近代小說界革命的歷史承接的話，那麼五四後出現的現代話劇，很明顯與近代戲曲改良缺乏直接的承接和更密切的關係，五四以後的現代話劇完全是新時代新文化下的新產物。從這一角度，多少也可以認識到我們上面對戲曲改良運動規模、影響的結論是合符實際的。

當然，有了上述的結論並不意味著否定戲曲改良倡導者們缺乏理論和創作熱情。梁啓超在倡導小說界革命的同時，於1902年創作並發表了《劫灰夢》、《新羅馬》、《俠情記》三部傳奇，似乎可以證明這一點。1903年出現的《觀戲記》一文，系統闡明了何以改良戲曲的問題。作者從觀戲的眞切感受出發，論及中外，認爲「其激發國民愛國之精神，乃如斯其速哉？勝於千萬演說台多矣？勝於千萬報章多矣！」進而得出結論：「故欲善國政，莫如先善風俗；欲善風俗，莫如先善曲本。曲本者，匹夫匹婦耳目所感觸易入之地，而心之所由生，即國之興衰之根源也。……中國不欲振興則已，欲振興可不於演戲加之意乎？」[21]

在隨後進一步展開的戲曲改良中，革命派比維新派表現出更大的理論和創作熱忱。1904年，柳亞子、陳去病、汪笑儂在上海創辦了我國第一家專門戲劇雜誌——《二十世紀大舞台》，滿腔熱忱地倡導、呼籲戲曲改良。在其《二十世紀大舞台發刊詞》中，以汪洋四溢的語言，闡述了改良戲曲的主張，認爲，時至種族革命之際，「熱心之士，無所憑藉，而徒以高文典冊，諷詔世

俗，則權不我操，而陽春白雪，曲高和寡，崇論宏議，終淹沒而未行者有之矣。今茲《二十世紀大舞台》，乃爲優伶社會之機關，而實行改良之政策，非徒從空言自見」。「他日民智大開，河山還我，建獨立之閣，撞自由之鐘，以演光復舊物推倒虜朝之壯劇、快劇，則中國萬歲，《二十世紀大舞台》萬歲！」陳去病也認爲，戲曲作爲最通俗、最普及的啓蒙工具，用其倡導種族革命，「其奏效之捷，必有過於勞心焦慮，孜孜矻矻以作《革命軍》、《駁康書》、《黃帝魂》、《落花夢》、《自由血》者，殆千萬倍。」⑭王鍾麒亦在《劇場之教育》一文中，認爲輸入國家思想，必當以推行教育爲第一義，而對於下層社會，推行教育捨戲劇未由。

　　從理論深度上看，對於戲曲改良的倡導，應推蔣觀雲和陳獨秀。蔣觀雲在其 1904年所發表的《中國之演劇界》一文，不僅對當時中國演劇界之現狀有著深刻的認識，而且從悲劇美學角度提出應大力創作悲劇。他認爲，「我國之劇界中，其最大之缺憾，誠如訾者所謂無悲劇。」舞台之上皆助人淫思，演才子佳人的喜劇。明確指出：「劇界佳作，皆爲悲劇，無喜劇者。夫劇界多悲劇，故能爲社會造福，社會所以有慶劇也；劇界多喜劇，故能爲社會種孽，社會所以有慘劇也。」呼喚「陶成英雄之力」和「泣風雨，動鬼神」的悲劇創作出現。深切傳達出對戲曲改良的希望和對時代悲風驟雨的深刻體味。其對悲劇之作的推崇，不僅挖掘了中國當時戲劇界之缺陷，而且從審美心理學和悲劇美學高度爲戲曲改良點出了路途。陳獨秀在其《論戲曲》一文中，以更爲理性的態度，論述了戲曲改良問題。他對傳統觀念中鄙視戲曲演員的看法提出異議，明確指出：「戲園者，實普天下人之大學堂也；優伶者，實普天下人之大教師也」，應「以優伶與文人學士

同等」，表現出鮮明的人權平等思想。他在該文中還具體提出了
戲曲改良的措施：(1)宜多新編有益風化之戲。(2)採用西法。戲中
可以有演說，有光學電學各種戲法，可練習格致之學。(3)不可演
神仙鬼怪之戲。(4)不可演淫戲。(5)除富貴功名之俗套。這些措施
既涉及戲曲改良之內容，也涉及到了表演形式問題。他認爲，「
我國戲曲若能依上五項改良，則演戲決非爲遊蕩無益事也。」「
惟戲曲改良，則可感動全社會，雖聾得聞，雖盲可見，誠改良社
會之不二法門也」。

上述戲曲改良的種種理論主張，從內容、形式、表演方法、
戲曲功能、美學作用等諸多方面切入問題，較爲有力地推動了改
良新戲的創作。據不完全統計，戲曲改良運動出現後，各類新型
劇作紛紛問世，僅阿英先生《晚清戲曲小說目》提供的資料，就
達一百五十餘種。從內容上看，這些劇作或倡導改良主義政治主
張，或鼓吹種族革命與民主革命。其劇本多採用傳奇雜劇形式。
根據某取材內容和表現手法之不同，可分爲時事劇、歷史劇和神
話寓言劇。

時事劇直接取材於現實鬥爭或事件。如寫徐錫麟刺殺恩銘事
件的《蒼鷹擊傳奇》、《皖江血傳奇》，寫秋瑾殉難的《軒亭冤
傳奇》、《六月雪傳奇》，寫百日維新的《維新夢》，寫鄒容事
跡的《革命軍傳奇》等等。這些時事劇往往直接描寫時代最爲關
心或引人注目的事件，大大強化了戲曲這一藝術形式與現實的關
係，豐富了中國戲曲的表現內容和主題。

歷史劇或取材於中國歷史或取材於外國歷史，內容多演繹英
雄人物及其事跡，或宣傳民主、民權、自由之思想。前者如寫南
宋民族英雄事跡的《愛國魂傳奇》、《指南夢傳奇》：寫法國大
革命處決路易十六的《斷頭台》，演朝鮮淪亡的《亡國恨》，寫

波蘭被瓜分的《波蘭亡國慘》等等。其作者多以借古喻今為宗旨，通過對中外歷史事件與人物的描寫，表現對中國現實的關注。

神話寓言劇多運用非寫實的藝術手法，通過劇作所展示的內容或衝突，傳達出社會哲理或諷喻意蘊。如洪棟園的《警黃鐘》與《後南柯》，通過動物間的弱肉強食，寫民族人種間的優勝劣敗，演進化論之思想，以之「警黃種之鐘」，現實諷喻極為明顯。

戲曲改良運動發生後所出現的上述劇作，無論在內容還是在風格形式上都顯示出鮮明的時代特點。第一，由於注重戲曲的社會教育功能和政治宣傳作風，所以在表現主題與表現內容上強調與時代現實的關係，中國戲曲第一次以極大的熱情去表現現實，參與了時代的政治變革和文化變革。第二，在表現形式和表現手法上一方面繼承了中國傳統戲曲的許多優長與特點，另一方面又融入了許多新的表現因素和形式，既表現了對傳統戲曲程式化和虛擬化表演的突破，增強了寫實感，又體現了西方戲劇的某些特點，如增加人物說白的份量。第三，在整體時代風格上顯示出一種英雄主義精神和悲涼激越的特色。這不僅體現在取材上，也體現在人物的塑造和悲劇性的藝術處理上，尤其是許多劇作中的人物，充滿著為國家民族，為政治信仰而赴湯蹈火的獻身精神。

當然，由於戲曲改良運動是在社會政治變革和文化變革下催生的，因此，社會功利作用得到了超量的開掘與發揮，甚至出現了全劇以政治演說為主的劇作，如《少年登場雜劇》。這不僅削弱了戲曲作為一種藝術形式所具有的特性，而且導致戲曲創作非文學化傾向的滋長，出現了許多粗製濫造的作品。正因為如此，當政治革命高潮結束或失敗以後，戲曲改良運動也便銷聲匿跡了，它的歷史重任也就自然而然地落在了五四新一代作家的肩上。

四 從傳統向現代的歷史過渡

　　維新改良文學運動的出現，標誌著中國第一個具有現代文學思潮雛形的文學形態的誕生。它所顯示的深刻的歷史價值和意義在於，它從整體上推動了中國文學從傳統向現代的歷史移轉。從橫向上看，它是世紀之交社會文化變革的歷史產物，但從中國文學發展的縱向上看，它一方面是中國傳統古典文學的承續與終結，由於它的作用，傳統古典文學的文化價值根基出現了動搖，它在承接傳統之時，也在爲傳統文學畫上了句號；另一方面，它對域外文學的吸收與借鑑，在時代作用下對傳統文學的一些否定，又促使了新質文學因素的發育、滋長，成爲中國文學走向現代的先聲，從而顯示了「中介物」的某些特性。時代決定了這一思潮發生發展的浩大聲勢和急遽性，悠長、豐厚而又沉重的傳統又決定它必然充滿著艱辛與痛苦，當其穿著傳統的長衫走上通往現代的大道上時，對傳統的依存和對未來的嚮往，同時召喚著它的文魄詩魂。無論如何，應當承認，正是由於這一思潮的出現，傳統文學的封閉性體系才得以逐步解體。

　　維新改良文學思潮作爲民族危機、文化衝突與政治變革的產物，從它發生那一刻起，便被時代捲入了歷史變革的中心漩渦。作爲民族危機的產物，它必然而且必須承擔崇高的歷史使命與責任，必須爲民族的生存而吶喊，爲社會的變革而呼籲。作爲文化衝突的結果，它必然表現出文學重心的傾斜和多重文化意識的交織與融滙。作爲政治變革的產物，它必然會被綁在政治鬥爭的戰車上，成爲政治的附庸，爲各種政治勢力和信仰而服務。或許可以說，在此之前，任何一個時代的文學，都沒能像維新改良文學思潮那樣，以如此之大的熱情與自覺，從各個方面去參與時代的

進程，也沒有那一時代的文學，像維新改良文學思潮那樣，把文學的社會功利作用推崇擴展到如此之高且廣闊的領域。

　　對於世紀之交的特殊文化政治氛圍而言，一方面它似乎不大可能給維新改良文學思潮提供從容發展的文化環境，另一方面它又需要文學積極參與社會變革並極大地發揮其作用，這便導致了文學功利主義與審美價值及品格的二律背反。在民族充滿著危機，救亡與啓蒙成爲時代中心議題的情況下，如果文學若去追求自身審美品格的完善，而無視民族生存與變革的需要，那麼它就失去了其存在的價值與地位。世紀之交的文化政治氛圍決定了這一思潮必須不斷調整步伐，與時代取得同步，這是文學自覺選擇的結果。因此，文學功利主義的高揚有其存在的合理性與必然性。但是，從文學自身演變的內在規律看，它作爲人類文化發展過程中形成的一種特殊文化形式和人類認識自身、把握存在的一種審美方式，又有其相對的獨立性和本體意義。如果文學眞正喪失了自身的審美品格，那麼它的「薰」、「浸」、「刺」、「提」的功能也不可能得以發揮，同樣失去其存在價值。這兩個命題的二律背反，構成了維新改良文學思潮內在的難以克服的矛盾。從各自的角度看，各有其存在的理由、自足性和合理性。這恐怕也正是維新改良文學思潮中爲什麼一直沒有產生在思想意蘊和審美價值上都堪稱深刻宏大的藝術佳構的原因之一。但是，我們不能不承認，作爲這一時代的文學，維新改良文學思潮不僅承擔而且義不容辭地肩負了歷史使命，正是在這一意義上講，維新改良文學思潮的文化歷史價值遠遠超出其純文學價值。我們不能因其缺陷與不足而否定其意義，也不能因其積極意義而無視其缺陷與不足的存在。歷史，我們可以評價，但無法去改變它。當我們更多地去肯定五四新文學的偉大意義時，難道我們不能看到五四新文學運

動之所以有如此巨大的成功，不正是因爲它站在了它的先行者肩上嗎？

【附　註】

① 　《易餘籥錄》。

②③ 　《宋元戲曲考・自序》。

④ 　《清代學術概論》。

⑤ 　《五十年中國進化概論》。

⑥ 　《清代學術概論》。

⑦ 　《日本書目志序》。

⑧ 　《清代學術概論》。

⑨ 　《論世變之亟》。

⑩⑪ 　《救亡決論》。

⑫ 　《論中國學術思想變遷之大勢》。

⑬ 　《清代學術概論》。

⑭ 　《論學術之勢左右世界》。

⑮ 　《詩界潮音集》、《新民叢報》第16期。

⑯ 　《清代學術概論》。

⑰㉑ 　《清代學術概論》。

⑱ 　《尊隱》。

⑲ 　《定庵文集補編》卷三。

⑳ 　《定庵文集》卷上《乙丙之際箸議第七》。

㉒ 　《論近世文學之變遷》。

㉓ 　梁啓超：《戊戌政變記》。

㉔ 　《救亡決論》。

㉕ 　《莽蒼蒼齋詩補遺・序》。

㉖　《西學書目表後序》。

㉗　《人境廬詩草自序》。

㉘　《雜感》。

㉙　《日本國志・學術志》。

㉚　梁啓超：《湖南時務學堂札記批》。

㉛　唐才常：《尊新》。

㉜　梁啓超：《新民說》。

㉝　《湖南時務學堂札記批》。

㉞㉟　裘廷梁：《論白話爲維新之本》。

㊱　《小說叢話》。

㊲　《清代學術概論》。

㊳　《革命軍》。

㊴　《廣解老篇》，《辛亥革命前十年間時論選集》第一卷上冊。

㊵　《辛亥革命文談》，《阿英文集》。

㊶　《國民意見書》，《辛亥革命前十年間時論選集》第一卷下冊。

㊷　《十七年的回顧》。

㊸　《中國小說史略》。

㊹　《兩晉演義序》。

㊺　《近十年之怪現狀自序》。

㊻　佚名：《官場現形記・叙》。

㊼　《修改後要說的幾句話》，《孽海花資料》。

㊽　《小說原理》。

㊾　《小說林》第一卷。

㊿　《小說林緣起》。

(51)　《清代學術概論》。

(52)　《余之小說觀》。

㉝ 《中國新文學大系‧文學論爭集導言》。

㉞ 《石遺室詩話》卷十。

㉟ 《石遺室詩話》卷二十三。

㊱㊲ 《人境廬詩草》。

㊳ 《夏威夷遊記》。

㊴ 《人境廬詩草序》。

㊵ 《詩集自序》。

㊶ 《人境廬詩草自序》。

㊷ 《與朗山論詩書》。

㊸ 《與邱菽園書》。

㊹㊺ 《飲冰室詩話》。

㊻ 《變法通議‧論幼學》。

㊼ 《手寫本山歌‧題記》。

㊽ 《夏威夷遊記》。

㊾ 《變法通議‧論幼學》。

㊿ 《皇朝經世文編‧例言》。

⑦① 《魏默深先生古微堂詩序》。

⑦② 《射鷹樓詩話》卷二。

⑦③ 《韜園文錄外編‧自序》。

⑦④ 《清代學術概論》。

⑦⑤ 《三十自紀》。

⑦⑥ 《自由書‧烟士披里純》。

⑦⑦ 《清代學術概論》。

⑦⑧ 《湖南時務學堂學約》。

⑦⑨ 《介紹新書〈原富〉》。

⑧⓪ 《日本國志‧學術志二》。

㉛　《清議報第一百冊祝詞》。

㉜　裘廷梁：《論白話爲維新之本》。

㉝　《清代學術概論》。

㉞㉟　《五十年來中國之文學》。

㊱　《與熊純如書》。

㊲　《甲午中日戰爭文學集·關於甲午中日戰爭的文學》。

㊳　《中國文學論集·梁任公先生》。

㊴　《變法通議·論幼學》。

㊵　《變法通議·論幼學》。

㊶　《蒙學報演義報合叙》。

㊷　梁啓超：《譯印政治小說序》。

㊸　梁啓超：《論小說與群治之關係》。

㊹　梁啓超：《告小說家》。

㊺　見梁啓超：《譯印政治小說序》。

㊻　《〈日本書目志〉識語》。

㊼　《聞菽園居士欲爲政變說部詩以速之》。

㊽　梁啓超：《新民說》。

㊾　《譯印政治小說序》。

⑩　《論小說之勢力及其影響》。

⑩①　《〈月月小說〉序》。

⑩②　《小說原理》。

⑩③　《國聞報附印說部緣起》。

⑩④　《論小說與群治之關係》。

⑩⑤　《小說林發刊詞》。

⑩⑥　《小說林緣起》。

⑩⑦　《余之小說觀》。

⑱　老棣《文風之變遷與小說將來之位置》。

⑲　衡南劫火仙：《小說之勢力》。

⑩　《〈黑奴籲天錄〉跋》。

⑪　《中國唯一之文學報〈新小說〉》。

⑫　俠民：《〈新新小說〉叙例》。

⑬　《本館編印〈繡像小說〉緣起》。

⑭　《〈新小說〉第一號》。

⑮　陸紹明：《〈月月小說〉發刊詞》。

⑯　《新中國未來記・緒言》。

⑰　《與梁任公書》。

⑱⑲　《中國小說史略》。

⑳　《新民叢報》第2號。

㉑　《小說面面觀》。

㉒㉔　《中國小說史略》。

㉓　《〈老殘遊記〉新論》。

㉕　《二十年目睹之怪狀・總評》。

㉖　徐念慈：《電冠・贅語》。

㉗　《歇洛克奇案開場・序》。

㉘　《毒蛇圈・譯者語》。

㉙㉚　《五十年來中國之文學》。

㉛　阿英：《晚清文學叢鈔・小說戲曲研究卷》。

㉜　《論戲劇之有益》。

第七章　創世紀的激情與
世紀末的悲哀

創世紀：未來的狂想與實踐——民族、民權、群體意識張
揚與尚武犧牲精神——氣抗浮雲的陽剛之美、情彩飛動的
藝術畫面——世紀末：過去世界的低迴挽歌——末代詞人
的悽情哀訴——同光體的荒寒之路——遲暮桐城的延命情
結——王國維：生命本體的痛苦絕望。

　　辛亥革命時期，在文學領域湧動著涇渭分明的兩種文學潮流。
由於政治選擇、情感基調與審美風格的差異，兩種文學潮流分別
爲人們推出了具有不同風貌的兩個文學世界。沉浸於對未來世界
狂想之中的革命派作家，決心以文學創立中華民族的新紀元，他
們展示的文學世界，洋溢著改天換地的創造精神。因此我們將這
一文學潮流稱之爲創世紀文學思潮。以清朝遺老孤忠爲主體的作
家群，沉湎於對封建王朝的懷戀與悵惘之中，吟唱出的是對失去
世界的低迴挽歌。他們展示的文學世界，籠罩著世紀末的悲哀雲
幕，因此我們將這一文學思潮界定爲世紀末文學思潮。

一　創世紀：未來的狂想與實踐

　　庚子賠款後，清政府「量中華之物力，結與國之歡心」①的
投降賣國嘴臉已暴露無遺。主權淪喪，白銀外流，國土痛遭瓜分

豆剖；國政窳敗，生民塗炭，亡國在即。以孫中山爲首的一批民族志士，爲解救民族危亡，楬櫫革命義旗，決心以暴力方式推翻封建王朝，創建資產階級民主共和國。砸碎封建專制政體，創立中華民族的新紀元，成爲時代的最強音。

時代的政治選擇，必然制約著文學的命運選擇。以章太炎、鄒容、陳天華、秋瑾，南社諸子爲主體的創作群，將創世紀的政治理想融於挽救民族危亡的具體實踐之中，「靠著文字有靈，鼓動一世的風潮，」②從而演出了一場推倒清王朝的壯劇快劇。辛亥革命後，憑著對理想的執著追示，面對獨夫民賊的倒行逆施，又演出了反袁倒袁的壯麗一幕。

從文學的承繼關係上看，這一文學思潮的形成與發展，主要是建立在對維新派文學思潮的批判借鑑基礎之上的。創世紀文學思潮在政治上雖然同康有爲、梁啓超的改良主義、君主立憲分道揚鑣，而在文學上則繼承了康、梁「新民救國」的精神傳統，自覺地把文學當做政治鬥爭的工具。他們把文學的品格及生命追求，完全融解在民族解放的大潮中，洋溢著改造外部世界的熱情，在執著中顯示出義無反顧。

當時人們普遍將創世紀的工作分爲兩大類，「一部分是武的，暗殺暴動是家常便飯；另外一部分是文的，便是所謂宣傳工作了。」③而宣傳的最好工具，非文學莫屬。究其原因，乃在於文學具有潛移默化的教化作用，是「喚醒國民精神之絕妙機器。」④關於這一點，梁啓超曾進行過精闢論述。他以小說爲例，認爲文學具有薰、浸、刺、提四種藝術感染力，它可以支配人道，扭轉乾坤，改造社會。⑤創世紀文學群體則對此作了進一步闡發，即如戲劇，認爲它可以「通古今之事變，明夷夏之大防，覩故國之冠裳，觸種族之觀念，則捷矣哉！同化之力之易而出之神也。」⑥由此可見，認

同文學的形象性教化特徵，強調文學社會政治功利的價值取向，是創世紀文學思潮與維新派文學思潮的共識。但是，創世紀文學思潮決不是對維新派文學思潮的簡單重複或延續，而是一種帶有自己鮮明個性的超越。

首先，政治主題的轉換，導致了文學精神的差異。雖然兩者都不把文學當作單純的愉悅工具，更看重文學的社會功用，強調文學要表現社會生活的重大主題。但維新派文學思潮的重大主題是要保皇搞開明專制；創世紀文學思潮的重大主題則是要推翻皇帝，搞民主政治。因此前者的文學創作帶有對封建王朝的幻想與勸戒色彩，意欲「補天」，猶抱琵琶半遮面。從而造成了文學精神的底氣不足。而後者則完全表現出與社會當權者的不共戴天，力主破壞，要徹底砸碎舊的國家機器。因此其文學精神鋒芒畢露，銳意進取，雄渾剛健。從這個意義上說，稱創世紀文學是鼓舞抗爭的鼙鼓、激勵鬥志的號角，實在當之無愧。

其次，維新派文學思潮與創世紀文學思潮同屬於理想主義文學範疇，但造成二者的最大分野是，能否將理想落到實處。康有為所設計的「大同世界」，梁啓超所構造的「文學救國」神話，無不充滿著迷人的誘惑力。但它們彷彿是空中樓閣，帶有很大的空想成分。雖然他們在思想文化啓蒙方面做了大量工作，功不可沒，然而他們並沒有將「救亡」落到實處。創世紀文學思潮揚棄了維新派文學思潮中理想主義的空想成分，結合實際、注重實踐，鼓吹民族主義、詆排封建專制，從而將創世紀的理想落到了實處。對於這一點，創世紀文學群體有著清醒的認識。章太炎認為，「理想雖無涯岸，人類本為時間空間所限，勢不得以自在游行。」⑦因此要將理想落到實處，「固非以民族主義自劃而已。」⑧基於此，創世紀文學群體對自己的政治選擇乃至文學選擇充滿著自

信。大膽懷疑，勇於創造，充滿著英雄主義激情。他們相信自己所從事的事業，是極其崇高偉大的事業。他們甚至理直氣壯地宣稱，要「作海內文學革命之導師。」⑨大有當今之世，捨我其誰的豪邁氣概。

做爲一種理想主義文學，創世紀文學思潮的哲學基石是實踐理性。這裡所說的實踐理性，並不從屬於康德的理性哲學範疇，而是中國倫理型哲學的結晶。它所主張的理性，是一種由道德意識支配的理性。這種理性要求人們把社會民衆的普遍利益當做自己的行爲準則，強調個人對國家、民族至高無上的義務和責任，鼓舞人們自覺維護社會正義，忠於國家、民族的精神力量。由於它注重個體對社會的道德和責任感，這就形成了個體自覺的，強烈的社會參與意識與自我犧牲精神。

實踐理性的另一個最大特點，就是它尤其強調實踐。它所關注的，不是「靜觀的人生」，而是「行動的人生」，從而破除了傳統文人「坐而論道」與「消極避世」兩大陋習。實踐理性強調實踐躬行，反對盲從輕信和主觀臆斷，講求實事求是，以實踐求真知。它雖然講求獻身精神，但反對宗教式的狂熱，要求在理性指導下進行實踐。這樣實踐理性就與實用主義區別開來，也與禪學化的宋明理學大相逕庭。

實踐理性的精神與這一時期創立中華民族新紀元的政治理想結合起來以後，爲創世紀文學思潮注入了強勁的思想能量，賦予了這一文學思潮向舊世界宣戰的勇氣和以文學開創政治、文學新紀元的激情。

㈠民族解放的價值取向

創世紀文學思潮展現出了中國文學史上不曾有過的姿態，具有鮮明的個性，帶有二十世紀濃烈的時代氣息。

　　民族意識的覺醒，民族主義的高揚，是創世紀文學思潮的首
要特徵。辛亥革命是以反滿爲起爆點的，與之桴鼓相應的創世紀
文學思潮，始終以民族主義爲依歸。他們認爲，文學的首要任務
就是要宣傳民族主義，弘揚民族意識，明夷夏之辨，演光復之公
理。章太炎稱「夫中國吞噬於逆胡，二百六十年矣，宰割之酷，
詐暴之工，人人所身受，當無不昌言革命。」⑩對異族統治進行
革命，最銳利的思想武器就是民族主義。因此他們反復強調「民
族主義如布帛菽麥，不能一日絕於天壤。」⑪嚴格起來講，國家
是比民族更大的社會群體，所以不能籠統地將民族主義等同於愛
國主義。但應承認，民族主義的張揚與擴展，就是愛國主義。創
世紀文學群體完成了這一張揚與擴展，他們直言「亡國」，警策
國民。南社驍將柳亞子在一九○三年就大聲疾呼：「唯我愛祖國，
我乃不敢以亡國二字爲祖國諱。唯舉世不知祖國之已亡，我乃愈
不得不大聲疾呼，以驚醒同胞之沉醉也。……吾誓以亡國之觀念，
救我祖國。」⑫

　　以民族主義拯救祖國危亡，這是創世紀文學群體的共識。但
他們對民族主義的實質及目的，卻有著不同層次的理解。一部分
人認識到滿族統治者已成爲帝國主義在中國的代理人，處於這種
認知層上的民族主義，既有反滿也有反帝的涵義。他們進行民族
革命的目的，是要建立資產階級共和國。而另一種認知層上的民
族主義，忽略了具有共同文化心理這一特徵，單以血統區分民族，
搞大漢族主義。實質上這是一種狹隘的民族主義。他們認爲漢族
的政權，「可禪、可繼、可革，而不可使異類間之。」⑬顯而易
見，滿族入主中原，他們認爲是「異類間之」。持這種認識的，
除章太炎、柳亞子部分人尚能理解革命的正確目的外，相當一部
分人把民族主義理解成光復舊物，恢復漢官威儀，從而表現了一

種濃厚的復古主義傾向。

雖然如此，但這種含有多種理解的民族主義，確是一面耀眼的旗幟，在它的麾下，湧動著民族解放大軍。它極大地激勵了創世紀文學群體的民族情緒，鼓舞了他們改天換地的鬥志。在他們的作品中，弘揚中華民族抗敵禦侮的優秀傳統；歌頌民族抗敵英雄的業績；抨擊異族入侵，喚起民眾反抗，始終是S♂X♂豁的主題。

倡導民權主義，崇尚群體意識，是創世紀文學思潮的又一顯著特徵。創世紀的政治運動，實質上是一場資產階級發動與領導的民族民主革命。孫中山認為中國積弱不振的原因，除了滿清異族統治之外，關鍵問題乃在於政體不好。因此在著手進行實際革命的時候，必須政治革命與民族革命同行，不能分作兩次去做。⑭而政治革命的核心是民權主義。章太炎也持同樣看法：「夫排滿即排強種矣，排清主即排王權矣。」⑮民族革命與民主革命是不可分割的一個整體。

體現在創世紀文學現象中的民權主義，首先表現在對西方民主思想的認同上。「天賦人權」、自由、平等、博愛等民主學說，不僅深入到每個作家的靈魂，而且滲透到他們的創作實踐之中。柳亞子原名慰高、字安如，但在一九〇二年讀了盧梭的《民約論》之後，景仰「天賦人權」之說，並且仰慕盧梭其人，遂更名人權，字亞盧。以亞洲盧梭自命。在他的詩作裡，呼喚人權，褒讚《民約》，歌唱自由的詩句俯拾皆是。寧調元在清廷的囚牢裡，「也逐歐風唱自由。」⑯他們借助民主思想，激烈抨擊封建專制，批判「致胎中國二千年專制之毒，民族衰弱之禍」⑰的封建禮教。主張非忠、非孝，大力倡導女權，反對家族制度。從某種程度上說，創世紀文學思潮宣揚的民主主義思想，推動了近代中國思想

解放的進程。

　　但應看到，創世紀文學倡導的民權主義，與西方的民主有著很大不同。這主要是繼承中國歷史上民本、平權等帶有民主色彩思想傳統的結果。中國的民主性思想傳統可以追溯到墨子、孟子。墨子提出的「兼愛」、「尚同」包含著強烈的平等意識，到了近代，「墨學」復興，一度成為顯學，直接為民權主義提供了思想養料。至於孟子提出的民貴君輕，民為邦本學說，雖含有與民作主意味，但它畢竟注意到「民」這個「群體」的某種權益。這種學說至辛亥革命時期，同樣也發生過積極影響。創世紀文學思潮繼承這種思想傳統，並非消極接受。他們主要繼承的是建立在「群」的基礎上的平權思想，變「與民作主」為「民眾當家做主」。

　　西方的民主思想與中國傳統的民主思想，嚴格起來看是建立在兩種完全不同的文化模式之上的。西方的民主，是以個人主義為特徵的民主。它針對中世紀教會對人的摧殘及對人性的扼殺，強烈要求自我得到尊重，人性得到復歸。一切強調以自我為中心。要求個性得到充分張揚。而中國傳統民主思想則是建立在群體基礎之上的，它所主張的平等，是群體意義上的平等，只有群體意義上的自由，才有個體本位的真正自由。這兩種形態的民主雖不完全相同，但在反對強權專制，宣揚非聖無法方面，具有共通性和一致性。由此可見，創世紀文學群體理解的民權主義，既有著西方民主色彩，但更多成分屬於中國式的民主。他們強調民眾當家做主，一改民眾任人宰割地位，對在幾千年專制網羅下生活的廣大民眾來說，是一種巨大的歷史進步。這種民權思想的倡導，必然導致群體意識的高揚。群體意識的高揚，在當時也是一種歷史的進步。因為創世紀的偉大事業面對的是延續幾千年的強暴專制，要徹底推翻它，不是幾個英雄豪傑舉手之勞就能奏效的，非

喚起民衆不可。對此，創世紀文學群體有著清醒的認識。

鄒容寫好兩萬餘言的《革命軍》，怕言之無文，言辭直露，傳之不遠。交章太炎潤色並問序，章氏認爲關鍵不在於文辭修飾，而在於能否一呼百應。他說，「凡事之敗，在有其唱者，而莫與爲和，其攻擊者且千百輩，故仇敵之空言，足以墮吾實事。」⑱因此他主張要以包括文學在內的強大輿論，壓倒反對派的輿論。這種在意識形態領域中主張以多取勝的群體意識，對創世紀文學思潮無疑是一種重要的精神導向。柳亞子在詩中也深有同感：「一門竟樹騷壇幟，只手難回病國春。」⑲所以他們創立南社的目的，就是要建立自己的文學群體，以文學爲政治革命吶喊助陣。事實上正是由於中華民族群體的努力，才使封建王朝在一片楚歌聲中，走進歷史墳墓。

推重尚武與犧牲精神，是創世紀文學思潮的第三個特徵。爲實現崇高理想，創世紀文學群體恥於甘作文人騷客，清談空議，願以詞筆換兜鍪，戰死在滅清沙場。一向主張「右手彈丸左民約」的南社詩人馬君武，在《自由》一詩中有這樣兩句：「西來黃帝勝蚩尤，莫向森林問自由。」⑳意即要像黃帝驅逐蚩尤一樣，以武力反抗清王朝。不能像莎士比亞劇作《皆大歡喜》中的西利霞與羅瑟琳奔向亞登森林那樣，逃避現實鬥爭，去單純追求個人的自由。高旭希冀的是「炸彈光中覓天國，頭顱飛舞血流紅。」㉑打開秋瑾、柳亞子等人的詩作，裡面充滿著刀、劍、快槍、炸彈、濺熱血、拋頭顱等詞句。秋瑾念亡國之痛，憤而作《寶刀歌》、《寶劍歌》；她認定「誓將死裡求生路，世界和平賴武裝。」「赤鐵主義當今日，百萬頭顱等一毛」。㉒柳亞子爲了「理想飛騰新世界」，㉓決心要「血濺斷頭台，魂依自由旗」。㉔

這種文學上的尚武犧牲精神，也是創世紀文學群體在人格上

的眞實寫照。面對河山如死，衆生酣睡的局面，陳天華發出了《獅子吼》，敲響了喚醒國民的《警世鐘》。其影響雖「較之章太炎《駁康有爲政見書》及鄒容《革命軍》有過之無不及。」㉕但他個人體會到黑暗社會如萬劫難覆的牢獄，只有以死來警醒國人了。黃花崗七十二烈士之一的林覺民，在《與妻訣別書》中大義凜然地申明，爲了國家安危，民族福祉，在民族被難，國家危亡之時，「卒不忍獨善其身」，願犧牲一己利益與夫妻愛情，百死而不辭。這種生死觀，不是海德格爾所說的只有在死面前才知道生，而是知道了生的價值才去死。他們把自己的死與民族國家的生聯繫起來，要以己之死來喚醒大衆的生。

創世紀文學思潮崇尙英雄主義，倡導尙武犧牲精神，有著較爲複雜的歷史文化原因。首先，由於歐洲虛無黨小說的大量引進，爲創世紀文學提供了題材上的範本。布魯東、瑪志妮、蘇菲亞等無政府主義的代表人物，也成爲創世紀群體的行爲楷模。但更主要的是他們繼承了中華民族的歷史傳統，具體講包括劍俠精神與名士風度兩個方面。

劍俠精神是中國歷史上一種特異的文化現象，是專制社會的特有產物。路見不平，拔刀相助，輕利重義，行俠仗義，赴湯蹈火，視死如歸。這種精神正是除舊布新所需要的精神。南社成員金天翮認爲「共和主義、革命主義、流血主義、暗殺主義，非有游俠主義不能擔負之。」㉖之所以提倡游俠主義，金氏作了進一步闡釋：「俠者儒之反。儒者有死容而俠者多生氣，儒者尙空談而俠者重實際，儒者計禍福而俠者忘利害，儒者蹈故常而俠者多創異。」㉗閱讀他們的作品，我們也會看到，魯仲連義不帝秦，荊軻刺秦王的豪俠之氣，都被賦予新的時代精神而得到昇華。

對於名士風度，創世紀文學群體主要是認同魏晉時期士林名

士的狂狷放誕、不受矩鑊、張揚個性的叛逆精神。這種認同並沒有停留在阮籍、嵇康等人的不合作態度與消極反抗的層面上，而代之以狂放不羈，改天換地的積極戰鬥精神。柳亞子的「披發佯狂態，臥薪嘗膽秋。飢餐胡虜肉，誓斬賤奴頭」㉘一詩，就是這種精神的最好寫照。

值得重視的是，宗教在這一時期曾對創世紀文學群體中部分人產生過積極作用，章太炎即是典型代表之一。他認為中國衰敗的禍根乃在於道德的敗壞，不振興民德，革命便不能成功。㉙而喚醒民德，則需要宗教的力量。他尊奉的宗教是大乘佛教，並且認為大乘佛教宗教意味最淡，其實質不過是一種人生哲學，大乘佛教不像小乘佛教那樣，專講自利自渡。它強調普渡眾生，解民苦難，具有無我利他的獻身精神。它以「識」啓發民德而不憑鬼神偶像，最重捨身、無懼、以實踐自尊。因此章氏認為它可以醫治怯懦、浮華、猥賤、詐僞等民族劣根性。㉚不僅如此，佛教講平等，而滿人不講平等，用它可以激起民眾逐滿的熱情。由此可見，章太炎並非把佛教當作神明信奉，而是把它當作一種喚起民眾的手段。章太炎雖不是一個虔誠的佛教徒，大乘佛教的捨身無懼的獻身精神對他人格的影響，卻是顯而易見的，一九〇三年他因「蘇報案」被捕入獄，捕前不避，從容就逮，以及此後三年牢獄生涯，不僅沒垮掉，反而精神樂觀。在一定程度上，應該說是佛教的積極精神對他影響的結果。

綜上所述，可以清楚看到，創世紀文學思潮創造的文學世界，不再屬於封建時代，而是屬於未來時代；它雖與社會政治緊密結合，但已與傳統的「文以載道」價值觀念絕緣；它不再依附於王宮富貴，而明確標舉自己為「布衣文學」㉛。它以迥異於古典文學的精神風貌，預示著一個文學新時代的到來。

㈡浪漫崇高的情感世界

與其英雄主義、理想主義精神相一致，創世紀文學思潮創造了一個慷慨淋漓、蓬勃飛動的浪漫主義文學世界。這是一個建立在昂揚躁厲、放浪佻達情感基調上的文學世界。這種情感基調一方面來源於對未來世界的狂想與執著，另一方面也取決於人們的審美選擇。

創世紀文學思潮崇尚的是嘈呀鏜鞳、鳴鎮伐鼓的陽剛之美。在詩歌領域，這一時期存在著宗唐還是宗宋之爭。南社詩人與宋詩派餘緒「同光體」分庭抗禮，力主宗唐抑宋。柳亞子在《胡寄塵詩序》中說：「余與同人倡南社，思振唐音以斥僋楚。」㉜所謂「僋楚」，概指「同光體」。南社宗唐抑宋，不僅是因為學宋者主張以學問入詩，走向詩的異化，更重要的原因是「同光體」這一宋詩派的末流，其詩作透露的是亡國遺老的哀鳴。南社宗唐的目的，主要是追求盛唐氣息。因為盛唐詩風具有一種蓬勃向上、積極進取而又充滿自信的精神，與創世紀的英雄激情是完全一致的。

章太炎雖不講宗唐宗宋，但他推重王粲、曹植、阮籍、左思、劉琨、郭璞。他認為以上六家作品「其氣可以抗浮雲，其誠可以比金石。」㉝章氏反對浮靡雕琢詩風，主張頓挫清壯的詩風。他認為與金鼓之節相依、作將帥之氣的作品，才是上乘之作。建立在這種情感基調上的創作，才稱得上真正意義上的文學創造。㉞提倡這種詩美情調的原因，南社詩人周實講得最清楚：「慨念國魂不振，奴性難除，思以淋漓慷慨之音，一振柔軟卑下之氣，所作詩都鳴鎮伐鼓，激烈鏗鏘，有驚四座、辟萬夫之慨。」㉟

在詞壇，創世紀文學思潮極力推重辛棄疾、以及五代與北宋詞。柳亞子在回憶第一次南社雅集的情景時說，「在清末的時候，

本來是盛行北宋詩和南宋詞的，我偏偏要獨持異說。我以爲論詩應該宗法三唐，論詞應當宗法五代和北宋。人家崇拜南宋的詞，尤其是崇拜吳夢窗，我實在不服氣。我說，講到南宋的詞家，除了李清照是女子外，論男性只有辛幼安是可兒，夢窗七寶樓台，拆下來不成片段，何足道哉！」㊱南社詩人崇尚辛詞，主要是佩服辛詞一反南宋婉約柔靡詞風，開創了南宋豪放詞風。他們反對南宋婉約派的銀箏檀板，推重辛詞鐵板銅琶的豪放雄奇，也是爲了借古鑑今，弘揚創作中的豪放曠達精神。

在散文領域，章太炎一反明清以來「文必秦漢」的文學宗尚，推重言之有物、辯智宣朗的魏晉文章。他亦不喜唐宋古文，認爲這種文章同秦漢散文相似，多爲溫柔敦厚、蘊藉婉轉之作。而魏晉文章風格華美壯大、清峻通脫，能容納異端思想，作者想說什麼就說什麼，完全脫去了溫文爾雅習氣。這種文章在創世紀的政治革命中，可以起到「守己有度，伐人有序」的作用。㊲因此章太炎論文，力斥「務爲蘊藉」，「勿爲動容」與「文主諷切」的文風，力主「跳踉博躍」、「叫咷恣言」，發之於「雷霆之聲。」㊳在這種理論導向的影響下，創世紀文學群體的散文創作確實做到了嚛呶鏜鞳，「足以驚天地泣鬼神。」㊴

在這一具有陽剛之美的情感基調上，創世紀文學群體爲我們創造出了一個由浪漫主義主宰的藝術世界。在這一世界中，你首先會感觸到一種排山倒海的創造精神和銳不可當的進取氣勢。從所向披靡的《駁康爲論革命書》到辭多恣肆、指天畫地的《革命軍》；從志在九霄的秋瑾到睥睨萬世的南社諸子，讀其作觀其人，無不具有氣吞山河的恢宏氣度。有人將這種文學稱之爲「富於革命性的少壯文藝」㊵，實在當之無愧。

大膽的誇張，新奇的想像，極富象徵意義的意象群，構成情

彩飛動的藝術畫面，這是創世紀文學賦予人們的另一個藝術感受。
在他們的作品裡，蕭瑟秋氣、盲風晦雨、胡塵陰霾等自然景物描
寫，多用來象徵清王朝統治下的黑暗社會；霜鐘、大鵬、飛瀑、
飛雲、朱霞等意象群多用來象徵掀天揚地的革命風潮。尤其是其
詩詞中創造的意境，上下幾千年，縱橫幾萬里，古今中外，神鬼
人俗，無所不包。讀之令人迴腸蕩氣，感發興起。

　　狂佯無忌，歌泣無端是創世紀文學提供給我們的第三個藝術
感受。面對革命高潮的到來，他們激昂慷慨，引吭高歌；面對豺
狼當道的殘酷現實，尤其是辛亥革命後勝利果實被民賊竊取，志
士遭殺，他們又悲憤交加，呼天搶地，同聲一哭。諸如弔秋瑾、
陳勒生、周實、寧調元、鄒容、陳天華的詩篇，均是這方面的代
表作。但這種悲愴決非世紀末文人的頹廢、傷感，而是對不屈鬥
志的激勵，對殘酷現狀的血淚聲討，創世紀文學的這一浪漫主義
特徵直接導源於龔自珍的「劍態簫心」。龔自珍曾自詡：「一簫
一劍平生意，負盡狂名十五年。」㊶所謂「劍」，主要表達了雄
奇剛烈的情感；所謂「簫」，主要表達了悲憤憂傷的情感。柳亞
子、高旭等人繼承了龔氏這一手法，大量化用龔氏詩句，劍俠陽
剛與簫音怨訴結合起來，從而創造了動人心魄的詩美境界。

　　創世紀文學之所以選擇浪漫主義，恐怕還有浪漫主義自身的
原因。創造需要超越現實，突破禁忌，富於想像，放言無憚，恣
情肆意。浪漫主義做為一種文學現象，是一種積極性思維的產物，
它易於表達創造的精神實質。因此，它對於創造新紀元來說，是
一種再適宜不過的文學載體。這也是創世紀文學思潮為什麼不選
擇現實主義而選擇浪漫主義的原因所在。從馬君武、蘇曼殊不約
而同地翻譯拜倫詩歌，到魯迅不厭其煩地介紹歐洲摩羅詩派，進
一步說明了，浪漫主義是辛亥革命時期文學創作的時代原則。

　　總覽創世紀文學思潮,其主導風格可以概括爲「悲壯崇高」。
這一界定既包括它倡導的輕拋頭顱、捨己爲群的獻身犧牲精神,
也包括它的藝術情調與審美風格。如前文所述,創世紀文學思潮
公開申明要「作海內文學革命之導師」。這說明創世紀文學思潮
不僅要開創政治新紀元,而且也要開創文學新紀元。毫無疑問,
它的政治選擇是完全正確的。從社會學角度講,正確的政治選擇
使得創世紀文學極大地實現了自己的社會、歷史及文化價值。但
從文學自身角度講,由於它注重改造外部世界的實際工作,從而
忽視了自身改造;由於注重文學的宣傳性,從而忽視了文學的自
身特性。客觀上由於社會風雲的急遽變幻,實際工作的快節奏需
要,使得創世紀文學群體來不及進行感情的熔鑄與藝術推敲,因
此其文學形態顯得急就粗糙,形象單薄,缺乏應有的藝術魅力。
從主觀上看,由於創世紀文學思潮有時仍舊穿著舊文學的衣裝,
沒有進行文學形式的徹底革命,所以它沒能完全擊敗舊文學,創
造出全新的文學世界。而創造文學新紀元的任務,只好留待「五
四」新文學巨將們去完成了。

【附　註】

① 　《義和團檔案史料》下冊。
② 　柳亞子:《復報發刊詞》,《復報》第1期,1906年5月版。
③ 　柳亞子:《柳亞子的字和詩》,《柳亞子選集》。
④ 　顧憂庵:《潄鐵和尙遺詩自序》。
⑤ 　梁啓超:《論小說與群治之關係》。
⑥ 　陳去病:《論戲劇之有益》,《二十世紀大舞台》第1期。
⑦ 　章太炎:《別錄一・復仇是非論》。
⑧ 　章太炎:《別錄一・復仇是非論》。
⑨ 　高旭:《南社啓》。

⑩　章太炎：《革命軍序》。

⑪　柳亞子：《嗚呼禹之謨》。

⑫　柳亞子：《中國滅亡小史》，《復報》第3期。

⑬　章太炎：《中華民國解》。

⑭　孫中山：《在東京〈民報〉創刊周年慶祝大會的演說》。

⑮　章太炎：《別錄一‧復仇是非論》。

⑯　寧調元：《感懷四首》。

⑰　寧調元：《孔子之教忠》。

⑱　章太炎：《革命軍序》。

⑲　柳亞子：《懷人詩》。

⑳　馬君武：《自由》。

㉑　高旭：《盼捷二首》。

㉒　秋瑾：《寶刀歌》。

㉓　柳亞子：《元旦感懷》。

㉔　柳亞子：《有悼二首，爲徐伯蓀烈士作》。

㉕　馮自由：《革命逸史》。

㉖　金天翮：《國民新靈魂》。

㉗　金天翮：《國民新靈魂》。

㉘　柳亞子：《答朱梁任》。

㉙　章太炎：《革命之道德》。

㉚　章太炎：《答夢庵》。

㉛　柳亞子：《胡寄塵詩序》，《南社》第5集。

㉜　柳亞子：《胡寄塵詩序》，《南社》第5集。

㉝　章太炎：《辯詩》。

㉞　章太炎：《辯詩》。

㉟　周實：《無盡庵詩話》。

㊱　柳亞子：《我和南社的關係》見《南社紀略》。

㊲　章太炎：《論式》。

㊳　章太炎：《革命軍序》。

㊴　柳亞子：《天潮閣集序》。

㊵　曹聚仁：《紀念南社》。

㊶　龔自珍：《漫感》，《龔自珍全集》。

二　世紀末：過去世界的低迴挽歌

　　辛亥革命前後，與創世紀文學思潮同時存在並形成鮮明對比的是世紀末文學思潮。世紀末文學思潮大體由清末常州詞派、「同光體」詩派、晚期桐城派所構成。這幾種文學流派雖然在理論主張及創作實踐中，呈現出不盡相同的風格，但他們的文化心態、文學觀念及情感流向，卻表現出了大致相同的精神面貌與文學旨趣，從而共同構成了封建王朝末世與古典文學西風殘照的景象。

㈠末代詞人的淒情哀訴

　　清末常州詞派，以譚獻、王鵬運、朱祖謀、況周頤、陳廷焯、鄭文焯等人爲代表，主盟近代詞壇。他們繼承前期常州詞派詞學傳統而有所發展，使常州詞學理論日臻系統完整；在創作上傷時感事，托微興寄，傳達了封建末世文人的情愫與心態。

　　推尊詞體，拓展詞的意境，擴大詞的社會容量，表現重大社會主題，提高詞的文學地位，是清末常州詞派的詞學理論核心。他們清醒地意識到，要切實有效地推尊詞體，首先要爲詞正名，使被譏爲「艷科」、「小道」之詞躋身於文學正殿。譚獻修正「詩餘」之說，認爲詞爲「樂府之餘也」。①況周頤繼之，認爲詞不當爲「詩之剩義」，應視爲詩之「贏餘」。②即詞不應是詩之附庸，其在表情達意及節奏韻味方面，有獨擅之處。二人意在說

明，詞體近雅；詞應繼承歌詩陳政的樂府傳統，提高詞之意格；詞是具有特殊品味的文學樣式。

推尊詞體，關鍵在於提高詞的意格。繼承常州詞派創始人張惠言之「意內言外」，③及周濟之「意能尊體」說，④況周頤標舉「重」、「拙」、「大」；⑤陳廷焯標舉「沉鬱」說，⑥說到底就是反對浮華靡艷詞風，追求「文有其質」的厚重詞境。⑦應該說，「文有其質」的描摹時變，參與社會是正確的。但關鍵是從什麼角度，如何去描摹和感應近代中國社會。清末常州詞派的悲劇性錯誤就出在這裡。他們不是順應時代潮流去推波助瀾，而是站在社會發展的對立面，恪守傳統詩教，抱殘守缺。

「忠厚以爲體，沉鬱以爲用」，⑧是清末常州詞派共同遵循的創作原則。這一原則是建立在「詩與詞同體異用」⑨的命題之上的。他們認爲詩詞創作本旨相同，都要體現溫柔敦厚，怨而不怒的精神。陳廷焯宣稱：「溫厚和平，詩教之正，亦詞之根本。」⑩這就嚴格規範了清末常州詞派的創作基調，亦即在描摹時變，傷時感事之中，要折衷平和，怨而不怒，與自己所熟悉所依戀的封建王朝休戚與共，肝膽相照。換言之，清末常州詞派的創作，是19世紀末、20世紀初動亂年代裡，封建士大夫憂患意識與衛道心理的產物。他們的作品，反映出封建末世文人目睹大廈將傾的複雜心態。

清末常州詞派創作的價值取向，具體可概括爲以下幾個方面：

傷時憂世——眷戀君國。晚清之世，列強交侵，國勢陵夷，朝政窳敗，生民塗炭。甲午之役、戊戌變法、庚子事變、辛亥革命等重大歷史事件，對清末常州詞派都有著強烈震撼。他們多爲朝廷命官，上言陳政，不爲採納，甚者屢遭責罷。報國無門，生平悃款抑塞，一於詞陶寫之。

甲午戰火初燃，王鵬運對北洋水師戰勝日軍充滿信心：

> 記得年年燕九，鬧銅街、春聲如沸。香車寶馬，青紅兒
> 女，白雲觀裡。節物驚心，清游誰續，好懷難埋。算勝地鐵
> 甲，冲寒墮指，向沙場醉。《水龍吟》⑪

江山破損，形同南宋，王氏詞作一脫柔腸，大有辛詞之概。他鼓
動「是男兒，萬里慣長征」。⑫然而這種心願難遂，戰局一敗，
不可收拾，王鵬運所剩，只有「天難問，憂無已」⑬的哀怨和愁
悴了。甲午事亟，和戰之爭紛起，況周頤認為這種爭吵是「心期
先誤」的秋蟲紛呹，於世無補。⑭

　　光緒帝懲甲午之敗，在康有為、梁啟超等擁戴下，欲改革以
競存，遂有戊戌變法。清末常州詞派諸子雖未參加變法，但希冀
封建帝國中興之願，使他們對變法事業心嚮往之。六君子被殺，
變法流產，他們又痛心疾首。鄭文焯的《月下笛·戊戌八月十三
日宿王御史宅，夜雨，聞鄰笛感音而作。和石帚》⑮就突出表現
了這一情調。詞中將袁世凱比作「隔簾鸚鵡」，袁氏佯許擁帝變
法，清除君側，實則「早漏洩幽盟」於後黨。作者認為維新黨人
信任袁世凱是「錯認仙路」，表現出作者對變法失敗的關鍵失誤
的無限嘆惋。

　　庚子國變，八國聯軍攻入北京。朱祖謀時官侍讀學士，上書
力言義和團不可用，使館宜保護。不為採納，遂作《菩薩蠻》⑯
以紀此事。鄭文焯時在江南，未能目睹北京慘狀，對慈禧太后挾
光緒帝西逃之事，大有江山易主，金甌難圓之恨，痛而作《謁金
門》⑰三闋，以「行不得！留不得！歸不得！」為三闋首句，表
達了眷戀君國之思。八國聯軍進犯期間，王鵬運與來宅避難的朱
祖謀劉福姚等相與切磋，依聲塡詞，排解苦悶，輯為《庚子秋詞》，
其內容亦多為君國之思。

　　應該看到，清末常州詞派的愛國情思是與忠君緊密聯繫在一起的。王鵬運委身諫垣，屢遭貶斥，但他矢信：便作詞客，「臣職奚辭？」⑱他們主張禦外抗敵，擁護維新是爲了補殘救敝。因爲外來侵略與政事腐敗打破了封建王朝的舊有秩序，打破了他們熟悉的賴以生存的生活空間。傳統士文化的陶冶，使他們對社會、國家的命運充滿著關注之情，遺憾的是他們既開不出任何救國的良方，又拿不出行動的勇氣。他們把國泰政通的希望寄托在聖明君主身上，然而後黨當道君主孱弱，這就造成了該派詞人苦悶焦灼的文化性格。無奈之中，哀婉淒切的詞體，就成了他們排洩苦悶情感的方式。

　　拒新戀舊──故國神思。清末常州詞派以詩人特有的敏銳，感受到封建王朝如萎之華，慘於槁木。早在甲午戰爭前夕，王鵬運就意識到：「四山風雨，王氣銷沉久。」⑲這是世人皆能感受到的末世氣象，但也是封建忠臣最不願看到的情景。悵惘之中，他們只好做「青山閱盡興亡感，付與松風話市朝」⑳的感喟了。但他們對自己熟悉的世界還充滿著信心，對皇帝還抱著忠誠與希望。他們意識到自己身處衰世，卻未預料到清王朝覆滅的速度這麼快。因此當辛亥革命來臨，他們萬分不解，在失望中，所剩的只有孽臣孤忠的寂寞情懷了。

　　辛亥革命後，故國神思，易代之感，是清末常州詞派的共同創作主題。皇帝遜位，民國成立，該派詞人悵惘無限，「到處登臨懷故國」。㉑反復哀嘆「繁華故國今何世，滿目山河成古事。」㉒他們筆下的山川草木，都染上了易代的愁苦：「更淒絕，斜日新亭路，山河異，風景是，舉目成今古。」㉓「花若再開非故樹，雲能暫住亦哀絲，不成消遣只成悲。」㉔山川草木皆哀，何況這些全氣節守貞操的前清官吏？與清室割不斷的戀情，使得他們在

新的局勢下，覺得失去了可信的政治依托，故而有一種困惑迷茫之感。在他們筆下，「燕歸怕重認雕梁」，㉕「棲鳳長迷處所」。㉖曲折地傳達出這些清室遺民不願依歸新政，寧做清室孤忠遺臣的決心。他們以前朝樹自期，要植根故土，根桿牢培護，爲清室盡忠，矢心不變。

清王朝全然死去，這是鐵樣事實。雖然常州詞派自知無力回天，但他們尚做著扶清東山再起的夢幻，希冀皇帝重返王位。

然而皇權當政的故國千呼萬喚始不出，他們陷於更難排解的苦痛之中。朱祖謀發人天之孤憤，詛咒「垂死中興不見」。他的《水龍吟‧沈寐叟挽詞》，可視作是對整個清王朝的挽詞。況周頤「辛亥國變後作，憂時感事，無一字無寄托。」㉗所寄托者，不外乎弔古傷今，靈均懷服，美人遲暮之類。他們所作眾多詞，不啻是爲清王朝演奏的一曲曲低迴淒咽的輓歌。

遲暮人生——身世之嘆。後期常州詞派的創作不僅勾畫了封建王朝從衰落至驟亡的圖景，而且也凸現了他們抑塞鬱悶、消極頹唐的悲觀心態。固然他們藝術的聚光點首先是關照國家的命運，社稷的危亡，與此同時，不可避免地也要關照自身的榮辱際遇與升降沉浮。從補天衛道出發，他們敢於直言陳政，指摘時弊，然爲世所不容，賦閑在野，冷落困頓，又於國事不能忘情。怨而不怒，婉而多諷的傳統詩教又制約著他們的創作，使他們永遠走不出苦悶。借詞來發洩胸中鬱結，使他們在哀鳴中愈益消極頹喪。文學對於他們來說，無疑是一種苦悶的象徵。

生當封建衰世，王鵬運只恨自己生不逢時：「塵緣相誤，大錯從何鑄。舊夢碧山遙，水雲空，人間難住。」㉘朱祖謀則更爲直接地發出「倦侶哀時，長謠送日，斷愁無力」㉙的哀嘆。他們給自己的自畫像，常以「老」、「倦」、「孤」、「舊」幾個字

來概括。王鵬運《半塘僧鶩自序》云：「半塘僧鶩者，半塘老人
也。老人今老矣！其自稱老人時，年實始壯。」⑩未老先衰，美
人遲暮，這是他們共同的人生體驗。王氏介紹自己名號之由來，
稱半僧是由於「仕於朝數十年，所如輒不合」。中年喪妻子，召
瞽占卜，得「半僧人命」之稱。直言上疏，幾得奇禍，歸咎於「
刻鵠類鶩」之繇。命既如此，遂以「半塘」作爲自己的「墓田甲
舍」，苦渡時日。由此看來，「半塘僧鶩」之取名似屬偶然，但
這確是他生平際遇的如實概括。王氏入世不得見用，消極遁世又
不認同西方佛經，進退兩難，苦不堪言。窮途末路，權作詞人。
以詞言志，其詞類鶩，其鳴無聲，其飛不能高以遠。⑪所以詞人
遊情倦，萬念俱灰，百無聊賴。

　　曾官至內閣中書的鄭文焯，不被見用，辭官下野，流連於湖
山風月之中，以行醫鬻畫爲生，自命爲大鶴山人。他決計要白鶴
遠逝，遺天下而輕萬物，超然有人外之致。但於世事不能忘情，
常有「鶴夢」返回人間，甚至憧憬導演出衰世之盛來。但畢竟「
鶴老雲孤」，心期難遂，只好在鶴孤、鶴老、鶴怨的哀鳴中，聊
以自慰。

　　斗換星移，滄桑巨變，滾滾而前的歷史車輪，軋碎了後期常
州詞派的舊日夢寐。對此，他們不像創世紀文學諸子們去滿懷信
心地擁抱未來，而是「怕新披歷日，驚換星躔。」⑫欲留時代腳
步停滯不前。

　　後期常州詞派的審美選擇，表現爲婉約低咽，凄清哀訴的陰
柔之美。與創世紀文學思潮的指天畫地，吞吐八荒的陽剛之美，
判然構成了兩個截然不同的文學世界。無論國運如何窘迫，個人
身世如何抑鬱坎坷，但在他們的作品中找不到放言無忌，直率抗
爭之氣。讀其詞，一咏三嘆，鬱伊悄怳，曲美優致。陳廷焯對這

種主導風格作了較爲全面地概括：

> 寫怨夫思婦之懷，寓孽子孤臣之感，凡交情之冷淡，身
> 世之飄零，皆可於一草一木發之。而發之又必若隱若見，欲
> 露不露，反復纏綿，終不許一語道破。匪獨格體之高，亦見
> 性情之厚。㉝

幽迴要眇的審美趣味，要求創造一種令人尋繹的藝術境界。講求
意內言外，托物興寄，是後期常州詞派共同的審美原則。

在他們的詞作中，缺月，喻刺明微；漏斷，言時暗；幽人，
言不得志；獨往來，喻孤獨無助；驚鴻，指賢人不安；回頭，言
愛君而不忘；無人省，君不察也。斜陽、暮秋、西風、峭寒、霜
重、風波、亂葉、衰紅等零散畫面，組合起來，勾畫了大清王朝
日暮途窮，封建社會衰亡敗落的蕭森淒冷的社會景象。

常州詞派講求意內言外的寄托，由於詞旨隱蔽，取徑幽迴，
詞面意義與內在涵義往往存在一定距離。他們的創作，多是傷時
感事之作，於現實社會生活多有所指。他們的創作路徑，善於烟
柳斜陽之中，寄寓故國神思，借風花雪月題面，抒發麥秀黍離之
慨。外部形象與內在涵義若即若離，給人造成一種整體朦朧，局
部清晰的感覺。許多詞如不知其本事所在，其內在涵義便無從索
解。即如朱祖謀的落葉詞，便是這方面的典範：

> 鳴螿頹城，吹喋空枝，飄蓬人意相憐。一片離魂，斜陽
> 搖夢成烟，香溝題紅處，抐禁花，憔悴年年。寒信急，又神
> 宮淒奏，付哀蟬。終古巢鶯無分，正飛霜金井，抛斷纏綿，
> 起舞回鳳，不知恩怨無端。天陰洞庭波闊，夜沉沉，流恨湘
> 弦。搖落事，向空山，休問杜鵑。㉞

該詞題面意義是咏秋風中飄零的落葉，而內在意義則是哀悼
被慈禧推入井中的珍妃。由於托義深婉，很難從詞面上窺出消息。

在創作手法上，作者運用了意象化的手法。所謂意象，指過去的感性或知覺經驗在意識中的再造或回憶。詞中的鳴螿頹城，吹喋空枝、哀蟬、飛霜、空山、杜鵑都不是眼前實景，而是作者憑過去的感性經驗為創造陰森凄冷意境的人為設置。而斜陽、香溝、神宮、洞庭湖波、天陰、暗夜、湘弦等，運用不同事物，打破時空秩序，形成通感和交感的錯位。正是這種非邏輯性的時空變幻，使得外部形象與內部精神保持一定距離，造成形象的任意性和神秘感。從另一個角度說，確實加強了語意的隱蔽性多義性，賦予了讀者更大的聯想空間。

㈡同光體的荒寒之路

「同光體」，是嘉道年間所形成的宋詩運動的繼續，是近代最後一個退出詩壇的古典詩派。代表人物為沈曾植、陳衍、陳三立、鄭孝胥。關於「同光體」之由來，陳衍曾云：「丙戌（1886）在都門，蘇堪（鄭孝胥）告余，有嘉興沈子培（曾植）者能為同光體。同光體者，蘇堪與余戲稱同、光以來詩人不專宗盛唐者。」㉟這幾人主要活動在光宣年間，而將自己的創作亦稱「同光體」，顯然是將自己與同治年間宋詩派名家鄭珍、莫友芝、曾國藩、何紹基相提並論，意在標明後來者繼承宋詩傳統，並以此抬高自己的身價。

「同光體」的審美追求，是循嘉道咸年間宋詩運動的路徑發展的。但他們不囿於前期宋詩派成說，「力破餘地」，㊱企圖為古典詩歌的發展而另闢蹊徑。同光詩派各人創作風格不盡相同，但他們的價值觀念及審美取向卻是一致的。

同為宗宋，但同光體較前期宋詩派取徑較為寬泛。前期宋詩派一般強調學蘇軾、黃庭堅，上溯杜甫、韓愈，但落腳點卻在黃庭堅一人或江西一派，顯得門徑狹窄。而同光體理論家陳衍則提

出詩盛「三元」㊲，沈曾植則標舉「三關」㊳之說。意在說明宋詩之所以發揚光大，是在其能繼承唐人詩法，並能上溯顏延之、謝靈運，融通晉宋。雖其落腳點仍在元祐宋詩，但視野較爲開闊。

前後期宋詩派都強調以學問入詩，講求詩人之言與學人之言合一。但同光體卻反對學問至上扼制詩歌個性。他們認爲學問考據固然重要，但「他學問皆詩料也。」㊴並且認爲「考據之學，其實皆爲人作計，無與己事。作詩尚是自家意思，自家言說。」㊵此已含有糾前期宋詩派學問至上偏頗之意。同光體固然主張「學人之詩」與「詩人之詩」兼而融合㊶，但這種融合須先爲「詩人之詩」，次兼「學人之詩」，避免學問有餘，而性情不足。同光體的這種對先賢的大膽超越，更爲注重詩歌的藝術個性，看重詩歌創作中的性情因素。其目的乃在於借古鑑今，積學養氣，涵泳性情，創新求異，自立不俗。如何創新不俗？他們爲自己設計的方案是不受「世緣」干擾，甘走「荒寒之路」，甘處困寂之境，寧作「寂者之詩」，以保持個性獨立。陳衍在《何心與詩序》中對此作了詳盡闡發：

> 寂者之事，一人而可爲，爲之而可常，喧者反是。故吾嘗謂：詩者，荒寒之路，無當乎利祿，肯與周旋，必其人者賢者也。既而知其不盡然。猶是詩也，一人而不爲，雖爲而不常，其爲之也恐不悅於人，其悅之也惟恐不競於人，其需人也眾矣。內搖心氣，外集詬病，此何爲者？一景一情也，人不及覺，己獨覺之；人如是觀，彼不如是觀也；人猶是言，彼不猶是言也；則喧寂之故也。清而有味，寒而有神，瘦而有筋力，己所自得，求助於人者得之乎？

這是同光體的詩學核心理論，也是他們共同遵循的創作原則。以上文字大致表述了這樣幾層意思：其一，提倡寂者之詩，只有

排除世俗利祿的干擾誘惑，才能寫出藝術的佳作。其二，作詩貴在不逐流俗，獨立不倚，言己所自得。其三，清、寒、瘦是「眞詩人」創造出的最高詩美垃界。下文茲將分別論述。

同光體提倡「寂者之詩」，從字面意義上說，拒絕世緣利祿之誘，不畏寂困，甘走荒寒之路，以保持高潔與獨立不倚，似乎具有積極意義。而實際上是失意封建文人在他們賴以生存的經濟基礎全面崩潰，社會變革勢如破竹的形勢下，對一切無可奈何而又自命清高，決心遠避現實複雜心情的反映。它要求人們遠離風起雲湧的社會現實，一味去尋求清寒詩境，叙寫幽情孤緒、乖戾陰暗心理，咀嚼個人牢怨哀愁。與清寒詩境相適應，同光體反對詩用大言，㊷恥談抱負㊸。此論於當時詩壇狀況是有所指的。辛亥前後，作爲創世紀文學勁旅的南社詩人，以詩文爲武器，以「鼓吹新學思潮，標榜愛國主義」㊹相號召，反清排滿，呼喚變革。同光體詩人對南社詩風頗爲不滿，故以「大言」等詞譏之。

提倡「寂者之詩」，與同光體諸子的身世有著必然聯繫。辛亥前這部分人大都曾爲清廷命官，陳三立曾任吏部主事，鄭孝胥曾任邊防督辦、湖南布政使，沈曾植曾任安徽提學使、署布政使。由於張之洞舉薦，陳衍做過學部主事。但他們大都爲失意官僚文人，陳三立曾於維新變法時輔其父陳寶箴在湖南推行新政，變法失敗後，父子二人以「招引奸邪」罪同被免職，永不叙用。三立漸入頹唐，自言要忘情於世事，「來作神州袖手人」。㊺沈曾植亦曾參與維新，觸怒朝中權貴，遭譏彈辭官下野。陳衍27歲舉於鄉後，至43歲均未見用，後躋身張之洞幕府，仍嫌職位卑，好不容易做了學部主事，不到二年清廷滅亡。辛亥革命後，同光體成員都成了罷官廢吏，所提荒寒之路，則半是清高，半是牢騷；再提寂者之詩，則又近於半是輓歌，半是謗文了。難怪南社詩人稱

同光體爲「日暮途窮，東山再出，曲學阿世，迎合時宰，不惜爲
盜臣民賊之功狗。」⑯不難看出，「寂者之詩」的提出，是同光
體封建末世文人對洶湧澎湃的時代洪流的一種曲意抵抗。

　　翻覽同光體詩作，戊戌前後至辛亥前多爲吟咏個人生不逢時，
鬱不得志的怨悱之作，即便有譏切時政之作，亦多屬扶持綱常、
補天衛道之類。辛亥革命後，與其他趨舊文學流派，糾集在一起，
文酒詩會，贈答酬唱，發洩對革命的不滿，相互安撫給他們帶來
的恐懼和創傷。由於寂者之詩成爲封建遺老號寒和相與慰藉的心
藥，帶有濃鬱的末世沒落情緒和遠離社會變革的陰暗色彩，因此
被南社詩人痛斥爲「罷官廢吏，身見放逐，利祿之懷，耿耿勿忘。
既不得逞，則塗飾章句，附庸風雅，造爲艱深以文淺陋」⑰的「
亡國之妖孽耳」⑱。

　　關於陳衍談到的作詩要不苟言說，獨立不倚，己所自得，主
要是從藝術技巧方面來說的。在《知稼軒詩序》及《海藏樓詩序》
中，他一再強調作詩要「不落於淺俗」。他說：「詩最患淺俗。
何謂淺？人人能道語也。何謂俗？人人所喜語是也。」⑲這一點
他繼承了前期宋詩派自立不俗的詩學傳統，但區別在於前期宋詩
派是從價值取向上立論，而陳衍主要是從遺詞造句上闡發的。何
紹基認爲「同流合汚，胸無是非，或逐時好，或傍古人，是之謂
俗。直起直落，獨往獨來，有感則通，見義則赴，是謂不俗。」
⑳這顯然與陳衍的所謂「淺俗」大有區別。那麼怎麼才能避免淺
俗呢？陳衍主張語言要寧澀勿滑，「又如佳茶，可啜而不可食」。㉑
要做到花樣翻新，就須將古人詩句中「不可及處」，「以邊際之
語寫之。」㉒所謂「邊際之語」，按陳衍解釋，就是「不肯作一
習見語」、「惡俗惡熟」。㉓按照陳三立的理解就是「務約旨斂
氣，洗汰常語，一歸於新清密栗，綜貫故實，色彩豐縟，中藏餘

味孤韻，別成一體，誠有如退之所謂能自樹立不同循者也。」(54)三立不僅強調汰去常語，而且涉及到要用典「綜貫故實」；講求語言色彩；以險韻孤韻露奇崛等總體創作追求。這種鑽牛角尖式的詩美追求，他們也自知不免遭世人詬病，但他們不憚於詬病，固執地堅持「寧艱辛，勿流易，寧可憎，勿可鄙」(55)的創作原則。顯而易見，同光體寧可雅尙險奧，聱牙鈎棘，面目可憎，也不願爲人所懂，爲人所喜，確實做到了「獨立不倚」。但這種將創新求異濃縮到生澀奧衍、荒寒險怪的遣詞造句方面，不僅違背了創新的初衷，而且從另一個極端走向詩的異化。

「清而有味，寒而有神，瘦而有筋力」，是寂者之詩的最高詩境。清者淡心。清心寡欲，脫俗遠利，淡漠塵世，幽情孤寄。與常州詞派不同，它要求文學擺脫社會功利的纏繞，去獨立創造，這倒與王國維的非功利文學觀有驚人的相似之處。「寒」則與「熟」、「熱」相反對，陰戾冷峭，取徑幽微，易於表達一種冷黯寒愴的心境，並達到於世無涉中孤芳自賞。所謂「瘦」主要從遣詞造句上著眼，主張奇峭艱澀、瘦詞硬語、拗句險聲、精於深典。只有如此，才稱得上有「筋力」。那麼這種詩學境界給同光體帶來的創作效應如何呢？內容晦澀，心灰如死，幾乎句句用典，拗語奇句，充斥詩篇，「枯瘠其語，蹇澀其音，」(56)讀不懂，而且連他們自己也不得不承認「詩眼日以高，詩筆日以低，詩料日以貧，詩力日以微。惟有作詩腸，日枉千百回。偶然詩緒來，如彼千萬絲，出手欲繅之，十指理不開。」(57)於此可見，才思枯竭，詩料貧乏，藝術生命衰亡，是荒寒之路的必然歸宿。

㈢遲暮桐城的延命情結

1894年，中日戰爭以中國戰敗之結局宣告了洋務運動的破產，作爲洋務思想載道之具的湘鄉派文，失去了賴以生存的政治依托，

與之同時梁啓超爲宣傳維新變法而倡導的「新文體」,以少壯淋漓之氣,風靡文壇,占據文壇正統近百年不可一世的桐城文派,瀕臨全線崩潰,再一次陷入全面生存危機。爲力延桐城古文之一線,曾名噪一時的曾門四弟子之一的吳汝綸,廣開門徑、培植生徒,擴大影響。並致力於由曾氏倡導的湘鄉派文向方(望溪)、劉(大櫆)、姚(鼐)倡導的桐城派文的全面回歸。

吳汝綸爲曾門四弟子中,治古文成績最著者。且長期執教,廣傳弟子,實際上成爲晚期桐城派的領袖。吳汝綸提倡向早期桐城古文的回歸傾向大致表現在三個方面:第一,尙醇厚而詘閎肆。他認爲瑰瑋俊邁、詼詭恣肆之文,是文章不成熟的表現。而成熟的「至文」,則表現爲學邃、氣靜、才斂、醇厚,「絢爛之後,歸於老確」。㊳第二,反俚俗求雅潔。他主張無論作古文或翻譯西書,都應務爲淵雅。「而俚俗鄙淺」,㊴「弇陋不文」,㊵當懸爲戒律。他認爲求雅潔之法,尤在剪裁。「文無剪裁,專以求盡爲務,此非行遠所宜」。㊶第三,義理與至文屬「兩事」而非「一途」。他反對文章摻雜義理考據,認爲說經說道皆與古文文體有妨,㊷並斷定「方侍郎學行程朱,文章韓歐,此兩事也,欲併入文章之一途,志雖高而力不易赴。」㊸

吳汝綸提倡的恢復以氣清、體潔、語雅爲特色的桐城派文,得到了其弟子的響應,實現了由湘鄉文向桐城文的回歸。但其弟子論其才學,遠遜其師及桐城先賢。觀其文章,孱巧空疏,未有經國濟世之鴻願,充滿痛心綱常名教淪落之哀愁。其弟子中最有代表者爲賀濤、范當世、馬其昶、姚永樸、姚永概數人。

他們靠著掇拾桐城先輩的隻言片語去敷衍生活,在狹小的格局裡,敘寫身邊瑣事,咀嚼難耐的哀愁。李詳在《論桐城派》㊹中,對吳氏嫡傳弟子進行了中肯的評價。他說:「自四君(曾門

四弟子）歿後，世之爲古文者，茫無所主，僅知姬傳（姚鼐）爲昔之大師，又皆人人所指名，遂依以自固，名摹字勦，於其承接轉換，『也』『耶』『與』『矣』『哉』『焉』諸助詞，若塡匡格，不敢稍溢一語，謂之謹守桐城家法」。桐城前賢「立格樹表，俾學者望表赴格，而求合其度。」⑥而晚期桐城諸人步武前跡，字摹句效，「若塡匡格」，不敢越雷池一步，桐城古文焉能不敝？正在這一批桐城嫡傳的封建末世文人，布不成陣之時，嚴復、林紓的翻譯，爲桐城古文增添了若干聲勢。

　　嚴復是淸政府第一批派往外國的留學生。在英國學習海軍三年，回國後長期任教，不受重用。甲午戰敗，力言「尊民叛君」，「尊今叛古」之說。戊戌變法時期，專力於翻譯西方學術著作。居京譯書期間，結識高文碩望的吳汝綸，並以師事之。當譯好《天演論》，遂交吳氏潤色並問序。吳氏於「文學靡敝之時」，⑥得到嚴復文筆淵雅的譯稿，喜出望外，大有「劉先生之得荆州」之槪，⑥遂爲《天演論》作序。在嚴復看來，讓桐城大師爲《天演論》作序，就像前淸官僚戴著紅頂子演說一樣，可以抬高身價。⑥在吳汝綸看來，爲嚴氏作序，獎掖雅馴，則可擴大桐城影響。

　　吳氏獎掖的另一位則是以古文翻譯西方小說的林紓。事實上以古文譯小說，本身就是以雅還俗，有悖桐城家法的。但吳氏對這種有傷大雅的「雜小說」，及嚴復的「說經說道」視而不見，一味吹捧，其目的就在於借助嚴林爲桐城文統增強活力，另闢席地，擴大壇坫。而欲附桐城以自重的嚴、林，反過來爲末代桐城增了許多亮色，但他們翻譯西方文化與文學的客觀效應，又反轉過來加速了桐城古文的滅亡。

　　自1903年吳汝綸死後，桐城聲名更爲不佳。以范當世、馬其昶、姚永槪、姚永樸之實力，不足擔當文壇救主重任。而林紓以

吳氏獎掖之故，遂以桐城正宗自居。入京師大學堂任教期間，又
與馬其昶、姚永概同氣相求。加之他有古文翻譯家之聲名，遂成
晚期桐城派首領。時人談論古文，均以林紓爲師法。晚期桐城派
的審美追求，可作如下概括：

其一、反對飛揚凌厲的陽剛之美，崇尚「氣專而寂」的陰柔
之美。桐城後學主張「氣專而寂，澹宕而有致，不矜奇立異，言
皆衷於名理」。⑥這種論調頗近乎同光體的「寂者之詩」。言出
此論，是由於他們非功利的文學主張所致。林紓對其生徒明確表
示，「世變方滋，文字固無濟於實用。」⑩既然文章不宜參政，
那麼就應反對浮浪叫囂，言辭縱逸。而應「爲言弗腴」，⑪文體
「嚴淨」。⑫在此審美標準下，他們盛推韓愈「貶褒弗見明文」
⑬爲絕妙好文。而詆明公安派文爲「魔障」、李卓吾文爲「狂謬」。
⑭於當時文壇，稱「新文體」糅雜東瀛新名詞爲「妖異」。⑮章
太炎的魏晉名理之文爲「庸妄鉅子」的「趣怪走奇」。⑯

嚴重的文化失落感，使得晚期桐城派文章愈益空疏狹小，馬
其昶面對時代變革迅疾，惶惶不可終日；「而國論大變，視古聖
籍若糞土矣」，⑰又痛心疾首。「因寄其慕思於千載上，」⑱發
思古之憂愁，詛咒世變未有終極。林紓爲了桐城大業，則要拚此
殘年，全力衛道了。他自知「古文之敝久矣」，⑲桐城運數將盡，但
他「獨區區守孤詣於京師塵埃之中」，⑳並與馬其昶、姚永概互
爲激勵，聲稱「古文一道，既得通伯，復得叔節，吾道庶幾不孤
乎！」㉑他還與生徒共勉，冀望共同「力延古文之一派，不至於
頹墜者，未始非吾華之幸也。」㉒更有甚者，林紓於五四時期，
以桐城遺老自居，極力攻擊白話文爲「引車賣漿之徒所操之語」。㉓
並作小說《荊生》、《妖夢》影射謾罵新文化運動的將領。

其二、崇雅馴尙潔淨，恪守桐城戒規。晚期桐城派與清末常

州詞派所言「雅」，有著很大不同。常州詞派所言之「雅」，主要是從詞格上來講的。它強調詞從倚靡的艷科小道中走出，去作變雅變風之歌，美刺勸喻，中正平和。桐城所言之「雅」，則主要是從遣詞造句方面來講的。嚴復以古文翻譯西方學術著作，爲求文筆淵雅，務用漢以前字法、句法，做到精理微言。他認爲「用近世利俗文字，則求達難。」⑭他在《天演論例言》中，提出了信、達、雅三大翻譯原則，平心而論，他於翻譯時，詞句之間，時有顚倒附益，前後引襯之法，並未完全做到信、達，倒是眞正做到了爾雅。但其爾雅又導致其譯文深奧難解，影響了思想的傳達。1902年當嚴譯《原富》問世後，梁啓超就曾對嚴譯提出批評：「文筆太務淵雅，刻意摹效先秦文體，非多讀古書之人。一翻殆難索解」。⑮當時力主語言文字通俗化的黃遵憲，也曾針對嚴譯的古雅，提出過中肯的建議，他說「文字之一道，至於人人遵用之樂觀之，足矣」。⑯然而嚴復力排衆議，堅持古雅，反對通俗，即撰文予以答辯云：「若徒爲近俗之辭，以取便市井鄉僻之不學，此於文界，乃所謂陵遲，非革命也」。⑰他認爲自己所譯學理邃賾之書，只是爲「多讀中國古書之人」⑱服務的。至於下層百姓讀不懂，「此其過在讀者，而譯者不任受責也」。⑲政治選擇的趨新進化，而文學選擇的復古退化，文化情結的崇雅戀舊，必然導致他後半生政治文化的全面保守。他同林紓一樣，堅持說古文決不會滅亡，攻擊五四新文化運動。他不無自負地說，古文定會「優者自存」，⑳而白話「正無如退化何耳」？㉑發人深省的是，他所介紹的「進化論」，陶冶了一代新文化巨人。而他自己卻戴著「桐城謬種」的帽子，被進化的文化潮流淘汰掉了。

至於文體的潔淨，是晚期桐城派論述最繁複的內容之一。他們主張言論約、文氣淨、忌撏扯、炫博、糅雜、直率、鋪排、輕

偃、凡猥等,歸其一點,即「削其繁而歸於簡,去其靡而衷之正」。
⑨這種審美趣味規範下的創作,雖然文章不枝不蔓,潔淨俐落,
但給創作帶來的最大弊端就是文章氣勢平庸,少有生氣。

　　總而言之,晚期桐城派對桐城家法愈講愈嚴,禁忌愈講愈多,
致使這一中國古典散文的最後流派,載著傳統的重荷,挾著無限
的哀怨,帶著「謬種」的惡諡,沉沒在新文化運動的汪洋大海之
中。

【附　註】

① 譚獻:《復堂詞錄序》。

② 況周頤:《蕙風詞話》卷一。

③ 張惠言:《詞選序》。

④ 周濟:《宋四家詞選目錄序》。

⑤ 況周頤:《蕙風詞話》卷一。

⑥ 陳廷焯:《白雨齋詞話》卷一。

⑦ 鄭文焯:《大鶴先生論詞手簡・三》。

⑧ 陳廷焯:《白雨齋詞話自序》。

⑨ 陳廷焯:《白雨齋詞話》卷八。

⑩ 陳廷焯:《白雨齋詞話》卷七。

⑪ 王鵬運:《半塘定稿・味梨集》。

⑫ 《八聲甘州・送伯愚都護之任烏里雅蘇台》。

⑬ 《滿江紅・送安曉峰侍御謫戍軍台》。

⑭ 況周頤:《摸魚兒・咏蟲》,《蕙風詞》。

⑮ 鄭文焯:《樵風樂府》。

⑯ 《疆村語叢》。

⑰ 《樵風樂府》。

⑱ 《半塘定稿・袖墨集》。

⑲　《念奴嬌‧登腸台山絕望明陵》。

⑳　王鵬運：《鷓鴣天‧登玄墓還元閣用叔問重泊光福里韻》。

㉑　鄭文焯：《玉樓春‧城西樓晚眺》見《樵風樂府》。

㉒　鄭文焯：《玉樓春‧城西樓晚眺》見《樵風樂府》。

㉓　朱祖謀：《祭天神》見《疆村語叢》。

㉔　況周頤：《浣溪紗》見《蕙風詞》。

㉕　況周頤：《繞佛閣‧過校場頭巷鶖翁故居》。

㉖　朱祖謀：《金縷曲‧井上新桐植七年矣，周無覺撫之而嘆曰，「此手種前朝樹也。」斯語極可念，拈以發端》。

㉗　趙尊嶽：《蕙風詞‧跋》。

㉘　王鵬運：《鶩山奚》。

㉙　朱祖謀：《惜紅衣‧張園秋晚草木變衰昭依扶病來遊，感話近事和白石》。

㉚　《疆村詞》卷二《哨遍詞注》。

㉛　王鵬運：《摸魚兒》云：「憐渠抵死耽佳句，語便驚人何補」。謂風雲咫尺，不能建功立業，經國濟世，而托志依聲，實在無聊之至。

㉜　鄭文焯：《滿庭芳‧庚戌除夜聽雨守歲，有懷京師風物之盛，荏苒三十餘年無一到眼，天時人事有足悲者，今夕何夕，不覺老懷之根觸也。》

㉝　陳廷焯：《白雨齋詞話》。

㉞　朱祖謀：《聲聲慢‧辛丑十一月十九日，味聃賦落葉詞見示，感和》。

㉟　陳衍：《石遺室詩話》卷一。

㊱　《石遺室詩話》卷一。

㊲　「三元」即唐開元、唐元和、宋元祐，出處同①。

㊳　「三關」即晉宋元嘉、唐元和、宋元祐，沈曾植：《與金潛廬太守論詩書》。

㊦ 陳衍：《沈乙庵詩序》。

㊵ 陳衍：《石遺室詩話》卷一。

㊶ 陳衍：《石遺室詩話》卷二十八。

㊷ 陳衍：《石遺室詩話》卷十八。

㊸ 陳衍：《石遺室詩話》卷三十二。

㊹ 《馬君武詩文集自序》。

㊺ 《散原精舍詩‧集外殘句》。

㊻ 柳亞子：《胡寄塵詩序》。

㊼ 柳亞子：《胡寄塵詩序》。

㊽ 柳亞子：《紫雲樓詩序》。

㊾ 《石遺室詩話》卷二十三。

㊿ 《東洲草堂文集‧使黔草自序》。

(51) 《知稼軒詩序》。

(52) 《石遺室詩話》卷十。

(53) 《石遺室詩話》卷一。

(54) 《顧印伯詩集序》。

(55) 陳衍：《重刻晚翠軒詩序》。

(56) 柳亞子：《紫雲樓詩序》。

(57) 陳衍：《清明日懷堯生榮縣》。

(58) 《與楊伯衡論方劉二集書》。

(59) 《答嚴幾道》。

(60) 《天演論序》。

(61) 《答嚴幾道》。

(62) 《與姚仲實》。

(63) 《答姚叔節》。

(64) 《國粹學報》第49期。

⑥⑤　林紓：《送大學文科畢業諸學士序》。

⑥⑥　《天演論序》。

⑥⑦　《答嚴幼陵》。

⑥⑧　胡適：《五十年來中國之文學》。

⑥⑨　林紓：《愼宜軒文集序》。

⑦⑩　林紓：《送文科畢業諸學士序》。

⑦①　林紓：《與姚叔節書》。

⑦②　林紓：《春覺齋論文》。

⑦③　林紓：《百大家評選韓文菁華錄序》。

⑦④　林紓：《春覺齋論文》。

⑦⑤　林紓：《春覺齋論文》。

⑦⑥　林紓：《送文科畢業諸學士序》。

⑦⑦　《濂亭集序》。

⑦⑧　《濂亭集序》。

⑦⑨　《送文科畢業諸學士序》。

⑧⑩　姚永概：《畏廬文續集序》。

⑧①　《愼宜軒文集序》。

⑧②　《送文科畢業諸學士序》。

⑧③　《答大學堂校長蔡鶴卿太史書》。

⑧④　《天演論例言》。

⑧⑤　《新民叢報》第一號《介紹新書〈原富〉》。

⑧⑥　《與嚴幼陵書》。

⑧⑦　《與〈新民叢報〉論所譯〈原富書〉》。

⑧⑧　《與〈新民叢報〉論所譯〈原富書〉》。

⑧⑨　《與〈新民叢報〉論所譯〈原富書〉》。

⑨⑩　《與熊純如書札》八十三。

⑨ 《與熊純如書札》八十三。

⑨ 林紓：《國朝文序》。

三　王國維：生命本體的痛苦絕望

歷史走進了20世紀。在本世紀最初的10年間，呈多元對峙的中國文壇，出現了王國維卓特不群的美學理論體系。言其卓特不群，是說其理論體系既不同於創世紀文學思潮，又迥異於以儒家文化爲本源的古典文學理論體系。王國維的理論體系，主要是建構在19世紀末年西方生命哲學基礎之上的。因此，對其文學理論及其文學創作，不能簡單理解成是對封建王朝的某種曲線效忠，而應注意到他受西方悲觀主義生命哲學的影響，希冀以文學解脫人生痛苦，所表達的是對人的生命本體的無比失望。這顯然是對當時時代與文化氛圍的異樣反抗。

㈠純粹藝術哲學──人生視角的轉換

王國維研究文學，是以關注人生，探究人生奧秘爲切入點的。王國維出生於海寧縣一個中產之家，七歲入私塾，接受傳統教育。16歲前習駢散文及古今體詩、金石書畫。1894年中日戰爭時年方17歲，兩次應舉不第，又素不喜科舉應制之文，有感於時，遂有意於新學。棄帖括而不爲，絕舉業而不就的失落心理，使他樂意接受康梁「新學」之薰陶。然變法失敗，《時務報》遭封，旋入羅振玉主辦之東文學社做庶務。就王國維本身而言，厭棄舊學與新學遭禁的雙重文化失落；功名無望而又寄寓文化商人羅振玉門下的困阨；體素羸弱，性復憂鬱的個人氣質；善思考而必求本源的文化稟賦，亟需一種文化食糧作爲精神支柱。這種精神支柱被他在東文學社習外語期間欣喜地發現了。他在日本教師田岡佐代治的文集中見「有引汗德（康德）、叔本華哲學者，心甚喜之。」①

後於 1901-1903年間仔細研讀康德、叔本華、尼采、洛克、休謨等人的哲學著作，大有融會貫通，心怡神釋之感。而他在衆著作中，獨於「叔本華之書而大好之。」②並稱「自癸卯（1903年）之夏，以至甲辰（1904年）之冬，皆與叔本華之書爲伴侶之時代也。」③

　　王國維之所以獨鍾情於叔本華哲學，在他看來，叔本華的悲觀主義唯意志論，從形而上排解了「人生之問題，日往復於吾前」④的苦思之惑，並且回答了人生眞諦。雖然後來他從尼采和實證主義那裡得知，叔本華的形而上學儘管許諾能使人從生活的痛苦中解脫出來，但終不可信。然而叔氏對他世界觀的定型以及對其文學批評的規範，卻是烙印深重，積重難返的。

　　叔本華（1788-1860）是19世紀德國悲觀主義哲學的先驅。他的哲學觀點被世人所接受並廣爲流傳，是在19世紀50年代以後。叔本華的代表著作爲《意志和表象的世界》。叔氏的基本哲學觀點爲，世界是我的表象，即世界萬事萬物只是思維的產物，是外部現象。只有「意志」才是本質的東西，它是單一整體性的，是玄奧而不可改變的，是超越於時空之外的，是無原因和目的的。在現象界中，意志表現在一個上升的意識系列之中，表現爲高一級的形態對低一級形態的鬥爭。這種永恒的無目的的鬥爭，與痛苦與災難不可分割地聯繫在一起。人的生活受「生活意志」支配，充滿著求生、求偶等利己的生活欲望，但現實世界永遠無法滿足欲望，因而人生充滿痛苦。叔氏認爲解脫人生痛苦有兩個途徑，一是走佛教式的解脫——涅槃之路；一是通過對文學藝術無意志的直觀，達到暫時之解脫。

　　不言而喻，叔本華的悲觀主義生命哲學，表現了一種人生末世的孤獨與悵惘，它否定理性否定現實排斥進取泯滅希望，與歐

洲資產階級上升時期充滿生命活力的哲學學說，完全背道而馳。
甚至其後學尼朵也不無揶揄地將叔氏哲學稱之爲「佛教徒的虛無
意志」。⑤王國維卻不然，他決計做一名哲學家，像叔本華那樣
埋名隱姓，遠避社會政治及利俗之騷擾，躲進象牙之塔裡去搞形
而上學，探索人生的根本問題。隨著對哲學上形而上學、倫理學
及美學的深入研究，王國維又產生了「可信」與「可愛」⑥之間
不可調解的煩惱。究其根本原因，乃在於叔氏悲觀哲學與中國樂
感文化是兩種不同的文化解說，王國維心靈深層所積澱的樂感文
化從理性上排斥非理性的叔氏哲學。關鍵還在於叔氏哲學本身雖
道出了人生就是痛苦的論說，但並不能眞正解脫人的痛苦，反而
愈加使人喪失生活信心，苦不堪言。於是王國維爲求解脫痛苦之
道，便循著叔氏指引的以文學藝術求暫時解脫的途徑，轉向專門
文學研究與詩詞創作，「而欲於其中求直接之慰藉者也」⑦。

　　至於王國維談自己從事哲學研究而「感情苦多」，從事文學
研究與創作則又「苦感情寡而理性多」，徘徊於文學與哲學二者
之間。⑧無意中道出了他的文學創作與批評的實質，即以叔氏形
而上之哲學與美學原則指導其文學批評與創作，並實現二者的融
合，從而形成一種卓立特行的「純粹藝術哲學」。固然王國維對
中國老莊哲學時有取便發揮，但其文學理論的文化本源主要來自
西方近世生命哲學，因此在其文化及文學觀念上產生了完全不同
於當時知識分子的認識結構。概括起來可作如下判斷：

　　(1)主張學術自由，學貫中西，以外化內。他認爲學術研究不
應成爲某種政治的手段而應當成自身的目的。⑨因此他力主學術
應進入「研究自由之時代，而非教權專制之時代」。⑩他認爲欲
求學術的眞正發達，一方面要破除中外之見，另一方面不要將學
術作爲政治之手段。⑪王國維對西方哲學及自然科學的精深研究，使

他獲得了西方近代哲學的思辯能力及科學的治學方法。他清醒地
意識到：中國人的思維特質爲實際的、通俗的、具象的、經驗的。
而西洋人之特質爲思辯的、科學的、抽象的。⑫且中國學術思想
因傳統過久而趨於停滯，需要西方學術刺激，始能有所發展。⑬
因此他認爲學無新、舊、中、西之分。⑭由於王氏能做到「以外
化內」，並掌握了科學的邏輯思辯方法，因此他能正確區分史學、
哲學、文學的不同學科性質，並於哲學、史學、美學、甲骨文、
殷周金文、漢晉書簡等學科，均有建樹。但他此種認知結構最大
之缺陷，乃在於忽視或抹殺了文化的時代性，這在一定程度上影
響了他對問題的研究。

　　(2)以人生作爲研究文學切入點。

　　王國維以人生苦痛爲出發點，去探究文學如何解其痛苦的藝
術規律，這是完全不同於中國傳統文學理論的藝術視角。中國古
代雖言詩者，志之所之也，但這種「志」，多爲安邦治國平天下
的經濟大志，很少言做爲人的本能需要之「志」。於是人們津津
樂道的多爲歌詩陳政，文以載道之論。人們研究文學的切入點不
是從人本身出發，多爲從社會政治的需要出發，從總體看，文學
沒有擺脫政治附庸地位。王國維一反這種文學傳統，爲求得文學
的獨立不倚，並將人作爲文學的直接對象，對五四時期「人的文
學」⑮提出，不啻有一種間接昭示作用。

　　由於王國維不把文學當作政治之手段、而當作目的去研究，
他對文學特徵的認識，有時是深刻的。即如文學與哲學的區分就
相當準確：「文學中詩歌一門，尤與哲學有同一之性理，其所欲
解釋者，皆宇宙人生上根本之問題，不過其解釋之方法，一直觀
的，一思考的，一頓悟的，一合理的耳」。⑯既然文學具有「直
觀」「頓悟」的特點，那麼它的優越處就在於，「若夫知識道理

之不能表以議論，而但可表以情感者，與夫不能求諸實地。而但可求諸想像者，此則文學之所有事」。⑰王國維還提出了藝術典型化問題。他說：「夫美術之所寫者，非個人之性質，而人類全體之性質也。惟美術之特質，貴具體而不貴抽象。」⑱

從「一切之美皆形式之美也」⑲的判斷出發，王國維認為文學是進化的。他認為楚騷、漢賦、六朝駢文、唐詩、宋詞、元曲，「皆所謂一代之文學」。⑳那麼歷代文學是怎樣進化的呢？他說：「蓋文體通行既久，染指遂多，自成習套。豪傑之士，亦難於其中自出新意，故遁而作他體，以自解脫。一切所以始盛終衰者；皆由於此。」㉑固然王氏僅從形式演變來考察文學進化歷史，但這確與詩必盛唐、文必秦漢，崇古法先的文學復古主義大相逕庭。

另如他在《人間詞話》中標舉「境界」，概指真切鮮明、情景交融的藝術形象，的確較嚴羽之「興趣說」、王士禎之「神韻說」高出一籌。他對「造境」與「寫境」的解說，實質上是在論述浪漫主義與現實主義兩大創作方法及其相互關係。

僅就以上兩點，並未完全把握王國維文學理論的整體面貌與實質所在。其實，王國維文學認知結構與傳統認知結構的最大不同，乃在於他的文學非功利主義及悲劇理論。

㈠可愛玩而不可利用者——文學本體尋覓

王國維的文學理論，是立足於叔本華美學而又有所發揮的具有嚴密邏輯力量的理論體系。其理論涉及文學發生學、發展學、形態學、社會學等一系列問題，而純藝術非功利的寧靜直觀學說，是其整個理論體系的核心。

王國維對「美」的界定，與叔本華如出一轍。他認為「美之知識，實念之知識也。」㉒所謂「實念」（今譯為「理念」），是叔氏哲學的一個重要概念。叔氏認為「實念」是意志（本質）

與表象之間的中介物，它外現爲意志客體化的級別，具有永恆性、普遍性。「實念」又存在於個別客體中，它所展示的是意志的間接客體化。由於美存在於「實念」之中，因此美是意志在一定級別上恰如其分的客體化。叔本華說：「夫美術者，實以靜觀中所得之實念，寓諸一物焉而再現之。」[23]由於實念體現了意志在一定級別中客體事物的理想與追求，因此其實質趨向於意志（欲望）的否定方面。做爲實念的美，「其材料取諸人生，其理想亦視人生之缺陷逼仄，而趨於反對之方面。」[24]可見美是無欲的，超功利的。基於此，王國維認爲美的價值，「存於使人離生活之欲，而入於純粹之知識。」[25]即人在觀賞「不與吾人之利害相關係」的藝術作品時，進入一種無我忘我的迷醉狀態，從而達到「純粹無欲之我」的境界。[26]以上即爲王國維宣揚美可使人從「欲」的苦痛與厭倦中暫時解脫出來的基本理論依據。

王國維的文學發生學，則源於康德、席勒的「遊戲說」。他認爲人生最高尚的嗜好莫過於文學藝術，但文藝是怎樣產生的呢？他說「希爾列爾（今譯席勒）既謂兒童之遊戲存於用剩餘之勢力矣，文學美術亦不過成人之精神的遊戲，故其淵源之存於剩餘之勢力，無可疑也。」[27]王國維將「欲」分爲生活之欲與勢力之欲兩類，衣食住行屬生活之欲，而消遣娛樂、藝術則屬勢力之欲，而勢力之欲多爲解除生活之欲帶來的痛苦與疲勞的剩餘精力。即所謂「人之勢力，用於生存競爭而有餘，於是發而爲遊戲。」[28]故而王國維斷言：「文學者，遊戲的事業也。」[29]既然文學爲遊戲的事業，且「其價值亦存於美之自身，而不存乎其外，」[30]那麼王國維對美之性質的推斷必然是「可愛玩而不可利用者」。[31]這就從根本上與「寓教於樂」的美學觀劃清了界限。

王國維的藝術形態學，是一種形式主義形態論。他認爲「一

切之美,皆形式之美也」。㉜而「形式」又有「第一形式」與「第二形式」之分。他把作品的「材質」(題材)稱作第一形式,把作品的體裁、結構、韻律、語言風格等稱作第二形式,第一形式惟經過第二形式之表現才見其美。王國維的這種形式主義形態論,同樣植根於叔氏之「實念」說。既然美是意志的間接客體化,那麼它只能做為意志的一種形式而外現,即「世界及其一切現象的永恒的基本的形式」。㉝

王國維又將美劃分爲「優美」與「壯美」,這主要是汲取了康德等人的論點。他認爲優美是「由一對象之形式不關於吾人之利害,遂使吾人忘利害之念,而以精神之全力沉浸於此對象之形式中,自然及藝術中普遍之美皆此類也。」㉞而壯美則是「由一對象之形式超乎吾人知力所能駕馭之範圍或其形式大不利於吾人,而又覺非人力所能抗,於是吾人保存自己之本能遂超越乎利害觀念外,而達觀其對象之形式。」㉟優美之情由靜觀得之,壯美之情由動到靜時得之。二者皆能使人超然利害之外,忘物我之關係。由於「一切之美皆爲形式之美」,優美與壯美二者也概莫能外。所特殊的是,二者既存於「第一形式」,也可於「第二形式」表出,具有相當普遍的意義。

王國維的形態論直接影響到他的文學發展觀。如前所述,他認爲歷代文學的進化,僅是文體形式的進化,「故謂文學今不如古,余不敢信」。㊱

如果把王國維針對具體文學現象所進行的文學批評,納入到文學社會學領域進行考察,就會得出如下結論:「純文學」應該擺脫政治倫理的附庸地位,從而獲得獨立發展。

首先,他反對用政治家的眼光來觀察事物,描寫事物。「政治家之眼域於一人一事,詩人之眼則通古今而觀之。詞人觀物,

須用詩人之眼，不可用政治家之眼，故感事懷古等作，當與壽詞同爲詞家所禁也。」㊱在這種審美原則指導下，歷史上凡具有鮮明政治傾向的現實主義作品，如杜甫之《三吏》、《三別》，白居易之《秦中吟》、《新樂府》之類，在他眼中皆等而下之。在《論哲學家與美術家之天職》一文中，他對這種情況更是深致不滿：「所謂『詩外尙有事在』，『一命爲文人便無足觀』，我國人之金科玉律也。嗚呼！美術之無獨立之價值久矣！此無怪歷代詩人，多托於忠君愛國，勸善懲惡之意，以自解免。而純粹美術上之著作，往往受世之迫害，而無人爲之昭雪者也。此亦我國哲學美術不發達之一原因也。」他把這種現象視作「國恥」，並以替純美術昭雪之職而自任，並告誡哲學家與文學家「毋忘其天職，而失其獨立之位置，則幸矣。」

　　由上可知，王國維的非功利審美標準確實衝擊了文以載道的傳統觀念。但不應忽視，他是反對一切功利主義的，尤其反對急功近利。王國維提出非功利的文學主張，主要是針對維新派及革命派的功利主義文學而言的。他認爲梁氏之「新民救國」，革命派之反清排滿，「非喜事之學生，則亡命之逋臣也。」稱他們「本不知學問爲何物，而但有政治上之目的。」對此他非常痛心，不無憤慨地說：「又觀近數年之文學，亦不重文學自己之價值，而唯視爲政治教育之手段。」這簡直是對文學的褻瀆。㊳不可否認，王國維確實擊中了梁氏及革命派文學不重自身個性特徵的要害。但從文藝社會學的角度看，他所抨擊的文學確實推動了歷史的前進。而他自己的非功利主張，卻是與那個時代格格不入的。

㈢悲劇——人生痛苦的真正涵義

　　王國維的悲劇理論，是其理論體系中最著特色的部分。而他這種理論，又「全在叔氏之立腳地。」㊴在《紅樓夢評論》中，

王國維認爲生活本質就是「欲」,「欲」不僅先人生而存在,而且是永恒的,人們只能像鐘表之擺,往復於痛苦與厭倦之中。鑑於此,「美術之務,在描寫人生之苦痛與其解脫之道,而使吾儕馮生之徒,於此桎梏之世界中,離此生活之欲之爭鬥,而得其暫時之平和,此一切美術之目的也,」⑩在他看來,《紅樓夢》「以生活爲爐,苦痛爲炭,而鑄其解脫之鼎」,因此稱得上「宇宙間一大著述」。我們知道,王國維將美分爲優美和壯美。於優美,他更欣賞「以物觀物,故不知何者爲我,何者爲物」,⑪滅絕欲念的「無我之境」。⑫於壯美,他推崇能使人在「恐懼與悲憫」中,「意志爲之破裂」,欲望遁去的悲劇。這顯然是受叔本華置詩歌、小說於美術之頂點,又置悲劇於詩歌小說之頂點的影響。雖然如此,但他將壯美與悲劇相關聯,是符合美學原則的。

按照叔本華美學觀點,王國維將悲劇分爲三類:第一類是由極惡勢力造成的悲劇;第二類是盲目的運命者所致;第三類是普通人由於環境所致,不得不如此所造成的悲劇,而這種悲劇「其感人賢於前二者遠甚」。基於此,他認爲寶黛之愛情悲劇,並非有「蛇蝎之人物,非常之變故」,不過是賈母信金玉之邪說,王夫人固親於薛氏,王熙鳳妒黛玉之才的「自然之勢」與道德觀念所致,因此其悲劇更具震撼力,「可謂悲劇中之悲劇也」。

王國維肯定普通人的悲劇,突破了「英雄悲劇」與「命運悲劇」的拘囿,但他給悲劇下的定義卻是荒謬的。他認爲悲劇就是欲望不能實現的痛苦,《紅樓夢》的悲劇性,在於它揭示了寶玉降生本身就是錯誤的,這種錯誤使其具有了「強於飲食之欲」的男女之欲,從而造成了寶玉輾轉於苦痛之中的悲劇生活歷程。在他看來,悲劇不是「將人生有價值的東西毀滅給人看」,⑬悲劇中難以實現的欲望追求是無價值的。而悲劇的價值存於「玉還僧

人」，寶玉出家擺脫了男女之欲的痛苦。從這個意義上講，他認為寶玉的悲劇，代表了人類的共性，因此寶玉是中國文學史上獨一無二的悲劇典型形象；而《紅樓夢》是一部徹頭徹尾的完整悲劇。

至其從倫理學上論證寶玉出家解脫的合理性，則更為荒謬。他認為人生之所以存在是由於祖先「欲」的一時「誤謬」所致，以至無限延續無有贖罪之時機。而寶玉出家斷絕男女之欲，既能彌補父母之過失，又達到了人類最高理想，仍不失為符合人倫之孝子。王國維把寶玉追求婚姻自主、個性解放歸之於男女之欲，從而把悲劇的根源歸咎違背倫理學之「欲」，不但否定了寶玉追求個性解放的合理性，而且也使自己的悲劇理論黯然失色。

王國維以此悲劇觀，評判古代戲曲小說，說沒有一部稱得上真正悲劇者。他認為《西廂記》、《牡丹亭》等劇作，「以懲勸為旨」，其結果是「徒諷一而勸百，欲止沸而益薪」。他尤其反對「始於悲者終以歡，始於離者終於合，始於困者終於享」的大團圓結局。像《牡丹亭》之還魂，《長生殿》之重圓，一律不能算作完整悲劇作品。應該承認，他的這種反「重圓」的思想，對五四時期魯迅反對瞞和騙的文學，反對大團圓結局的文學思想，產生過積極影響。令人遺憾的是，他那非功利的文學主張，宿命的悲劇理論，對他自己的詩詞創作所產生的影響，則全為消極的。

王國維的詩詞創作，刊布於世的為《靜庵詩稿》及《人間詞甲乙稿》。他於自作詞尤為自負，嘗自詡「自南宋以後，除一二人外，尚未有能及余者，則平日之所自信也。」㊹觀其詞風頗接近後期常州詞派之審美風格，低迴哀咽，要眇悱惻，韻律整飭，幽美曲致。其詞所展示的情感世界，與常州詞派的牢騷淒怨，苦悶難排亦大抵相同。所不同者，王國維詞中沒有常州詞派那種衛

道補天的焦灼與憂患。王國維詞作中瀰漫著對人生、人世、人間的困惑與不解，㊺其詞所寄托的完全是對人的生命本體的失望。其詩與其詞一樣，是爲求之心靈慰藉而作，然其對人生春愁秋怨的苦痛吟咏，不僅不能排解苦悶，反而愈益愁困。於是「解脫」情結托詩以自見。他感謂「人生一大夢」，㊻「自作犧與牲」。㊼勞悴終生，盡歸幻滅。不如「蟬蛻人間世，兀然入泥洹（涅槃）」㊽。

從宏觀而論，如果說王國維的文學理論從客觀上迎合了封建末世文人的遲暮與失落心理，那麼從主觀而言，其文學創作則直接表現了末世文人對社會乃至整個人生的失望與悲哀。筆者無意貶低王國維的學術成就，亦不否認他的學術觀點的發展變化。1905年後，他通過對詞及宋元戲曲的深入研究，逐步意識到作家應該眞實地描摹出「胸中之感想，與時代之情狀，」㊾並使其作品「足以供史家論世之資者不少」。㊿此處已非完全非功利了。就作家本體而論，並非生活在虛無縹緲的塵世之外，「而在家族，國家及社會中之生活也。」(51)並且提出應該入內出外有高致有生氣的描寫宇宙人生，(52)但這種「閱世說」仍然未能跳出叔氏以文學描寫人生痛苦的窠臼。況且他自己的詩詞創作實踐無論如何也作不到「高致」與「生氣」，而是充滿著苦悶的低沉與失望的暮氣。於是他決計擺脫痛苦轉而致力於史學研究了。

王國維一向反對學術爲稻粱謀，尤其反對文學家以賺取稿費謀生。(53)但文人既生活在一定國家社會中，吃飯問題需要解決。但他放著大學教授不做，偏要於1923年去做末代皇帝的文學侍從，食五品俸。1924年溥儀被逐出故宮，他有君辱臣死之想，終於1927年投昆明湖自殺，走上了徹底解脫之路。王國維生命及學術的終結，是他文化與政治選擇的必然結果。

【附　註】

① 《靜庵文集續編・自序一》，以下引王國維文均出自《王國維遺書》，商務印書館1940年版。

② 《靜庵文集・自序》。

③ 《靜庵文集・自序》。

④ 《靜庵文集續編・自序一》。

⑤ 《簡明不列顛百科全書》第6分冊第226頁。

⑥ 《靜庵文集續編・自序二》。

⑦ 《靜庵文集續編・自序二》。

⑧ 《靜庵文集續編・自序二》。

⑨ 《論近年之學術界》。

⑩ 《奏定經學科大學文學科大學章程書後》。

⑪ 《論近年之學術界》。

⑫ 《論新學語之輸入》。

⑬ 《論近年之學術界》。

⑭ 《國學叢刊序》。

⑮ 周作人：《人的文學》。

⑯ 《奏定經學科大學文學科大學章程書後》。

⑰ 《國學叢刊序》。

⑱ 《紅樓夢評論・餘論》。

⑲ 《古雅之在美學上之位置》。

⑳ 《宋元戲曲考序》。

㉑ 《人間詞話》。

㉒ 《叔本華之哲學及其教育學說》。

㉓ 《叔本華與尼采》。

㉔ 《紅樓夢評論》。

㉕ 《叔本華之哲學及其教育學說》。

㉖ 《叔本華之哲學及其教育學說》。

㉗ 《人間嗜好之研究》。

㉘ 《文學小言》。

㉙ 《文學小言》。

㉚ 《古雅之在美學上之位置》。

㉛ 《古雅之在美學上之位置》。

㉜ 《古雅之在美學上之位置》。

㉝ 石沖白譯：《作爲意志和表象的世界》。

㉞ 《古雅之在美學上之位置》。

㉟ 《古雅之在美學上之位置》。

㊱ 《人間詞話》。

㊲ 《人間詞話》。

㊳ 《論近年之學術界》。

㊴ 《靜庵文集・自序》。

㊵ 《紅樓夢評論》，以下未注出處者，皆引自該文。

㊶ 《人間詞話》。

㊷ 《人間詞話》。

㊸ 魯迅：《墳・再論雷峰塔的倒掉》。

㊹ 《靜庵文集續編・自序》。

㊺ 王國維所作詞不過百闋，然人間、人世、人生愁苦難住之詞隨處可見，適見其「人間愁苦」情結深重。

㊻ 《靜庵詩稿・來日》第二首。

㊼ 《靜庵詩稿・端居》。

㊽ 《靜庵詩稿・偶成》第二首。

01㊾ 《宋元戲曲考》第十二章。

㊿　《宋元戲曲考》第十二章。

(51)　《屈子文學精神》。

(52)　《人間詞話》。

(53)　《文學小言》。

第八章　五四文學思潮的湧現

社會與文化背景——人的文學——文學的進化觀念
——雙向的文學價值觀——求真的審美特徵——
趨新的時代風尚——悲劇性的價值和意義

　　五四文學思潮作爲二十世紀中國文壇的新思潮，出現於五四運動之前，延續到北伐戰爭之後，大約有十年左右（1917年——1927年）的歷程，這是一種眞正具有現代意義的思潮，一種從本質內涵、審美特徵，到表現方式、語言形態皆判然有別於封建文化觀念的文學新思潮。它的崛起，標誌著中國文學掀開了新的一頁，眞正開始踏上現代化的進程。

　　歷時十年的五四文學思潮，在它的演進過程中，曾經歷了三個階段，1919年的五四運動之前爲前期，它作爲時代新思潮中相當活躍的成分發揮著積極的作用；從五四運動到1925年「五卅」事件的爆發爲中期，它作爲新文學運動的一個重要方面，成爲人們關注的一個焦點。從「五卅」到1927年是後期，它響應時代的召喚，趨向於激進，成爲革命的一翼。但貫穿始終的主線依然是人的自覺與文的自覺。十年中雖有抑揚，且多坎坷，總的目標和方向還是朝著現代化邁進的。五四文學思潮是中國文學現代化的第一束光，照亮了漫漫曲折的歷史隧道。

一　歷史機遇

　　五四文學思潮的出現是一次歷史機遇。

　　不僅僅是現實的需要，自1840年鴉片戰爭之後，帝國主義列強以長槍和大炮打開了古老中國的大門，外國勢力的入侵使中國社會內部結構發生了重大的變異，大一統的封建帝國逐步淪爲半殖民地半封建的社會。帝國主義與封建主義像兩座沉重的大山壓在中國人民的頭上。辛亥革命的暫時勝利並沒有、也不可能改變這種狀況；相反，復舊勢力的捲土重來，進一步激化了中國社會的基本矛盾。各派軍閥爭權奪利，窮兵黷武，對內殘害百姓。對外賣國求榮，國家敗壞到了極點。1916年上海有一家雜誌的記者寫道：「數月以來國事日非。百吏尸位於朝，萬民廢業於下，士不安其校，賈不安其市，工不安其肆，農不安其田。加以苛稅繁興，盜賊毛起，生計廢絕，十室九空。行旅所經，考詢所至，上之唯口議腹非，下之唯孤鳴籌火，內之唯婦號兒啼，外之唯隴嘆路哭而已。」①外患日深，內亂頻仍，時局險惡，生靈塗炭，這就是「五四」前夕中國社會的現實面貌。如此的現實理所當然的需要一次變革，需要一次衝擊。

　　也不僅僅是文學的需要。延續兩千多年的中國傳統文學氣息奄奄，已經走到了它的盡頭；影響深且久的中國傳統文學觀念，也日薄西山，漸趨式微。觸目中西方文化的鮮明對比、強烈反差，面對國內外的風雲變幻、白雲蒼狗，一批激進的知識分子，首先是留學生，向封建主義及其文化傳統發起了全面的攻擊和猛烈的批判。1915年9月由陳獨秀主編的《青年雜誌》（1916年9月第2卷起改名爲《新青年》）的創刊正式揭開了它的帷幕。新思潮運動（1919年五四運動後改稱爲新文化運動）在蔡元培、易白沙、吳虞、錢玄同等一批驍將的支持和策應下，縱橫捭闔，銳不可當。他們高揚民主與科學的大旗，批判儒學，打倒「孔家店」，破除

迷信，解放思想，在中國文化舞台上演出了威武雄壯、有聲有色的一幕。它不僅在意識形態領域滌蕩了舊思想舊文化的垃圾，也爲新思想新文化的創獲提供了契機和氛圍。一種新的文學思想、一種新的文學創作、一種新的文學形式也在其中醞釀和孕育，並逐漸趨向成熟，得到廣泛傳播，到 1917年終於由胡適首先發難，發起了文學革命的運動，推動了文學新思潮的湧現。

　　而且，也是世界的擠兌，世界文學的推動。如果中國不想亡國滅種，不想走當時波蘭、印度的老路，不想被擠出地球，就必須奮起直追，自力更生。世界文學先由林琴南的文言筆譯，後有留學生的系統介紹，在「五四」前夕，大量湧入中國社會。這一方面是引進和借鑑。《新青年》不愧爲得風氣之先。第一卷上就譯介了王爾德的劇本《意中人》，屠格涅夫的小說《春潮》、《初戀》等。其後，共譯出武者小路實篤、梅理爾、易卜生等人劇本10餘部；屠格涅夫、莫泊桑、龔古爾兄弟、顯克微支等人小說近40篇；易卜生等人的詩歌50首；還有高爾基、廚川白村等人的文藝論文多篇。同時，也有意識地介紹了西方在文學思潮方面的情況。如陳獨秀早在1915年即發表《現代歐洲文藝史譚》一文，指出：「歐洲文藝思想之變遷，由古典主義，一變爲理想主義，再變爲寫實主義，更進而爲自然主義。」②另一方面是激勵和創建。 1917年錢玄同等人與胡適的通信中提出：「從今日以後，要講有價值的小說，第一步是譯，第二步是新做。」③胡適也在《新青年》上發表長文，對易卜生的現實主義作了介紹和論述，並聯繫中國文學的情況提出了新文學的方向。陳獨秀更是大聲疾呼：「吾國文學界豪傑之士，有自負爲中國虞哥（雨果）左剌（左拉）桂特（歌特）郝卜待曼（霍普特曼）狄鏗士（狄更斯）王爾德者乎。有不顧迂儒之毀譽，明目張膽以與十八妖魔宣戰者

乎。予願拖四十生的大炮，爲之前驅。」④五四文學思潮正是在這一引進和創建中誕生和傳播的。

魯迅在30年代曾總結道，五四文學革命的興起，「一方面是由於社會的要求，一方面則是受了西洋文學的影響」。⑤同樣我們說，外國文學作品及論著的翻譯介紹，爲五四文學思潮的出現提供了寶貴的思想資料和廣闊的世界文學的參照系；社會的現實要求，新文化運動，五四文學革命是它形成的時代動力和客觀條件；新文學的創作是它對象化、具體化的第一次實踐；而一批執堅披銳、所向披靡的先驅者則是它的助產士和傳播者，是他們「漸漸引此『塊然獨存』之中國同俗於世界文化之流。」⑥

二　思想內涵

五四文學思潮隨著文學革命的爆發而崛起，又協同著它的深入而拓展，短短幾年中揚波激浪，浩浩蕩蕩，成爲一股蔚爲壯觀的時代潮流。五四文學思潮既是時代的產物，又是一股歷史的潮流。對歷史來說，它是中國傳統文學思想的創造性轉化；對時代來說，它是二十世紀時代精神的自然衍化。五四文學思潮的核心可以概括爲「人的自覺」與「文的自覺」。胡適說：「我們的中心理論只有兩個：一個是我們要建立一種『活的文學』，一個是我們要建立一種『人的文學』。前一個理論是文字工具的革新。中國新文學運動的一切理論都可以包括在這兩個中心思想的裡面。」⑦革新內容是一種「人的自覺」的表現，改造形式是一種「文的自覺」的表現，兩者的融合，不僅創獲了新的文學作品、新的文學理論，而且還滙聚成一股嶄新的文學思想的潮流，把中國文學眞正推上了現代化的軌道。

㈠人的文學的觀念

　　這是五四文學思潮的核心觀念，也是它的理論支點。從根基上講，五四時期的新思潮是一種關於人的解放的社會——哲學思潮，五四文學思潮是一種對人的發現和肯定的文化——心理思潮。腐朽的封建文學是一種非人的文學，傳統的封建文學觀念也是一種否定人、壓抑人、排斥人的文學觀念。人的觀念的覺醒是以民主與科學爲基點的現代意識在中國五四時期的具體化，人的文學的觀念的提出是現代文學意識在中國五四時期的具體化。從歐洲文藝復興以來，對人的肯定，對人的尊嚴、價值的確認，對人的欲望、要求的尊重，像一根紅線貫穿於整個思想文化的發展歷史。當中國的先驅者在西方思想文化中發現了人的價值和意義後，一場思想啓蒙運動不可避免地來到了。「棄鬼話而取人話」（蔡元培），五四文學思潮以人的文學的觀念作爲它的標幟正是這一時代的啓蒙思想在文學領域中的必然表現和自然延伸。從胡適的「芻議」到陳獨秀的「革命」，無一不洋溢著人的追求，人的自信，蒸騰著人的血性、人的魅力。周作人將這一切概括、提煉爲「人的文學」這一口號，大大促進了新思潮的發展和推廣。

　　五四文學思潮中的人的觀念在文學活動中具體衍化爲人道主義與個性主義兩個側面。

　　現代意義上的人道主義是五四運動前後出現於中國文壇的。這種由西方傳入的人道主義思想與中國傳統文學中的「仁愛」思想（如杜甫的「窮年憂黎元，嘆息腸內熱」等）有著根本性質上的區別。後者雖然表示了文學家對人民疾苦的關注和同情，但它沒有、也不可能從人格獨立、權利平等、民主自由等人文主義的基本原則出發，因此它並沒有真正跳出封建主義思想的樊籬。五四文壇上的人道主義首先肯定了人的尊嚴和價值，「我們承認人是一種生物，他的生活現象，與別的動物並無不同。所以我們相

信人的一切生活本能,都是美的善的,應得完全滿足」;「我們又承認人是一種動物進化的生活,他的內面生活,比他動物更為複雜高深,而且逐漸向上,有能改造生活的力量。」⑧這一思想體現在創作中,於是就有了葉聖陶的《這也是一個人?》、冰心的《超人》等一系列以人為核心的作品出現。作家所表達的不止於同情、憐憫,而且常常同對不平等現實的批判、建立民主政治的社會理想相結合,因而閃耀著現代思想的光芒。作家「他所注意的,不單是這一人缺一個銅子或一元鈔票的事,乃是對於他自己的與共同的人類的運命。」⑨台靜農的《天二哥》寫一個窮困潦倒的酒徒愚昧的死,蹇先艾的《水葬》把一個小偷的悲劇呈現在我們的面前,張資平的《木馬》敘述一個孤兒的不幸,俞平伯的《花匠》則對人的被扭曲表示了義憤,在這些看似卑微、低賤人物身上挖掘出心靈深處的悲哀,和對新生活的無言的呼喚,顯示了五四文學中人道主義的精神力量和理性光輝。

在五四時期人的文學觀念中的人道主義,其主旨在於以理性的啓示和深厚的同情揭示大多數尚未爭到人的地位,希冀以此喚起廣大民眾的覺醒;而個性主義則以另一種方式、另一種角度來肯定人、召喚人、解放人。它多半以衝動的激情和狂暴的不滿,來表達自己的爭取獲得人的地位和價值的不懈努力。人道主義側重於全體民眾的解放,個性主義偏向於自我人格的張揚。在中國漫長的封建社會裡,個性主義缺乏滋生和培植的土壤、氣候,「社會為重,自己為輕」,是舊的家族制度的一大特點。人的個性也在一級壓一級的等級森嚴的環境中被抑制和扼殺了。周作人指出:「人在人類中,正如森林中的一株樹木。森林茂盛了,各樹也都茂盛了,但要森林盛,卻仍非靠各樹各自茂盛不可。」⑩如果說,五四文學中意圖喚起民眾的人道主義由於民眾缺少文化而

應者寥寥的話，那麼，個性主義卻在知識青年群體中激起巨大的
情感的浪花。這對他們所處的囚籠般的環境，是一把鋒利的劍，
對他們消沉、渾噩的生活態度是一帖速效的興奮劑。於是「娜拉」
、「國民公敵」式的人物如雨後春筍，層出不窮，從「我崇拜我
自己」的「女神」，到「我是我自己」的子君，從「終身大事」
到「旅行」，都貫穿了這樣一個鮮明的主題：個性主義。易卜生
劇中的那句話：「世界上最強有力的人就是那最孤立的人」，成
為當時流傳最廣、影響最大的時代聲音。

　　五四文學中的人道主義與個性主義的結合和交融，就構成了
人的文學的嶄新觀念（周作人的《人的文學》一文正是從這兩個
方面立論的），這是新文學區別於舊文學，新思想區別於舊觀念
的第一個也是最重要的內涵特徵。

　　㈡**文學的進化觀念**

　　在五四文學思潮中，文學的進化觀念也是一個重要的方面。
在倡導文學革命的第一篇文章《文學改良芻議》中，胡適一針見
血地指出：「以今世歷史進化的眼光觀之，則白話文學之為中國
文學之正宗，又為將來文學必用之利器，可斷言也。」⑪「歷史
進化的眼光」所表達的正是一種文學的進化觀念。它否定凝固不
變的文學和文學觀，認為文學和世界上其他事物一樣，也時時處
於發展、變化之中。正是在這一觀念的啟示下，胡適等發起文學
革命，並在短時期內引起廣泛的響應，很快取得勝利。胡適從兩
個層面來貫徹這一思想。首先提出「當造今日之文學」的任務：
「文學者，隨時代而變化者也。一時代有一時代之文學，……唐
人不當作商周之詩，宋人不當作相如子雲之賦，即令作之，亦必
不工。逆天背時，違進化之跡，故不能工也。……今日之中國，
當造今日之文學」。⑫文學因時代而變，今天當創造適合今天的

文學，這就從根本上否定和推倒了「文必秦漢，詩必盛唐」的文學保守觀念。這是文學層面上的進化觀念。其次，還對語言工具提出了質疑：「今日之文字乃是一種半死的文字，今日之白話是一種活的語言。白話不但不鄙俗，而且甚優美適用。白話並非文言之退化，乃是文言之進化。」⑬文言是死人的語言，白話是今人的語言，用今人活的語言代替古人的死的語言，這是順天適時的「自然趨勢」。這是語言層面上的進化觀念。五四文學革命正是從這兩個層面向舊文學發起攻擊，文學的進化觀念正是這一攻擊最銳利的武器。

新文學替代舊文學，白話文替代文言文，這是中國文學演進自然規律，也是必然的趨勢。但是胡適等人認為單靠自然的力量是不能或不夠打倒舊文學、文言文的權威的，必須還要有一種自覺的、有意識的、徹底的認識和主張，方才能夠達到文學革命的效果。歐洲近代國語文學的興起，也是在一種自覺的認識和主張的導引下，才取得成功的。所以，他們決心要利用這一自然趨勢，因勢利導，加上人力的促進，雙管齊下，盡快改變中國文學的面貌，和世界文學的發展取得同步和一致。這裡顯然有達爾文進化論的因素和影響，並且與中國文學的歷史相結合，成為一種現代的文學進化觀念。文學革命將這一觀念推向文壇，推向社會，形成一股時代潮流，被稱之為文學領域中的「哥白尼革命」。

這種進化的文學觀念一經提出，頃刻風行。陳獨秀以決斷的口吻說：「改良中國文學，當以白話為文學正宗之說，其是非甚明，必不容反對者有討論之餘地，必以吾輩所主張者為絕對之是，而不容他人之匡正也。」⑭錢玄同以「選學妖孽」、「桐城謬種」為舊文學的代表施以猛烈的打擊。劉半農則從文學與文字的關係、破壞舊韻重造新韻、句逗與符號等方面具體論述改革之必要和進

化之途徑。傅斯年在《怎樣做白話文》中提出：「照事看來，中國語受歐化，本是件免不了的事情，十年以後，定有歐化的國語文學。」⑮把時間上的進化擴展到空間中的引進，而引進也是一種進化。「進化」在五四時期是一個最得人心、最有影響、也最能體現時代精神的口號和觀念，不論白話取代文言，還是把外國的引進中國，它們都顯示了一種進步、發展的時代趨勢。長期陷於保守、封閉的氛圍中的中國人，具有一種衝決羅網、奮發向前的迫切願望和潛在勢能，敏銳的知識分子首當其衝。因此，嚴復譯的《天演論》一經出版，風行海內，爭相傳閱。同樣，由胡適首先提出的文學的進化觀念的文論，一經發表，立刻掀起了一場改革的軒然大波，即便是持反對態度的嚴復（同樣一個嚴復，前後判若兩人，豈非歷史的嘲諷?!），也只能在書信中發出無奈的唉嘆：「如春鳥秋蟲，聽其自鳴自止可耳，林琴南輩與之較論，亦可笑也。」⑯其中大概也包含有怕戴上倒退帽子的心理畏懼。而後起反對者（如《學衡》派）卻以貌似進步實為倒退的姿態來進行抗爭，這一切都充分證明，在二十世紀的中國，進化的觀念，發展的觀念，已成為大勢所趨，人心所向，非特文學者為然。

㈢雙向的文學價值觀

　　五四文學思潮的社會──文化效應，導源於它的價值觀念。它的價值觀念呈雙向趨勢。這一特殊的形態在一定程度上決定了新思潮的質的規定性。

　　五四文學思潮的價值取向，一端指向文學自身，強調了文學的獨立性和審美品格，這是對傳統的「文以載道」觀念的抗衡；另一端指向社會現實，突出了文學的社會性和功利作用，這是對民初以來文壇上的污濁時風的反撥。前者導向主體論，後者導向客體論。主體與客體，審美與功利，造成了雙向逆反的價值取向，

在五四文學思潮中以一種兼容並包的樣式出現。

陳獨秀在1916年10月1日出版的《新青年》上致信胡適：「若專求『言之有物』，其流弊將毋同於『文以載道』之說，以文學為手段，為器械，必附他物以生存」，抹殺「自身獨立存在之價值」。但在兩個月後的《文學革命論》中，大聲疾呼「今欲革新政治，勢不得不革新盤踞於運用此政治者精神界之文學」⑰。

錢玄同在1917年7月2日給胡適的信中，一方面認為「故若拋棄一切世俗見解，專用文學的眼光去觀察，則《金瓶梅》之位置，固亦在第一流也」；另一方面又說，「文學家不務撰述理想高尚之小說以高尚人類之道德，而益為推波助瀾，……而血氣未定之少年尤受其毒。」⑱

魯迅在五四文學革命期間沒有發表多少論爭性的理論文章，但在這前後關於文學的價值問題的看法上，同樣有截然不同的兩種說法：「由純文學上言之，則一切美術之本質，皆在使觀聽之人為興感怡悅。文章為美術之一，質亦當然，與個人暨邦國之存，無所系屬，實利盡離，究理弗存。」⑲「我們在日本留學的時候，有一種茫然的希望：認為文藝是可以轉移性情，改造社會。」⑳

總之，這些言論表明，他們在某時某地某場合可能強調文學的主體審美價值，在另一種情況下卻有可能突出文學的客觀功利作用，甚至在同一篇文章中也會出現這兩種相互扞格的傾向。這種矛盾現象的反復出現和展示在文學革命的過程中，就不可避免地造成了五四文學思潮在價值觀上的雙向逆反的動態趨勢。

這一狀況，從歷史的淵源上來講，乃直接承續了近代以王國維為代表的唯美派和以梁啟超為代表的功利派的兩種文學價值觀念，並將它拓展、推廣到整個文學領域，形成兩種同向而不同質的波流。從時代原因上分析，五四文學革命所認定的封建文學觀

念有兩種表現形態，一是「文以載道」的傳統方式，一是「鴛鴦蝴蝶」的遊戲筆墨。針對前者突出了文學的自身價值，翦滅後者又必須強調文學的社會作用，這兩者的並存和交叉，很容易造成觀念上的牴牾。這是兩道同質不同向的衝浪。最後，作家的心理素質也是一個重要的內在原因。文學革命的闖將們，在時代感召下奮起抗擊舊傳統，但他們作爲讀書人長期浸淫於傳統文化的氛圍中所形成的文化——心理狀況卻不是一下子可以改鑄的。中國文化中儒家入世、道家出世的思想對他們都有所薰染，儒家對文學的興、觀、群、怨的實用態度和道家對文學的超脫的審美品格，就與上述兩個方面很容易發生共振，得到溝通，造成了或此或彼，亦此亦彼·彼中有此，此中有彼的複雜膠著狀態。文學的兩個動力，時代的兩大使命，作家的兩種心理，再加上兩種思想的各種影響，決定了五四文學思潮在價值觀念上的矛盾情勢。這一矛盾情勢不僅制約了五四文學思潮的內容，而且也爲以後的分流潛伏了動因。

三　審美特徵

五四文學思潮作爲一種藝術思潮，它在審美品性上也具有自己獨特的地方。它的主要表現是：求眞、趨新和悲劇性這樣三個方面。

㈠求　眞

文學作品要吸引、影響以至征服讀者，就必須有一個先決條件：感動人。而能夠打動人的，當然只有眞摯的情感，所謂「替古人擔憂」。作家不爲所動，讀者也難以爲感。五四文學運動的倡導者們把眞實看作是文學藝術的生命，既在理論上多方闡述，又在創作中身體力行，「求眞」也就成爲五四文學思潮的一個重

要審美特徵。

他們所提倡、所實踐的真實包括兩個層面：一是指作家必須有真摯的情感，二是指作品必須作如實的描寫。前者真的是心、後者真的是相，外在的相與內在的心在「真」上得到交融和統一，才能真正創作出動人的文學作品。

胡適在《文學改良芻議》的第一條「言之有物」中指出，所謂「物」就是「高遠之思想」與「真摯之情感」。陳獨秀在《文學革命論》中標稱的「三大主義」，其核心為「立誠」。周作人在《平民文學》中更為直捷地指出：「平民文學應以真摯的文體，記真摯的思想與事實。」魯迅早在《摩羅詩力說》中引西方作家為例，說明作家必須「率真行誠，無所諱掩」，才能「作至誠之聲，致吾人於善美剛健者」。他們特別強調真誠，就是希望作家能從自己的真情實感出發，不為世俗所蔽，抒寫兩間之真美，展示人生之真諦，徹底改變舊文學那種無病呻吟、見花落淚的矯飾通病。

真摯的情感必須具體表現在如實的描寫之中，沒有如實的描寫，真摯的情感也無所依傍，遂為空中樓閣。所以，他們在強調真摯的情感的同時，無一不把如實描寫作為鑑賞、評價一部作品的首要標準。

胡適在五四時期譯介外國文學作品時獨鍾挪威的易卜生，其目的也在於提倡一種求真寫實的文學思想和創作風格：「易卜生的長處，只在他肯說老實話，只在他能把社會種種腐敗齷齪的實在情形寫出來叫大家仔細看。」㉑魯迅在1919年初接到一位不相識的少年寫的一首題為《愛情》的詩：「我是一個可憐的中國人，愛情！我不知道你是什麼……我年十九，父母給我討老婆……彷彿兩個牲口聽著主人的命令：『咄，你們好好的住在一塊兒罷』。」

魯迅深有感觸地評說：「詩的好歹，意思的深淺，姑且不論；但我說，這是血的蒸氣，醒過來的人的眞聲音。」㉒錢玄同作爲過來人，以鴛鴦蝴蝶派小說來揭示舊文學不敢如實描寫的弊端：「前此文人，最喜描寫男女情愛。然彼等非有寫實派文學之眼光，不過以穢褻之文筆，表示其肉麻之風流而已。故並無絲毫價值之可言。」㉓中國文學界把歐洲的現實主義譯爲「寫實派」或「寫實主義」，除了理解上的原因之外，一個重要的動因，就是爲了突出「寫實」——求眞，以糾舊文學之偏。陳獨秀說得更爲尖銳：「尋常啓事，首尾恒有種種諛詞。居喪者華居美食，而哀啓必欺人曰：『苦塊昏迷』。贈醫生以匾額，不曰『術邁岐黃』，即曰『著手成春』。窮鄉僻壤極小之豆腐店，其春聯恒作『生意興隆通四海，財源茂盛達三江』。」㉔言過其實，文過飾非。不敢寫實，難以求眞，正是封建舊文學的痼疾。他們針鋒相對地倡導寫實求眞，不啻當頭棒喝。

　　由此可見，五四文學思潮的求眞寫實特徵是針對舊文學舊觀念中的瞞和騙而形成的。眞是反騙，實是糾瞞，有了眞實，才能打掉瞞和騙的習俗，爲此目的，他們即令矯枉過正也在所不惜。比如1919年關於舊戲的討論即爲一例。作爲中國傳統藝術的戲曲（京劇），在它的發展過程中不可避免地會沾上舊時代的塵埃。對此，他們攻擊不遺餘力，甚至把舊戲藝術中原本屬於象徵、誇張、變形等藝術特徵也一概予以批判、抉剔：「中國戲台上，跳過桌子便是跳牆；站在桌上便是登山；四個跑龍套便是一千人馬；轉兩個彎，便是行了幾十里路；翻幾個筋斗，做幾件手勢，便是一場大戰。這種粗笨愚蠢，不眞不實，自欺欺人的做作，看了眞可使人作嘔！」㉕對此，我們今天可以指責他們的片面、偏激，但也不能有看到，他們是爲了高揚眞實，而把舊劇作爲靶子來加

以射擊的。因此，我們不必苛求，也無需翻案，求眞寫實正是這一場討論中應保待留的合理因子。光明中也許有盲點，但歷史畢竟向前跨邁了一大步。

㈡趨　新

五四時期，我國文學面臨著突破舊樊籬、創建新規範的歷史任務，鶩新趨奇自然而然成爲一種時代風尙，我們把五四以來的文學稱爲「新文學」也就順理成章了。產生和發達於封建時代的古代文學，在思想內容上烙著封建主義的印痕，在藝術形式方面也不可避免地受到時代、社會和風習的影響，尤其到了它的末期，保守、封閉、狹隘等特點益爲明顯。五四文學革命要反對舊文學、創造新文學，就必須旗幟鮮明地在藝術上以新的風範、新的格調對抗、戰勝舊傳統，非如此不足以推陳，也難以出新。

趨新是五四時代的風尙，也是五四文學的風尙，在文學思潮中就集中體現了這一審美傾向。早在1917年，劉半農就號召破除迷信，「非將古人作文之死格式推翻，新文學決不能脫離老文學之窠臼。」㉖這一審美特徵在文學創作中得到充分的體現。當時以謹嚴著稱的魯迅在小說創作中也以開拓者的姿態出現：「在中國新文壇上，魯迅君常常是創造新形式的先鋒，《吶喊》裡的十多篇小說幾乎一篇有一篇新形式，而這些新形式又莫个給青年以極大的影響，欣然有多數人跟上去試驗。」㉗《狂人日記》一發表，日記體小說紛湧而至，《沉淪》（郁達夫）一出版，自叙傳小說不脛而走，而這些形式恰恰是中國傳統中所沒有的。中國現代小說正是在這種破舊立新探索熱流中所誕生，並趨向成熟。

在五四時期的文學創作中，新詩的藝術風格最爲多樣，趨新的特徵尤爲突出。僅五四前後，即有十多個詩歌流派在爭艷鬥奇，異彩紛呈，如自由體、民歌體、散文體、新格律體、商賴體等

，林林總總，不一而足。胡適把自己的詩集稱之爲《嘗試集》，在「四版自序」中指出：「我自己對於社會，只要求他們許我嘗試的自由，社會對於我，也很大度的承認我的詩是一處開風氣的嘗試。」⑳這一時期的新詩，不論是無所拘束的自由詩，還是深受外國新影響的現代詩，從內容到形式均判然有別於中國傳統詩歌，不僅具有新的思想、新的情感、新的意境、新的氣息，而且也表現出新的體式、新的布局、新的風格、新的語言。這是一個詩歌大解放的時代。

　　戲劇領域同樣如此。五四時期的話劇創作雖然數量不多，質量也非上乘，但是它卻爲中國現代話劇奠定了基礎。話劇作爲外來形式，與中國傳統的戲曲不僅異曲，而且異質，當時被稱爲「新劇」或「文明戲」。它的出現與繁榮爲中國新文學拓展疆域，深入人心，發揮了重要作用。就形式而言，既有反映現實人生的悲劇（如洪深的《趙閻王》），也有嘲諷舊習的喜劇（如丁西林的《壓迫》）；既有反映社會的問題劇（如胡適的《終身大事》），也有借古喻今的歷史劇（如郭沫若的《王昭君》）；既有現實主義風格的，也有浪漫主義情調的，又有唯美主義色彩的，等等。在藝術手法上大膽借鑑外國戲劇的體式、結構及技巧，融會貫通，別開生面，一新世人耳目，成爲五四新文學中引人注目的一枝奇葩。

　　趨新作爲五四文學思潮的審美特徵，給新文學帶來了勃勃生機及多姿多彩的風貌，使中國文學現代化不僅有了思想內涵方面的保證，而且，增添了藝術形式、手法等方面的嶄新風采，實現了從舊到新的創造性轉換。

　　但是，無庸諱言，趨新的風尚帶來了五四文學的興盛，同時也潛伏著危機。新則新矣，淺嘗輒止，不深不厚，缺乏力度。這

樣的新也可能帶來淺薄、粗糙和混亂。這不僅在胡適、郭沫若等
人的新詩創作中，田漢、洪深等人的戲劇創作中，而且也在魯迅
的小說創作中發現端倪。如《鴨的喜劇》、《兔與貓》等作品，
都顯露出匆忙、草率的痕跡，缺乏藝術錘煉。誠如胡適所言，只
有「採用西洋最近百年來繼續發達的新觀念、新方法、新形式，
如此方才可使中國戲劇有改良進步的希望」。㉙幾百年中發展起
來的東西在幾年中就想一下子承攬過來，吞食下去，當然不可能
細嚼慢嚥，消化吸收，完全成爲機體的豐富養料。生硬、機械、
粗陋等現象幾乎難以避免。但是，我們並不能據此而否認趨新的
作用和意義。即爲當事人他們事後也不翻悔；「但我也久沒有做
短篇小說了。……寫新的不能，寫舊的又不願。中國古書裡有一
個比喻，說：邯鄲的步法是天下聞名的，有人去學，竟沒有學好，
但又已經忘卻了自己原先的步法，於是只好爬回去了。我正爬著。
但我想再學下去，站出來。」㉚這不僅是表明魯迅的自謙，更是
一次深刻的歷史反思。「新的不能」，「舊的不願」，既肯定了
創新、開拓的歷史意義，又指出了它的局限和不足。我們對五四
文學思潮的趨新傾向也應作如此兩面觀。

㈢悲劇性

　　1916年10月出版的《新青年》第2卷第2號的「通信欄」中
刊登了陳獨秀與讀者的問答。讀者畢雲程問：「先生撰著，雖多
鞭策勸勉之語，然字裡行間恒流露一種悲觀時局之危。僕豈不知。
無如僕之愚見，悲觀易流於消極，青年之志未緊，逢茲時會，已
有我生不辰之感，再益以悲觀之文字，志行薄弱者，不免因而頹
喪。」陳獨秀答：「僕最反對悲觀主義者，且自信青年雜誌未嘗
作悲觀語，然讀者如足下既已作此感想，分明事實，又何得以抵
賴。今而後惟期有則改之，無則加勉而已。」眞可謂「身在悲中

不知悲」。

五四文學思潮濫觴於一個蒿目時艱的社會，傳播於一個長歌當哭的時代，國事民瘼，令人扼腕，悲涼、憤慨、激昂等具有悲劇性的特徵就成爲文學新思潮的一個重要側面。當時的中國：

> 「悲涼之霧，遍被華林」：一方面，是一個歷史如此悠久的文化傳統面臨著最艱難的蛻舊變新，另一方面，是現代社會尚未誕生就暴露出前所未有的激烈衝突；一方面，「歷史的必然要求」已急劇地敲打著古老中國的大門，另一方面，產生這一要求的歷史條件與實現這一要求的歷史條件卻嚴重脫節，同時，意識到這一要求的先覺者則總在痛苦地孤寂地尋長實現這一要求的物質力量；一方面，歷史目標的明確和迫切常常激起最巨大的熱情和不顧一切的投入，另一方面，歷史障礙的模糊（「無物之陣」）和頑強又常常使得這一熱情和投入毫無效果……這樣一種悲涼之感，是20世紀中國文學所特具的有著豐富社會歷史蘊含的美感特徵。㉛

悲劇性同樣也是二十世紀中國文學思潮尤其是五四文學思潮重要的審美特徵。

時代的特徵感染了作家的心態，作家的心態又制約了創作和觀念。悲劇性對作家的心態、創作和思想的滲透是五四時期文學活動的一個時代特點。從胡適筆下「孤單怪可憐」的蝴蝶，陳獨秀慷慨激昂的「答辯」，一直到魯迅「鐵屋子」裡的「吶喊」，田漢在「獲虎之夜」的啜泣，無一不傳遞出一種深沉、鬱重的悲涼之感。悲涼並非悲哀，而是悲中有憤，悲中有壯。一種勇往直前的人生態度，一種衝鋒陷陣的鬥爭哲學。

悲劇性首先是對傳統藝術的反撥。「落難公子中狀元，私訂終身後花園，奉旨完婚大團圓」式的文學模式給讀者播下了一層

玫瑰式的迷霧，而將封建社會的罪惡一筆勾銷。胡適對此作了尖
銳的搭擊：「這種『團圓的迷信』乃是中國人思想薄弱的鐵證。
……決不能叫人有深沉的感動，決不能引人到徹底的覺悟，決不
能使人起根本上的思量反省。」在這裡，「深沉的感動」、「徹
底的覺悟」、「根本上的思量反省」正是悲劇性審美力量的體現
和作用。魯迅挖得更深：「凡是歷史上不團圓，在小說裡往往給
他團圓；沒有報應的，給他報應，互相騙騙。──這實在是關於
國民性底問題。」㉝「大團圓」式的喜劇從根本上說是中國國民
性弱點、缺陷在藝術上的一種表現，相反，只有眞實的悲劇、悲
劇性、悲劇的觀念才能產生思想深沉、意味悠長、感人最烈、發
人猛省的眞正的新文學。

　　五四文學思潮的悲劇性特徵在新文學的創作中得到了鮮明、
集中而強烈的體現和展示。魯迅筆下的「狂人」發出了「救救孩
子」的悲憤的呼喚，郭沫若的「女神」唱也一曲悲壯的時代之歌
，胡適的「嘗試」顯示了先驅者的悲涼，郁達夫的「沉淪」引發
了多少人的凄楚之情。這一傾向在當時對外國文學作品的譯介中
也不經意地流露出來。魯迅注目果戈里是因其作品中描寫了「極
平常，或者簡直近於沒有事情的悲劇」，㉞郭沫若翻譯的《少年
維特之煩惱》幾乎掀起了狂潮，另外，像契訶夫式的「人類無聲
的悲哀的音樂」，安特列夫的恐怖、陰冷，妥斯托也夫斯基對靈
魂的無情拷問，拜倫的《哀希臘》，等等，無不多次翻譯，廣爲
流傳。

　　「悲劇將人生有價值的東西毀滅給人看」，㉟這是五四時代
作家對人生的一種體悟，也是他們在創作中追求的目標。悲劇性
作爲五四文學思潮的重要審美特徵，給中國現代文學帶來持久的
魅力和深遠的影響。

【附　註】

① 轉引自丁守和：《從五四啓蒙運動到馬克思主義的傳播》第9頁，
三聯書店1979年第2版。

② 陳獨秀：《現代歐洲文藝史譚》，《青年雜誌》1915年第1卷第3號。

③ 錢玄同：《通信》，《新青年》1918年第4卷第1號。

④ 陳獨秀：《文學革命論》、《新青年》1917年第2卷第6號。

⑤ 魯迅：《〈草鞋腳〉小引》，《魯迅全集》第6卷第20頁，人民文
學出版社1981年版。

⑥ 傅斯年：《新潮發刊旨趣書》，《新潮》1919年創刊號。

⑦ 胡適：《〈建設理論集〉導言》，《中國新文學大系·建設理論集》
第18頁，上海文藝出版社1981年版。

⑧ 周作人：《人的文學》、《中國新文學大系·建設理論集》第194
頁，上海文藝出版社1981年版。

⑨ 周作人：《平民文學》，《中國新文學大系·建設理論集》第212
頁，上海文藝出版社1981年版。

⑩ 周作人：《人的文學》，《中國新文學大系·建設理論集》第195
頁，上海文藝出版社1981年版。

⑪ 胡適：《文學改良芻議》，《中國新文學大系·建設理論集》第43、
36頁，上海文藝出版社1981年版。

⑫ 胡適：《文學改良芻議》，《中國新文學大系·建設理論集》第43、
36頁，上海文藝出版社1981年版。

⑬ 胡適：《逼上梁山》，《中國新文學大系·建設理論集》第13頁，
上海文藝出版社 1981年版。

⑭ 陳獨秀：《答胡適之》，《中國新文學大系·建設理論集》第56頁，
上海文藝出版社 1981年版。

⑮ 傅斯年：《怎樣做白話文》，《中國新文學大系·建設理論集》第

227頁，上海文藝出版社1981年版。

⑯ 嚴復：《書札六十四》，《中國新文學大系·建設理論集》第96頁，上海文藝出版社 1981年版。

⑰ 陳獨秀：《文學革命論》，《中國新文學大系·建設理論集》第46頁，上海文藝出版社1981年版。

⑱ 錢玄同：《寄胡適之》，《中國新文學大系·建設理論集》第81頁，上海文藝出版社 1981年版。

⑲ 魯迅：《摩羅詩力說》，《魯迅全集》第1卷第63頁，人民文學出版社1981年版。

⑳ 魯迅：《〈域外小說集〉序》，《魯迅全集》第10卷第161頁，人民文學出版社 1981年版。

㉑ 胡適：《易卜生主義》，《中國新文學大系·建設理論集》第180頁，上海文藝出版社 1981年版。

㉒ 魯迅：《熱風·隨感錄四十》，《魯迅全集》第1卷第321頁，人民文學出版社1981年版。

㉓ 錢玄同：《寄陳獨秀》，《中國新文學大系·建設理論集》第51頁，上海文藝出版社 1981年版。

㉔ 陳獨秀：《文學革命論》，《中國新文學大系·建設理論集》第51頁，上海文藝出版社 1981年版。

㉕ 胡適：《文學進化觀念與戲劇改良》，《中國新文學大系·建設理論集》第384頁，上海文藝出版社1981年版。

㉖ 劉半農：《我之文學改良觀》，《中國新文學大系·建設理論集》第66頁，上海文藝出版社1981年版。

㉗ 茅盾《讀〈吶喊〉》，《文學周報》1923年第91期。

㉘ 胡適：《嘗試集》第5頁，人民文學出版社1984年版。

㉙ 胡適：《文學進化觀念與戲劇改良》，《中國新文學大系·建設理

論集》第382頁，上海文藝出版社1981年版。

㉚　魯迅：《英譯本〈短篇小說選集〉自序》，《魯迅全集》第7卷第390頁，人民文學出版社1981年版。

㉛　黃子平、陳平原、錢理群：《論「二十世紀中國文學」》，《文學評論》1985年第5期。

㉜　胡適：《文學進化觀念與戲劇改良》，《中國新文學大系‧建設理論集》第382頁，上海文藝出版社1981年版。

㉝　魯迅：《中國小說的歷史的變遷》，《魯迅全集》第9卷第316頁，人民文學出版社 1981年版。

㉞　魯迅：《幾乎無事的悲哀》，《魯迅全集》第6卷第370頁，人民文學出版社1981年版。

㉟　魯迅：《再論雷峰塔的倒掉》，《魯迅全集》第1卷第191頁，人民文學出版社1981年版。

第九章　五四文學思潮的分流

三水分流——中西文化交孕的寧馨兒——血和淚的呼喚——
—不甘「沉淪」的「女神」——輝煌的瞬間——遲到的先
鋒——歷史的遺憾

　　五四文學思潮在1921年，尤其是當文學革命取得基本勝利
之後，開始進入了一個新的階段。這一階段的主要的標誌即爲內
部的分流。雖然新思潮還是一個整體，還是朝著同一個方向，但
此時內部原先潛伏著差異、側重和區別以前所未有的姿態凸現出
來，而1921年先後出現的各種旗號、各種風格的文學團體、文
學刊物就成它的不同載體。概括地講，一種傾向現實主義的，以
文學研究會爲主幹和代表；一種傾向浪漫主義的，以創造社爲主
幹和代表；一種傾向現代主義的，以穆木天、王獨清、李金發等
作家爲主幹和代表。這樣就自然而然地形成了三水分流的趨勢。
　　中國的五四時期，也正是西方文學觀念蛻舊變新的年代。五
四文學革命面對著從文藝復興以來已經積累了幾百年的西方文學
遺產，同時又受到當代急劇演變的各種思潮的衝擊。於是，現實
主義與自然主義不分，浪漫主義與新浪漫主義並提，都成爲新的
文學思潮的一種組合成分。五四文學思潮就其性質而言，是一種
包孕多種多樣文學觀念的復合性的文學思潮。它的共同點是「新」，
主要體現在與中國傳統觀念的抗衡的這樣一個基礎之上。「山高
月小，水落石出」，到一定階段出現分流乃是大勢所趨，也是事

物發展的必然規律。

一　血和淚的呼喚——現實主義

　　在中國現代文學發展的第一個十年中，現實主義無疑是一種聲勢最壯、影響最大的文學思潮。這是中國現實的需要和新文學的性質所決定的。它不僅具有不同於其他文學思潮的特質，而且還表現出也區別於古代或西方現實主義的特殊風貌。它是中西文化交匯、孕育的寧馨兒，是時代精神催開的文學花朵，是民族精神孕育的思想碩果。它的誕生促進了新文學的繁榮和發展，更重要的、也更爲本質的是它從根本上制約和影響了中國新文學的總體趨向和未來命運。因此對它的認識就決不能停步於諸如「反映現實」、「爲現實服務」等一般認識層次上，而必須深入膝理，提示出它獨特的歷史的時代的文學特徵。

　　從為「人生」到「為」人生。

　　「爲人生」是現實主義文學的旗幟，也是它的核心和基本特徵。「爲人生」作爲文學觀念的特徵其來有自。清末梁啓超即提出了「文學與群體」的關係的命題。五四文學革命期間，倡導者們更加鮮明地擎起「人」的大旗：「用這人道主義爲本，對於人生諸問題，加以記錄研究的文字，便謂之人的文學。」①「人的文學」的觀念是五四文學思潮的一個重要理論支點，進入二十年代後所形成的現實主義與它的承續關係是明顯的。但是它們之間的差異、區別也極爲彰著。如果說，五四文學思潮強調的是「人」，是人的觀念、人的價值、人的欲望、人的意義在文學中的實現，並以此作爲對抗、批判封建的非人的文學觀念的武器的話，那麼，作爲它的分流的現實主義突出的是「爲」，「爲」人生而藝術，「爲」人生而創作，「爲」人生而從事文學活動。也就是說

，現實主義文學的價值不能滿足於描寫人生，反映人生，更重要的還在於激勵人生、鼓舞人生、指導人生、改造人生。這激勵、鼓舞、指導、改造的意義即包含在那個爲人生的「爲」字上。文學研究會的發起人之一耿濟之說：

> 文學作品的製成應當用作者的理想來應用到人生的現實方面。文學一方面描寫現實的社會和人生，他方面從所描寫的裏面表現出作者的理想，其結果：社會和人生因之改善，因之進步，而造成新的社會和新的人生。這才是眞正文學的效用。②

文學研究會的主要陣地《文學旬刊》的「宣言」中說：

> 我們確信文學的重要與能力。我們以爲文學不僅是一個時代，一個地方，或是一個人的反映，並且也是與時與地與人的；是常常立在時代的前面，爲人與地的改造的原動力。③

這些言論都明白地體現出「爲」人生的文學目的性和現實功利觀。

現實主義作家的創作是與他們的理論主張相一致的。從葉聖陶、王統照、許地山、冰心、盧隱等文學研究會作家的小說創作來看，就可以非常清晰地發現，他們的創作不僅力求反映當時社會的黑暗腐敗，人民的苦難不幸，而且還力圖表現出、流溢出一種對理想的追求，對前途的希望；這種追求和希望也許並不實在（如寄希望於「愛與美」），甚或多半有些渺茫，但它卻眞眞確確、明明白白地表達了這些作家要通過文學指導人生、改造社會的宏願。即便像冰心、盧隱這樣較爲委婉的女作家也不例外，所謂「問題小說」的出現就是一個很有說服力的例證。她們「描寫出在水深火熱之下的青年，不惟不因受了挫折而改頹廢，反把他

的意志愈煉愈堅，信仰愈磨愈固，拿不求近功信托眞理的，去和
黑暗奮鬥。」④

另外，這一特徵還可以從現實主義作家所翻譯、介紹的外國
文學作品的傾向中顯示出來。他們在譯介中有意識地突出了被損
害的弱小民族和俄國的現實主義文學作品和理論著作。借別人的
火來煮中國的肉。《小說月刊》曾出版了《被損害民族的文學》
和《俄國文學研究》兩個專號。魯迅在後來曾回憶道：「我看到
一些外國的小說，尤其是俄國、波蘭和巴爾幹諸小國的，才明白
世界上也有許多和我們勞苦大衆同一命運的人，而有些作家正爲
此而呼號，而戰鬥。」「呼號」和「戰鬥」正是「爲」人生文學
的一貫精神。

從自足到開放。

中國二十年代的現實主義不論從內蘊還是從外觀上看，都顯
然不同於歐洲十九世紀的現實主義，也異趣於中國古代文學中的
現實傳統。但是，它又確實是在近代歐洲現實主義引發下出現於
中國的文學思潮，而且與古代文學中「文章合爲時而著，歌詩合
爲事而作」的傳統一脈相承。因此可以說，它既在意蘊上包含了
這兩個方面，但又在形態上不同於它們，中西交匯，珠聯璧合，
成爲具有中國特色的現實主義。它的一個顯著標誌就是開放性。
它對世界是開放的，勇敢地實行「拿來主義」，積極吸收外國各
種新思潮、新觀念、新方法。它對歷史是開放的，並不拒絕傳統
文學中的優秀遺產，恢宏廓大，才使其成爲領一時風騷的重要思
潮。文學研究會的簡章第二條說：「本會以研究介紹世界文學、
整理舊文學、創造新文學爲宗旨。」這就是一個明證。它顯然比
五四時期胡適的「八不主義」、陳獨秀的「三大主義」、周作人
的「人的文學」等的自足狀態前進了一大步。⑤從自足到開放，

也是五四文學思潮的深化、分流，發展到新階段的重要標誌。

　　現實主義是如何從自足走向開放的呢？

　　首先，是對世界開放。現實主義，特別是歐洲十九世紀的批判現實主義，揭露了封建制度和資本主義社會的黑暗和腐朽，眞實而生動地塑造了很多具有典型意義的貴族、資產階級人物形象，表現了當時社會的整體面貌。文學研究會、新潮社等團體受這一思潮的影響極大，一開始便著重介紹了外國的現實主義理論，翻譯了托爾斯泰、屠格涅夫、易卜生、狄更斯等人的作品。但是，他們又非局限一隅，專守現實主義，而是廣泛介紹，多方吸收，敢於「拿來」，決不偏食，才造出了那樣的一種局面。文學研究會的主要刊物《小說月報》在「改革宣言」中指出：「寫現實主義在今日尙有切實介紹之必要，而同時非寫實的文學亦應充其量輸入，以爲進一層之預備。」⑥這裏僅以對俄國文學的介紹爲例，俄國的現實主義文學博大深厚，是他們吸收的重點對象，但是對俄國另一些似乎與現實主義相左、被稱之爲頹廢派、象徵派的現代主義文學也不歧視和排斥，如勃洛克、安特列夫、迦爾洵、阿爾志跋綏夫等作家的作品，他們也作了認眞的介紹和翻譯。這是爲什麼？魯迅說：「俄國的文學，從尼古拉斯二世時候以來，就是『爲人生』的，無論它的主意是在探究，或解決，或者墮入神秘，淪於頹唐，而其主流還是一個：爲人生。」⑦顯然，只要在「爲人生」這一點上取得認同，現實主義並不拒斥任何有益的東西，而不問其來自何方。

　　其次，是對傳統對歷史的開放，從根本性質上說，現實主義與中國舊的文學觀念是針鋒相對的，但它並沒有拒絕吸收傳統文學中的優秀遺產，特別是有關現實主義的養料。如果說，五四文學思潮在其初期，由於某種程度上的自足造成了對傳統的偏頗的

話，那麼進入到二十年代現實主義時期在糾偏中顯現出了其開放的視野和襟懷。文學研究會把整理舊文學作爲宗旨之一，在《小說月報》、《新潮》等刊物上發表了一系列有價值和深度的研究文章。於1921年出現的整理國故運動得到了文學研究會諸多作家的贊同和參與。有人認爲它是五四文學革命的反動；現在從文學思潮發展的角度來看，它的出現正在某種程度上適應了五四文學思潮走入深入、成熟，現實主義崛起和興盛的時代要求。它要用新的觀念來整理、研究、發掘傳統文化，實行對傳統的創造性轉化，使它成爲新的文學思潮的一個有力的支柱和重要的思想來源。胡適在1920年4月寫的《新思潮的意義》一文中提出四句話：「研究問題，輸入學理，整理國故，再造文明」。⑧這無疑是時代的先聲。1923年1月出版的《小說月報》上開展了「整理國故與新文學運動」的專題討論，編者鄭振鐸指出，整理國故的目的在於：「重新估定或發現中國文學的價值，把金石從瓦礫中找出來，把傳統的灰塵，從光潤的鏡子上拂拭下去，借以建設我們的新文學觀，創作新的作品。」⑨從客觀效果上講，整理國故爲中國現代文學、現代文學思潮的豐富和發展都發揮了重要的作用。

從「他審」到「自審」。

發表於1918年的魯迅的第一篇白話小說《狂人日記》是一篇反封建的檄文，其中所揭示的封建禮教的「吃人」本質對讀者具有震聾發聵的作用。但是對小說的另一個方面，即對「狂人」自身以至整個民族的深刻反思卻有意無意地被人們忽視了：「四千年來，時時吃人的地方，今天才明白，我也在其中混了多年」，「有了四千年吃人履歷的我，當初雖然不知道，現在明白，難見真的人！」⑩在這裏正顯示了魯迅作爲先驅者的一種精神品格。在進行猛烈的社會批判的同時，也對自身提出了質疑，出現了從

「他審」（對封建主義的批判）到「自審」（對自身的思考和反省）的轉折。自審意識作爲現實主義的一個重要特徵，具有鮮明的時代性。它是二十年代初一代文人的自我意識覺醒的一個標誌和結果，也是中國傳統的「反省」精神與西方的「懺悔」意識相交融的產物。

現實主義文學思潮中的自審意識，具體表現在兩個方面：一是外向的，即通過作家的自我審視，以明確自身在社會中的地位及文學的使命；一是內向的，即通過自我審察，以改造秉性，重鑄人格，構建新的文化心理結構。不論是外向的還是內向的自審意識，它的總目標都是「爲人生」，因此，也就成爲現實主義的一個重要的原動力。

茅盾在改造後的第一期《小說月報》上即提出了文學家在社會中的地位問題。他說：「我們查文苑列傳時，一定會看見文學者——詞賦之臣——常被帝王視爲粉飾太平的奢侈品，所謂『侍詔金馬之門』，名稱是很好聽的，實際上只是帝王的『弄臣』。」因此，當今我們的責任是「提高文學者的身分。覺悟自己的使命。」⑪「人的文學」，不僅是表現什麼人的問題，而且是什麼人去表現的問題，這種意識的深化，強化了現實主義的社會責任和文學家的參與意識。通過自審達到自信，要求作家有更爲清醒的自我意識，把現實主義文學運動進一步推向深入和前進。

內向的自審意識，通過反思來調整作家的文化心理結構，鑄造理想的人格。魯迅說的好：「人的靈魂的偉大的審問者，同時也一定是偉大的犯人。」⑫進入二十年代，相當一部分現實主義作家已經感覺和體驗到它的重要性和迫切性。鄭振鐸說：「缺乏個性，與思想單調，實是現在作者的通病。」⑬瞿世英說：「古往今來的文學家，他們的創作所以能歷久不磨的緣故，就是他們

對於人生的批評是從他們的人格裏濡漫過才寫出來的決不是任意塗抹胡亂做出來的。」⑭茅盾說：「大文學家的作品，那怕受時代環境的影響，總有他的人格融化在裏頭。」⑮等等。這都充分展現了現實主義作家的自覺和成熟。

如果說以上表述僅是理論上的闡發的話，那麼，魯迅的小說尤其是關於知識分子的，可以說是現實主義作家自審意識的最鮮明、最集中的表現。狂人「吃人」的反省，《兄弟》中張沛君的自私、虛偽，魏連殳、呂緯甫的消沉、頹唐，《一件小事》、《祝福》中「我」的渺小、猥瑣，等等。把魯迅的這一類描寫僅僅理解爲對知識分子的弱點的批判，而看不到它的潛在動機中對自身內在人格的審視這一點，實屬皮相之見。事實上，由於長期的附庸地位和傳統思想的薰染，中國現代知識分子雖然對於帝國主義、封建主義表現出極大的鬥爭勇氣，但由於出身、教養、及其不太健全的人格和文化心理結構，使得他們在實踐生活中時熱時冷，忽左忽右，表現出靈魂中的種種缺陷。而上述魯迅的作品，無一不把批判的鋒芒指向包括他自己在內的知識分子的精神世界，洞幽燭微，令人汗顏。魯迅的用意在於，通過自審達到自覺，找出差距，校正目標，以便重鑄完美的人格和心靈。這一內向的自審意識，在魯迅的筆下達到了歷史和哲學的高度，因而也爲現實主義文學思潮的健康發展提供了一個重要的力量源泉。

二　輝煌的瞬間──浪漫主義

自1921年創造社成立以來，五四文學思潮中就明顯地分流出一股浪漫主義的潮流。這股潮流以其尖厲喧囂的聲響、瞬息多變的色彩，東突西逐，洶湧澎湃，震盪了整個文壇，刺激著人們尤其是文學青年神經。五四時期是一個浪漫的時代，五四文學從

根本上說也是一種浪漫的文學。1921年先後出版的郭沫若的《女神》和郁達夫的《沉淪》充分展示了浪漫主義的時代精神和藝術風格。

在西方，現實主義思潮是作為浪漫主義的對立面出現於文壇，其動因之一是為了糾正、扭轉浪漫主義文學空浮、虛誇、華而不實的偏向。在中國新文學運動中情況恰恰相反，浪漫主義文學思潮作為現實主義的抗衡而興盛於二十年代前期的中國文壇，其目標之一是為了打破高擎現實主義大旗的文學研究會的一統天下。這是一種歷史的錯位，反映了特殊的國情和傳統。因此，對二十年代前期的浪漫主義的理解，就不能停留在一般的社會背景、時代衝突的層次上，而且應該深入到它的內在結構中去，非如此就不可能把握這一在五四時期文壇上顯赫一時的文學思潮的真諦和精髓。

如果說，瑰異奇麗、汪洋恣肆等特徵是浪漫主義的健美體態，那麼它的骨架就是這一思潮就所蘊的深層文化結構。文化結構隱蔽於事物的內部而不易定格，但由其所規定和制約的文化表現形態卻又多姿多彩。因此，我們可以從其表現形態著手，進一步探索這一文化結構的功能和特徵。

其一，是自尊與自卑的共存。在「五四」時期的浪漫主義文學作品中我們清楚地看到兩種迥然不同的「自我」形象：《女神》中的「我把全宇宙來吞了，我便是我了」的自我；《沉淪》中的「同初喪了夫主的少婦一樣，毫無氣力，毫無勇毅，哀哀切切」的自我，形同冰炭，難以相提並論。一個獨傲不群，睥睨四合，一個瑟瑟縮縮，如履薄冰，但他們卻又同樣鮮明地體現了浪漫主義精神的藝術形象。而且，在同一個藝術形象的「自我」身上，我們還清晰地看到兩個判然有別的側影。在《鳳凰涅槃》中，更

生後的鳳凰身上，我們既看到了新鮮、淨朗、芬芳等充滿朝氣和活力的一面，又看到了恍惚、神秘等流露出迷茫、悒鬱的另一面。在《湘累》中的屈原身上，我們既看到了「我創造日月星辰，我馳騁風雲雷電」的雄渾一面，又看到了「我如今什麼希望也莫有，我立在破滅底門前只待著死神來開門」的哀傷一面，這兩個側影的重疊和組合才構成了浪漫主義文學中自我的完整形象。甚至在「自我」任何一個方面，我們似乎都能看到兩種不同的因素存在：「我很想拉他的手，但是我不敢，我只敢在間或車上的電燈被震動而失去它的光的時候，因爲我害怕那些搭客們注意。可是我們又自己覺得很驕傲的，我們不客氣的以全車中最尊貴的人自命。」⑯創造社的這個女作家馮沅君筆下的「自我」既自尊又自怯，既大膽又愼微的兩種性格因素完全交融在一起。「但我不要這樣；生活在我還在剛開頭，有許多命運的猛獸正在那邊張牙舞爪等著我在。可是這也不用怕。人雖不必去崇拜太陽，但何至於怯懦得連暗夜也要躲避呢？」⑰淺草社的這位浪漫作家陳煒謨在生活中不正徘徊於太陽與暗夜之間嗎？

勇敢與怯懦，自信與氣餒，堅定與迷惘，在浪漫主義文學中的這兩個自我，自我的兩個側影，每一個方面的兩種基因初看起來具有那麼大的反差，似乎很難使人相信它們是出自同一思潮、同一作家、同一作品，但是，如果我們不僅是從外在表徵上，而且更深入到精神氣質中去感受和體驗，就可以眞確地玩味到兩者之間的血脈流貫、頻率諧調、振幅一致。他們來自一個具有獨特個性的自我，來自自我的獨特心理，來自心理的獨特體驗。它不僅表現了自我在面對不同世界時的不同心態，而且還傳遞出對待同一對象時的複雜錯綜、微妙奧秘的心靈信息。這兩個方面互相對峙，又互相映襯；互相對照，又互相滲透，相反相成，相輔相

得，使浪漫主義文學中的自我形象塑造更加充實、豐滿而閃爍特異的藝術光彩。這一完美而深刻的自我形象正是浪漫主義文學思潮的深層文化結構在創作中具象化的藝術結晶。

這種自尊又自卑、自卑又自尊的結構形態是浪漫主義作家的思想觀念、審美情趣、個性氣質等在「五四」特定時期中積澱、整合的必然產物。他們作爲覺醒的知識分子在精神文化領域中面對封建舊世界時，具有所向披靡、一往無前的氣魄和膽識，而當他們在現實社會領域中面對黑暗舊世界時，卻又往往手足無措、唉聲嘆氣，徒喚奈何。追求與失望，沉淪與掙扎的情結在精神和現實交會的文學中就凝聚成爲自尊與自卑共存的特殊形態。這正是「五四」時期浪漫主義文學思潮的結構特徵之一。

其二，是眞誠與僞飾的交織。浪漫主義文學在「五四」時期風雲際會，名震一時，掀起了一陣陣引人注目的軒然大波。就藝術的衝擊力、作家的知名度而言，在當時，創造社是超過文學研究會，浪漫主義文學超過現實主義文學。其原由之一，就在於作品中作家所抒發的情感的眞誠、坦率和強烈。但是當人們過了幾年、幾十年後再去翻閱同樣一些作品時，卻會明顯地感受到矯情和僞飾的成分。也許可以說，浪漫主義文學作品中所表達的情感，既是眞誠的，有時又不免僞飾；既是強烈的，不時又令人感到蒼白；既是獨特的，但又經常重複出現。這正是浪漫主義文學思潮的深層結構所造成的又一表現形態。

浪漫主義文學以情動人，浪漫主義作家往往是一些具有神經質的詩人。朱自清在評論湖畔詩人汪靜之的詩集《蕙的風》時說：「小孩子天眞爛漫，少經人間世底波折，自然只有『無關心』熱情瀰滿在他的胸懷裏。所以他的詩多是讚頌自然，咏歌戀愛。所讚頌的又只是清新、美麗的自然，而非神秘、偉大的自然；所歌

咏的又只是質直、單純的戀愛，而非纏綿、委屈的戀愛。這才是孩子們潔白的心聲，坦率的少年的氣度！」⑱這不只是詩評，也是對整個湖畔詩派這一「五四」時期著名的浪漫主義文學團體的藝術特徵的概括。「潔白」到一塵不染，「單純」到與世隔絕，在這些對自然和戀愛的咏嘆中我們不也可以隱隱約約地感覺到一絲虛浮、空泛和造作的影子嗎？不論是潘漠華的苦笑，馮雪峰的心笑，汪靜之的微笑，還是應修人的無可奈何的笑聲中，都流露出眞誠與僞飾在某種程度上的交織。「我冒犯了人們的指摘，／一步一回頭地瞟我意中人；／我怎樣欣慰而膽寒呵。」在汪靜之這首引起非議的著名詩篇中，不也表現了這種扭捏、矛盾的特點嗎？任何脫離了現實、隔絕了人世的「眞誠」，都必然會摻雜進虛假、做作的成分。

倘若說湖畔詩人是不自覺地表現了這一特點的話，那麼創造社中的郁達夫等人就是有意爲之了。郁達夫的自敘傳體小說的轟動效應與作品中眞誠、坦率的情感宣洩有著直接的關聯。但當我們今天重新閱讀這些作品時，卻極爲明顯地感受和發現了一種誇大其詞、張揚其事、矯飾其情的現象。在《沉淪》中讓主人公在山野偷聽男女做愛；在《茫茫夜》中讓主人公用欺騙手段買來的針和手帕自戕；在《風鈴》中讓主人公與日本少女在旅館同房而宿；在《過去》中讓主人公與昔日情人同床而眠……把事情推向異乎常情的極端，然後作淋漓盡致的描寫，其效果不能不使人感到別扭和造作。

著名的《春風沉醉的晚上》中有這樣一段描寫：「我看了她這種單純的態度，心裏忽而起了一件不可思議的感情，我想把兩隻手伸出去擁抱她一回，但是我的理性卻命令我說：『你莫再作孽了！你可知道你現在處的是什麼境遇，你想把這純潔的處女毒

殺了麼？惡魔，惡魔，你現在是沒有愛人的資格的呀！」我當那種感情起來的時候，曾把眼睛閉上了幾秒鐘，等聽了理性的命令以後，我的眼睛又開了起來，我覺得我的周圍，忽而比前幾秒鐘更光明了。」這一類描寫在郁達夫的小說中比比皆是，「光明」云云只能看作是「真誠的偽飾」而已。作者在靈肉衝突中一次又一次地把人物推向極端，在極端中使其自戕，自戕後又讓他懺悔，懺悔後不久又往往故態復萌，在這樣惡性循環中展開「零餘者」靈魂的奧秘。如此的人物描寫，情感發洩，情節安排，怎麼能不造成一種雷同、蒼白和虛誇的效應呢！懺悔是需要坦白的，在封建禮教統治的時代，將自己靈魂中的污濁暴露在光天化日之下，更需要勇氣。這種坦白和勇氣「對於深藏在千年萬年的背甲裏面的士大夫的虛偽，完全是一件暴風雨式的閃擊」[19]，因而受到「五四」青年的歡迎和共鳴。但是，為坦白而坦白，為暴露而暴露，甚至不惜自我作踐，誇大其詞，卻是大可不必的。這不僅會破壞藝術的分寸感，而且還會直接影響人物的真實性。鄭伯奇曾說這是一種「偽惡者」的面目。[20]偽善是一種虛假，偽惡也會給人以做作之感。這一狀況在張資平、陶晶孫、王以仁等人的作品中同樣存在，這正是真誠與偽飾交織的必然結果。浪漫主義文學中相當一部分作品雖轟動一時，但缺乏持久的藝術生命力，這是與「五四」浪漫主義文學思潮的深層結構中的這一特徵緊緊地聯繫在一起的。

其三，是清醒與迷茫的滲透。這一特點在浪漫主義文學評論家成仿吾身上得到鮮明而充分的表現。先看他當時對郁達夫小說《沉淪》的評論：「我們的主人公是對於愛的缺乏感覺最靈敏的。孤獨的一生與枯槁的生活，也使愛的缺乏異常顯明，也使他對於愛的要求異常強烈。……我們的主人公時常準備著──並且很願

意地——把他所有的一切都傾了，都傾了來裝一個對於他更有價
值的更有意義的東西。」⑳成仿吾在這裏突出了主人公對「更有
價值的更有意義的東西」的追求，這不僅駁斥了衛道者的攻訐，
而且也給讀者指出了理解作品意蘊的路徑。目光的敏銳，分析的
透闢，顯示了評論家的清醒。但是同一個人，同一個時間，對另
一部小說的評論卻令人瞠目結舌。對魯迅的小說集《吶喊》，他
說：「前期的作品之中，《狂人日記》很平凡，《阿Q正傳》的
描寫雖佳，而結構極壞；《孔乙己》、《藥》、《明天》皆未免
庸俗；《一件小事》是一篇拙劣的隨筆。」如果說這是宗派的意
氣用事，文章對初版本中唯一的一篇歷史小說《不周山》卻大加
讚賞：「這篇雖然也還有不能令人滿足的地方，總是全集中第一
篇傑作。」㉒評論的迷茫、偏頗以至於使後人幾乎不敢相信它出
自於成仿吾之手。對此，魯迅針鋒相對，偏偏把「第一篇傑作」
從《吶喊》中抽出，㉓這不啻是對評論者的當頭一棒！

　　作爲冷靜、客觀的評論者尚且如此，在浪漫主義作家中這種
清醒與迷茫相交融、滲透的現象更是屢見不鮮。田漢是「五四」
時期著名的浪漫主義劇作家，他的《咖啡店之一夜》、《獲虎之
夜》等閃露著反封建、反世俗的批判鋒芒，但就在這鋒芒中我們
也看到了一種思想上的陰影。在《咖啡店之一夜》中，作者揭露
了現實的醜惡和骯髒之後，有一句台詞：「我還是不能不生活下
去嗎？」人物的困惑展現了作者的迷茫。《獲虎之夜》中山村青
年黃大傻，當他得知自己的情人被逼許配他人時，作者讓他這樣
吐露心曲：「一個沒有爹娘，沒有兄弟，沒有親戚朋友的孩子，
白天裏還不怎樣，到了晚上獨自一個人睡在廟前的戲台底下，是
淒涼得可怕啊！燒起火來，只照著一個人的影子；唱歌，哭，只
聽得自己一個人的聲音。我才曉得世界上頂可怕的不是豺狼虎豹，

也不是鬼，是寂寞！」這一大段獨白既表現了作者對封建禮教的憤慨，也顯露了作者對農村、農民的無知。如果說，作者的批判是一種清醒的認識的話，那麼，讓黃大傻以這一段充滿學生腔的台詞來表達自己對愛情的追求，則完全暴露了他的幼稚和迷茫。

在「五四」浪漫主義文學思潮中，我們發現了這樣一種特殊的現象：他們往往對藝術是清醒的，對人生卻是迷茫的；對主觀是清醒的，對客觀卻是迷茫的。而且，在清醒中時呈迷茫，在迷茫中不乏清醒，清醒和迷茫的交融、滲透正是浪漫主義作家不滿於黑暗現實、極力突圍，但又看不清前景、盲目掙扎的心理狀況的具象化和人生追求的藝術化，於是，作品就不時地呈現出一種朦朧、幻夢似的浪漫情調和奇異色彩。這不僅是浪漫主義作家所追求的特殊效果，也是浪漫主義文學思潮深層文化結構的特殊表現形態。

三、遲到的先鋒──現代主義

在五四時期並沒有現代主義這稱謂，因為即使在西方，也是在二十年代以後才用現代主義一詞來指稱從十九世紀來開始興起、二十世紀走向繁華，並與傳統的現實主義相抗衡的一種新的文學思潮。當時的中國作家大多採用了從日本文藝理論家那裏襲取來的術語，將現代主義稱為「新浪漫主義」，它所包括的有象徵主義、表現主義、未來主義及意象派等一些文學流派。在歐洲文學史上，現代主義是繼浪漫主義、現實主義、自然主義後所出現的一種新的文學運動，也被稱為先鋒派。它在中國雖與現實主義、浪漫主義幾乎同時出現，但行進的步伐卻比它們慢了整個一個節拍，從1917年到1925年為現代主義的介紹、引進階段，從1925年開始才被吸收，消化、輸入，形成潮流。而其時，現實主義，浪

漫主義都已經開始轉向，進入一個新的階段了。所以，五四文學
思潮的潮流，其中也有快慢、先後之別。現代主義可以說，就是
一位「遲到的先鋒」。

現代主義文學是二十世紀的文學，現代主義文學思潮是先鋒
的思潮，爲什麼它在中國卻遲到了一步呢？

從本質上看，這是不難理解的。因爲現代主義作爲一種先鋒
的觀念，它具有超前性，在西方如此，在中國就表現得更爲突出。
儘管當時也作了介紹，但對一般讀者，對相當多的作者來說，均
有一種陌生感。不僅是思想觀念上的距離，而且有審美方式上的
差異，尤其是它不像浪漫主義、現實主義在中國傳統文學中能找
到類似、相近的現象，而呈示出一種極其生疏、也較難理喻的思
想藝術特徵，如時空交錯、荒誕、變異、意識流，等等，很難爲
一般人們所接受。落後是一種脫節，超前也是一種脫節，脫離了
中國的社會現實，脫離了傳統的審美習慣，因此，現代主義被冷
落不是不可思議的。

另一方面，當時中國正處於內憂外患、救亡圖存的非常時期，
外抗列強，內懲國賊是中國人的當務之急。現實主義著眼於「現
實」，浪漫主義寄情於「未來」，這與當時的社會氛圍、心理情
緒及至歷史使命均有一定程度的協調和統一，因此，受到重視，
得到推廣。而現代主義適應於西方工業社會的發展狀況，更多地
切入到人的心靈、感覺，甚至從潛意識、無意識的深層次來探索
人類的命運。它揭示的是社會的荒謬（不同於一般的腐敗）和人
的悲哀（不同於一般的悲慘）。這一點既與中國的現狀存在隔膜，
又與作者的素養有差別，很難一下子被接受，並加以實踐。即便
有些新鮮感，也只能作爲浪漫主義、現實主義的某種補充加以攝
取，而難以形成完整意義上的文學思潮。

　　涓涓細流終將會成大川。1925年之際，現代主義在中國陡然勃興，初具規模，並震撼了文壇。它的標誌是出現了一批不論從美學觀念還是藝術形式上講，眞正是有現代主義特徵的文學作品，推出了爲數不多、卻影響深遠的現代主義作家。如詩歌領域中李金發的《微雨》，小說領域中廢名的《竹林的故事》，戲劇領域中狂飆社作家的《沉悶的戲劇》（向培良）、《一個神秘的悲劇》（高長虹），散文領域中魯迅的《野草》，等等，不僅在數量上蔚爲大觀，而且質量上堪稱上乘。「微雨」飄飄，「竹林」蕭蕭，「狂飆」突起，「野草」遍地，現代主義文學思潮終在中國文壇上飛湍急流、呼嘯前行了。既爲「遲到的先鋒」，它就不能沒有不同於一般現代主義的個性特徵。這些特徵概括起來有這樣幾點：

　　其一，中國現代主義文學思潮不僅表現在從現實中揭示荒誕，而且更著重於在荒誕中顯示現實的力量。

　　竭盡全力、淋漓盡致地暴露現實生活中不合理、不正常的現象，用荒誕、變形、扭曲的形象來表達作者的憤懣和拒斥，這是西方現代派的一個重要特徵。不論是卡夫卡的《變形記》，還是貝克特的《等待戈多》，皆展示了病態社會的荒謬，引起讀者、觀衆的強烈共鳴。中國現代主義文學作品中也顯示了這一特徵。廢名的小說對社會中畸形的人和事作了悲劇性的描繪，給人以可嘆復可悲的感受。他的長篇小說《莫須有先生傳》可能是中國一部典型的現代派作品。在第一章《開場白》中直露地指出：「歷史都是假的，除了名字；小說都是眞的，除了名字。」㉔言簡意賅，道出了現代派作品的精髓。更爲典型的荒誕作品當推《野草》中的《立論》。作者虛擬了夢境中的一段對話：「我」向老師請教立論的方法，老師講了一個故事。在爲一家的男孩慶祝滿月的

宴會上，有人說這孩子將來要做官，於是收回一番恭維；有人說
這孩子將來要發財，於是得到一片感激；有人說這孩子將來要死
的，得到的是一頓痛打。說謊的得好報，說必然的遭打，這就是
當今的世道人心，用此立論不易。「我」說：既不說謊，又不遭
打，老師，你說該怎麼辦？老師說：那就只有說：「啊哈！這孩
子呵，你瞧！……」極其荒唐的故事卻引出了十分深刻的人生哲
理，這正是現代派的目標。

但是，在中國新文學這一類具有荒誕色彩的作品中，我們似
乎還可以感受到一種對人類的信念，對社會的希冀，而決不僅僅
是悲嘆和失望。就拿《立論》來說，通過調侃的嘲諷語調，誇張
的喜劇筆觸，讀者看到的不僅是荒誕、可笑，還有人心的力量和
現實的希望。因為不論老師和學生對這種不正常的現實均表示了
厭惡、反感和不願合流的情緒，從而給人以振奮和警策。這正是
現實所賦予中國現代主義文學的鼓舞和激勵的作用。

其二，中國現代主義文學思潮不僅在希望中感到絕望，更在
絕望中追尋希望。

如果說，荒誕是現代派對現實的看法，那麼絕望就是他們對
未來的觀念。西方現代主義作家相當一部分在思想上是悲觀主義
者、虛無主義者，所以人們往往稱他們為「世紀末的產兒」。瑞
典表現主義劇作家斯特林堡在《夢的戲劇》中描寫了這樣一個場
景：一個青年軍官捧著鮮花準備舉行婚禮，等了整整50年也未見
新娘的影子。最後，當天帝的女兒打開大門時，發現裏面空空蕩
蕩，一無所有。「什麼也不是，是虛無，是烏有。」㉕這就是現
代派作家對未來，對前途的感受的形象表現。中國現代主義文學
所表示的對未來的態度與此有某種精神上的溝通。現實的腐朽、
醜惡使他們失去了對前途的信心，而希望的一再破滅造成了他們

的絕望心理。向培良的戲劇就表現了一種虛無的反抗。經過一段坎坷、磨難，只剩下一副孱弱的軀殼，不過是給死穿上美麗的衣服而已。這種希望後的絕望李金發在《有感》一詩中作了最形象的描繪：「生命便是死神唇邊的笑。」幾乎所有現代主義作家無一不提到死，提到墳墓，魯迅在1927年出版的雜文集不也題名爲《墳》嗎？

　　但是，「墳」不僅意味著結束，同樣也預示著新的開始：「一面是埋藏，一面也是留戀。」㉖在絕望中探求新的希望，或者說，絕望本身也是希望的另一種表現形態，因爲一無所有也就將從零開始。正如《野草》中《希望》一篇所昭示的：「絕望之爲虛妄，正與希望相同。」㉗既然絕望也不過是一種人生的虛妄，這就暗示著另一種追求，另一種執著，另一種生活的希望在東方的地平線上升起！向培良的劇本題名爲《生的留戀與死的誘惑》，其中透露的不也是這一消息嗎？

　　其三，不僅激烈的反傳統，而且在反傳統中消化傳統，融匯傳統，創造新的傳統。

　　西方現代主義文學是以激烈的反傳統的姿態崛起於文壇。他們宣稱要摒棄全部遺產後和現存文化，甚至不惜把「文學」這個詞的字母完全顛倒過來寫，以示其徹底反傳統的態度。但是，在中國新文學運動中，這一現象卻出現了錯位。現實主義、浪漫主義文學思潮在20年代初湧現時都表示了對傳統文化的反叛，對以「桐城妖孽」、「選學謬種」爲代表的封建文學和文學觀念大加撻伐，並因之而踏上文壇，令世人刮目。而1925年前後出現的現代主義文學思潮在對待傳統的態度上，既有激烈反抗的一面，又有容忍開放的一面，表現出一種較爲宏大的氣度。

　　廢名的小說拋棄了傳統小說的敘述方式、而代之以意識流、

時空交錯等現代手法；但是在藝術的境界上，審美的情趣上，廢名的小說與唐人絕句有異曲同工之妙。這裏既有王維「空山不見人，但聞人語響」的靜謐安詳，又有賈島「只在此山中，雲深不知處」的朦朧迷惘，現代意識與經過改造的傳統藝術相結合，成爲一種中國式的現代派文學風格。

李金發的詩被認爲晦澀難懂，其實，在他的詩中除了象徵派詩的影響外，也不乏傳統藝術的因子。這表現爲一是詞性變通，二是感知交錯。前者如如「山花會笑人的，酒杯更孤寂了我們」，「更把餘威，去低眼小草」，「我所期候之冬來了，地面承受這死葉之黃」；後者如「山茶、野菊和罌粟，有意芬香我們之靜寂」，「一線的紅光，欲挽世界的崩頹長佳」㉘等等，都可以在傳統詩詞藝術佳作中找到它們的原體。

相反的兩極卻有同一泉源，這在藝術領域並非罕見。值得注意的倒是，中國現代主義傾向的作家，並沒有把西方現代派的一切都奉爲圭臬，不敢越雷池一步，而是融合新機，自出機杼，創造了一個新的藝術天地，顯示出它的活力和光彩。

但是，我們不能不看到，作爲一種文學思潮，現代主義畢竟沒有現實主義、浪漫主義那樣聲勢煊赫，影響久遠。從理論形態上看，西方現實主義、浪漫主義的傳播是集中的、整體性的、全方位的，而現代主義的影響則是分散的、滲透性的，沒有形成一個較爲系統的理論規範，也沒有出現較有深度的理論著作。就創作形態上看，現實主義、浪漫主義都曾出現過一些典範的作品和傑出的作家，而現代主義範疇內的作家作品既不純淨，也乏知名度。像魯迅、李金發、廢名等這樣的作家，像《野草》、《微雨》、《竹林的故事》等這樣的作品，往往被掩蓋於其他外表之下，或被人忽略，或遭到誤解，均未作深究。如稱魯迅是現實主義大師，

《野草》是浪漫主義的散文詩；稱李發是詩怪，《微雨》不可索解；稱廢名誤入歧途，等等。因此，現代主義文學思潮與現實主義、浪漫主義文學思潮相比較，不僅在時間上遲了一步，而且在影響上也差了一大截，不是被遺忘，就是被誤解——這就是它的命運。

這不能不成爲一種歷史的遺憾。

造成這一遺憾的原因還於它生不逢時。1925年當它出現時，中國還處於一個劇烈動盪的時代，不僅社會的熱點，而且文學的熱點，都自然而然地轉移到革命、鬥爭、反抗的洪流中去。大革命爲眾望所歸，茅盾、魯迅去了，郭沫若、郁達夫去了，現代主義文學思潮生非其時，遭到冷落也順理成章。

更爲本質的是，現代主義文學思潮是工業社會的產物。它表現的是現代人在現代社會中的現代情緒和心理，而中國社會則剛剛從傳統的門檻跨出來，基本上還是一個封閉的農業國家。因此，現代主義雖大量輸入，卻難以生根，雖五花八門，卻如過眼煙雲，在歷史的冊頁上僅僅留下淡淡的印痕。但是，現代化畢竟是大勢所趨，現代主義文學對現代人的靈魂的深邃透視和精細刻畫是其他文學所難以企及的。因此，現代主義文學思潮儘管一再遭冷落、誤解、甚至批判，但它依然存在，在中國文學現代化進程中不斷崛起，不斷深化，以至在80年代名噪一時，聲震遐邇；這，也許是歷史的一種補償。

【附　註】

① 周作人：《人的文學》，《中國新文學大系·建設理論集》第196頁，上海文藝出版社 1981年版。

② 耿濟之：《前夜序》，《文學研究會資料》（上）第75頁，河南人

民出版社1985年版。

③　《文學旬刊》1921年第1期。

④　茅盾：《創作的前途》，《小說月報》1921年第12卷7號。

⑤　胡適提也「不用典」、陳獨秀要推翻古典文學、山林文學；周作人
　　把《西遊記》、《水滸》等也當作非人的文學。

⑥　《小說月報》1921年第12卷第1號。

⑦　魯迅：《豎琴前記》，《魯迅全集》第4卷第432頁，人民出版社
　　1981年版。

⑧　胡適：《新思潮的意義》，《胡適文存》第4卷第151頁，亞東圖書
　　館1923年版。

⑨　鄭振鐸：《新文學之建設與國故之新研究》，《小說月報》1923年
　　第14卷第1號。

⑩　魯迅：《狂人日記》、《魯迅全集》第1卷第432頁，人民出版社
　　1981年版。

⑪　茅盾：《文學和人的關係及中國古來對文學者身分的誤認》，《小
　　說月報》1921年第12卷第1號。

⑫　魯迅：《＜窮人＞小引》、《魯迅全集》第7卷第10頁，人民文學
　　社1987年版。

⑬　鄭振鐸：《平凡與纖巧》、《小說月報》1921年第12卷第7號。

⑭　瞿世英：《創作與哲學》、《小說月報》1921年第12卷第7號。

⑮　茅盾：《文學與人生》、《松江第一次暑期學術講演會演講錄》
　　1922年第1期。

⑯　馮沅君：《旅行》，《中國新文學大系・小說二集》第7頁，上海
　　文藝出版社1981年版。

⑰　陳煒謨：《proem》，《中國新文學大系・小說二集》第6頁，上海
　　文藝出版社1981年版。

⑱　朱自清：《蕙的風》序，《蕙的風》第2頁，亞東圖書館1928年版。

⑲　郭沫若：《論郁達夫》，《歷史人物》第223頁，人民文學出版社1979年版。

⑳　鄭伯奇：《<小說三集>導言》，《中國新文學大系·小說三集》第14頁，上海文藝出版社1981年版。

㉑　《<沉淪>的評論》　，《成仿吾文集》第35頁，山東大學出版社1985年版。

㉒　《<吶喊>的評論》，《成仿吾文集》第149頁，山東大學出版社1985年版。

㉓　後改名爲《補天》，收入《故事新編》。

㉔　《馮文炳選集》第251頁，人民文學出版社1985年版。

㉕　轉引葛聰敏：《五四現代派劇作與西方現代派作家的影響》，《中國現代文學研究叢刊》1988年第2期。

㉖　魯迅：《墳》，《魯迅全集》第1卷第3頁　，人民文學出版社1981年版。

㉗　《魯迅全集》第2卷第177頁，人民文學出版社1981年版。

㉘　李金發：《詩選》，《中國新文學大系·詩集》第200頁—215頁，上海文藝出版社1981年版。

第十章　五四文學思潮的轉向

時代風雲突變──文學的歧途──從文學革命到革
命文學──十字街頭的塔──歷久彌新的話題

　　五四文學思潮從1917年開始出現，中間經過1921年到1925
年分流，然後就進入了一個新的階段：轉向時期。這一轉向是整
體性和全方位的，因此也具有豐富的歷史意蘊和鮮明的時代色彩。
1925年「五卅」慘案震驚華夏，全國形成了新的反帝怒潮，揭
開了大革命的序幕。五四文學思潮也合乎時代潮流出現了方向性
的轉變。

一　從文學革命到革命文學

　　1925年除了現代主義尚在形成外，五四文學思潮中的現實
主義和浪漫主義兩股主流不約而同地轉向了革命，投入了革命，
實現了革命。首先是時代使然。從1923年開始，中國社會進入
了一個急劇動盪、風雲變幻的歷史新時期。帝國主義的野蠻屠殺，
軍閥政府的黑暗統治，工人運動的迅猛高漲，革命形勢的蒸蒸日
上。這新的時代潮流給當時文壇，給新文學運動極大的衝擊，五
四文學思潮當然不能不受到影響。現實的變化促進了作家思想的
變化，作家的變化又制約了思潮的變化；而變化的核心和動力即
爲革命。

　　其次是馬克思主義的影響；中國新文學運動一直是在無產階
級思想的影響而推進和發展的。一些早期的共產黨人，特別是像

茅盾、瞿秋白、張聞天等活躍在文壇的革命家的作用，變得更爲
直接。這種作用和影響在「五卅」以前是以反對舊的文學觀念的
新思潮的一脈而潛伏著；「五卅」之後，隨著時代的陡轉，它越
來越顯示出馬克思主義文藝思想的鮮明色彩和革命力量，並力圖
把新文學運動納入無產階級的軌道，五四文學思潮也隨之轉向革
命。

　　這一轉折的趨勢在茅盾1925年發表的《論無產階級藝術》
一文中得到集中的體現。這一篇寫於「五卅」運動第二天的長篇
論文，雖有不少地方借鑑或移植了國外有關文章的內容和觀點，
但它在中國文壇出現，無疑是一個重要的信號：「我們要爲高爾
基一派的文藝起一個名兒，我們要明白指出這一派的文藝的特徵
、傾向，乃至其使命，我們便不能不拋棄了溫和性的民眾藝術這
名兒，而換了一個頭角崢嶸、鬚眉畢露的名兒——這便是所謂無
產階級藝術。」①

　　先看現實主義作家是如何順應這一時代潮流的。「五卅」慘
案發生後，文學研究會聯合少年中國等十二個文化團體，組成「
上海學術團體對外聯合會」，發表宣言，抗議帝國主義暴行，發
出了反帝救亡的戰鬥呼聲。鄭振鐸、胡愈之、葉聖陶等人於6月
20日籌辦編輯了《公理日報》，及時報導事實眞相，揭露帝國主
義的血腥罪行。《文學周報》自第177期起，連續刊載了茅盾、
葉聖陶、朱自清、鄭振鐸等人的大量詩文，表達中國人民的無比
憤慨和鬥爭決心；《小說月報》第16卷第7號爲「五卅特刊」，
在上面發表了朱自清的《血歌——爲五卅慘劇作》等等。文學研
究會提倡的寫實主義在這裏顯示了它的新質和新貌。現實主義文
學思潮開始逐步轉換爲新的革命的無產階級的文學思潮。

　　創造社爲代表的浪漫主義作家也不甘落後。幾乎在「五卅」

事變的第二天，創造社的代表人物都先後發表了轉向宣言。郭沫若在《文藝家的覺悟》中指出：「我們現在所需的文藝是站在第四階級說話的文藝，這種文藝在形式上是寫實主義，在內容上是社會主義的。」②成仿吾在《今後的覺悟》中說：「你尊貴的文學家喲，我且問你們，你們的寶貴的作品，就假定它在藝術上已到完全的境地，對於人生究竟能有什麼貢獻？」③郁達夫在《創造月刊》創刊號的《卷頭語》中寫道：「消極的就想以我們的無力的同情，來安慰那些正直的慘敗的人生戰士，積極的就想以我們微弱的呼聲，來促進改革這不合理的目下的社會的組成。」④這些言論出自創造社同仁之口，真可謂「今是而昨非」，判若兩人。這一向左轉趨勢的主要標誌為：個性讓位於階級，功利頂替了審美，浪漫轉移為現實，文化人變成了革命者。

　　這一切同樣在他們的創作中表現出來。這裏用一個較為具體的例子來說明它。郭沫若在5月30日下午目睹了事變後的慘狀，激起了強烈的創作欲望：「前好些年辰，我便想把聶政姐弟的故事寫成劇本，名之曰《棠棣之花》。……那計畫遭了停頓，並早決心把它拋棄了。不料『五卅』慘案一發生，前面所說的那對現實的『棠棣之花』卻使我這虛擬的故事劇復活了轉來。我便費了兩禮拜光景的工夫把那兩幕劇《聶嫈》寫出來了。」⑤ 請讀這樣充滿火藥味的台詞：「我們生下地來同是一樣的人，你是做苦工的永遠做著苦工，不做苦工的偏有些人在我們的頭上深居高拱。我們的血汗成了他們的錢財，我們的生命成了他們的玩具。」⑥在這樣的語言、這樣的聲調的後面，我們可以看到一個血淋淋的「五卅」！浪漫的抒情變為現實的控訴，群體的呼號替代了個性的張揚，這就是浪漫主義文學思潮轉向革命的信號。

　　1925年後，五四文學思潮的主流轉向了革命，其作用和意

義是不可低估的。從文學革命到革命文學，它是個過渡；對盛行於三十年代的文壇的左翼文學思潮的崛起，它是必要的鋪墊。它不僅為「左聯」的成立作了思想準備，而且還制約、影響，甚至在某個時期還左右了中國現當代文學思潮的流向和演變。

二　走進十字街頭的塔

與轉向革命的主流形成鮮明對比的，是五四文學思潮中有一支流卻轉向了藝術，堅執於藝術，鍾情於藝術。同樣面對革命的時代，同樣目睹了「五卅」事變，它既可能驅使人走向革命，也可能誘惑人沉入藝術。在許多作家走向十字街頭的時候，另一些人卻悄悄進了象牙之塔。革命可以給人激勵，也可以使人消沉，這就是為什麼知識者既可為先驅、也可為落伍，還可能從先驅變為落伍根本原因。1925年的文壇動盪，文學思潮的紛紜，就證明了這一點。

不妨以新月社為例。1923年由徐志摩、梁實秋、胡適等發起，在北京成立了新月社。但是真正具備文學社團性質是在1925年底，1926年初，經過一段醞釀，1926年春，徐志摩、聞一多等在北京《晨報》副刊創辦《詩鐫》，從4月1日到6月10日，共出11期，於是形成了「新月詩派」。成為當時文壇上有相當影響的流派。聞一多、梁實秋早先在《創造季刊》上發表了為數不少的詩作，而徐志摩曾是文學研究會的成員，寫過歌讚蘇俄革命的作品。因此可以說，他們原先均屬於五四文學思潮的範疇。但「五卅」後，他們先後分化了出來，或說，轉移到了另一個方向，即對美的嚮往和追求。徐志摩在《詩鐫弁言》中生動地描述了這一跡象：「我在早三兩天前才知道聞一多的家是一群新詩人的樂窩，他們常常會面，彼此互相批評作品，討論學理。上星期六我

也去了。一多那三間畫室，布置的意味先就怪。他把牆塗成一體墨黑，狹狹的給鑲上金邊，像一個裸體的非洲女子手臂上腳踝上套著細金圈似的情調。」這幾間屋子的裝飾，「不僅是一多自己習藝的背景，它們也就是我們這詩鑴的背景。」誠如斯言，這屋子的裝飾，這11期的詩作，極爲鮮明地顯現出他們的追求和嚮往的特點。特點之一是藝術思想上對自由、超脫的膜拜。新月社的詩人也曾追求過美好的理想，表達了對社會腐敗的激憤，但是到「五卅」之後，他們中的大多數人在血腥的現實面前喪失了批判的勇氣，扭回了頭，閉上了眼，在幻想和朦朧中去尋求情感的寄托和發洩。因此，他們「不知道風是在哪一個方向吹」⑦，「一生愛好的就是空虛」⑧，「泣訴那無邊的酸楚？」⑨等等。他們在藝術上追求的是脫離現實的「自由」，拋棄大眾的「超脫」，即使在「紀念三月十八」這樣的文章中，他們依然堅執地表示：「我不要詩人替人道主義同一切的什麼主義捧場。因爲講到主義便是成見了，理性鑄成的成見是藝術的致命傷；詩人應該能超脫這一點。詩人應該是一張留聲機的片子，鋼針一碰著他就響，他自己不能決定什麼時候響，什麼時候不響。他完全是被動的，他是不能自主、不能自救的。詩人做到了這個地步，便包羅萬有，與宇宙契合了。」⑩「包羅萬有」獨獨沒有現實，「宇宙契合」恰恰忘卻了人群，這就是他們在文藝思想上右傾的症狀。特點之二是在文學創作中對典雅、唯美風格的追求。由於對「五四」後新詩創作中存在的「內容粗淺，藝術幼稚」⑪的現狀的不滿和反感，新月詩派在新詩的格律和形式上作了認眞細緻的探索和實踐，並概括出詩的「三美」理論（音樂美、繪畫美、建築美）。聞一多說：「越有魄力的作家，越是要帶著腳鐐跳舞才跳得痛快，跳得好。只有不會跳舞的才怪腳鐐礙事，只有不會做詩的才覺得格

律的束縛。對於不會做詩的，格律便是表現的障礙物；對於一個作家，格律便成了表現的利器。」這番言論當時便被一些新詩人斥爲「反動」（如蒲風）。對此，今天還可以繼續討論，但這一番言論和實踐卻明白無誤地顯示了他們趨向藝術唯美主義的徵候。

代表這一轉向的還有周作人。周作人是五四文學革命的健將，他提出的「人的文學」的觀念成爲五四文學思潮的主要內涵。後來他又發起組織文學運動中的中堅人物。但是，在1925年前後，他的態度卻發生了一個轉變，從堅持文學革命到賞玩藝術品味。他在1925年寫成的《雨天的書·自序二》中說：「檢閱舊作，滿口柴胡，殊少敦厚溫和之氣」，懺悔過去的文章是「事既無聊，人亦無聊，文章也就無聊了」。這並非一般的「悔其少作」，而是認識上的轉折。這裏所謂「柴胡」氣無非是指文章中的激進傾向，而「敦厚溫和」恰恰是對藝術的虔誠膜拜。對此，郁達夫有一段很生動的描述：「周作人頭腦比魯迅冷靜，行動比魯迅夷猶，遭了『三·一八』的打擊以後，他知道空喊革命，多負犧牲，是無益的，所以就走進了十字街頭的塔，在那裏放散紅綠的燈光，優閒地，但也不息地負起了他的使命；……可是到了夜半清閒，行人稀少的當兒，自己賞玩賞玩這燈光的色彩，玄想玄想那天上的星辰，裝聾做啞，喝一口苦茶以潤潤喉舌，倒也於世無損，於己有益的玩意兒。」⑫也就是在這之後，周作人在思想上雖還殘留著些許「流氓」氣，但在藝術趣味上純然是一副「紳士」派頭。這也就是他說的「從文藝上說來，最好的事是平民的貴族化」。⑬於是他推崇明人小品，倡導幽默中庸，談喝酒吃茶，辨草木蟲魚，「苦雨齋」中與朋友聊天，「自己的園地」上蒔草種花……嚮往和追求一種生活的藝術化，和藝術的生活化的純粹境界。且不論這種藝術化境界的長短，它離五四文學思潮的宗旨，離

1925年後的時代，卻越來越遠了，這是一個不容否認的事實。

　　周作人曾有一個很形象的比喻，他認爲文學是一個「香爐」，它的兩旁有一對燭台，分別爲「左派」和「右派」，他既無意於「左」也不苟同於「右」，只願在文學這個「香爐」中點燃藝術的香，享受自己的一點樂趣⑭。這就非常清楚地表現了周作人在1925年後轉向藝術，陶醉於藝術的優閑心態。

　　周作人作爲五四文學革命的過來人和先驅者，他的這一轉變不僅有深刻的時代意義，而且也造成了較大的影響，像林語堂、廢名、兪平伯等語絲社的同仁均在此時出現了程度不同的由革命向藝術的變化，就是一個證明。

　　五四文學思潮的轉向，不論是向革命，還是向藝術，都顯示了它即將完成歷史使命的兆頭，中國文學的現代化將進入到一個嶄新的時期。但，五四文學思潮，與五四、五四文學一樣，成爲文學史上一個歷久彌新的重要話題。

【附　註】：

①　茅盾：《論無產階級藝術》，《文學研究會資料》（上）第131頁，河南人民出版社1985年版。

②　郭沫若：《文藝家的覺悟》，《洪水》1926年第2卷第6期。

③　成仿吾：《今後的覺悟》，《洪水》1925年第1卷第3期。

④　《創造月刊》1926年第1期。

⑤　郭沫若：《創造十年續篇》，《學生時代》第211頁，人民文學出版社1979年版。

⑥　郭沫若：《聶嫈》，《郭沫若全集（文學編）》第6卷第131頁，人民文學出版社1986年版。

⑦　徐志摩：《我不知道風是在哪一個方向吹》，《新詩選》（第一冊）

第544頁，上海教育出版社1979年版。

⑧ 朱大枬：《逐客》，《中國新文學大系·詩集》第341頁，上海文藝出版社1981年版。

⑨ 聞一多：《孤雁》，《新詩選》（第一冊）第377頁，上海教育出版社1979年版。

⑩ 聞一多：《紀念三月十八》，1926年4月1日《晨報》。

⑪ 朱湘：《新詩評》，1926年4月1日《晨報》。

⑫ 郁達夫：《現代散文導論（下）》，《中國新文學大系導論集》第217頁，上海書店1982年影印版。

⑬ 周作人：《貴族的與平民的》，《自己的園地》第154頁，晨報社叢書。

⑭ 周作人：《現代散文導論（上）》，《中國新文學大系導論集》第196頁，上海書店1981年影印版。

龍亭尋夢（代後記）

　　我算得上是一個癡情的游泳愛好者。每當縱身躍入碧綠澄清的龍亭湖，心中總會產生一種夢幻般的激情。游泳史雖然已有三十餘年，技術上卻無甚長進，還只能靠仰泳爲主的我，夏秋時節，照例要頭頂烈日，腳踏自行車，興匆匆地向龍亭湖進軍，直到仰臥在湖面上，微閉兩眼，手腳在水下輕輕地划著，划著，怡然自得的小憩。此時，我的思緒往往也會隨著水波流動，恍若處於那種亦眞亦幻、似醉似醒的夢境裏。這篇後記的構思，就是龍亭湖浪花的賜予。

　　龍亭是古都開封的象徵。這不僅僅是因爲它那建築在宋金故宮遺址上的巍峨大殿的金碧輝煌；也不僅僅是因爲圍繞著它所派生出來的包公故事、楊家將故事所帶有的神秘色彩；還因爲：在龍亭大殿的前面，並排鑲嵌著三個明鏡似的大湖，和大殿相映生輝。東邊是潘家湖，西邊是楊家湖，潘楊兩湖中間，一條大道向南延伸直通午門。楊家湖西側，還有一個更大的湖——楊家西湖。三個湖各有特色，又有橋洞相通，把湖水連成一片。站在龍亭上向下俯視，但見水波蕩漾，垂柳成行，湖面遊艇點點，低空水鳥盤旋，使得龍亭在粗獷中帶有幾分俏麗，在雄偉中透出勃勃生機。再加上：龍亭北依黃河，南和繁塔遙相呼應，東與鐵塔相望，西與翰園碑林爲鄰，從而使其以得天獨厚的歷史文化內涵，迷人的自然景色，成爲開封人的最佳去處，也時常使中外遊人留連忘返。

　　在龍亭湖游泳，我獨去楊家西湖。

　　走過潘家湖，有時會勾起我對妒賢嫉能的潘仁美的聯想，心中不由地感到些許壓抑，因而對它總是敬而遠之。

　　而楊家湖呢？雖然楊家將的美名家喻戶曉，連帶著使人們對楊家湖也多了幾分青睞，因而這裏常常遊人雲集，處處歡歌笑語。我不喜歡它的鬧。

　　唯獨楊家西湖，水深、寬闊、人稀，水中尙無任何人工的雕飾物，帶有某種荒涼蒼茫的原始本色。這裏，除了若干一年四季堅持鍛鍊的冬泳者外，已較少遊人的足跡。這正是泳者所嚮往的戲水處。我對楊家西湖的偏愛，除了上述因素外，還在於：正是在這裏，我曾經獲得過有關我的研究課題──文學思潮發展的一些聯想，一些令我產生過興奮和驚訝的感悟。

　　楊家西湖給我帶來過無數次的奇思異想。湖面上，清風送來陣陣涼意。仰臥水中，瞇著眼睛望天，別有一番情趣。這時，天空總顯得格外的遙遠、遙遠。極目之處，似乎可以直達浩瀚宇宙的深處。雲呢？也比平時看到的更加變幻莫測。我不禁想起了杜甫的名句：「天上浮雲似白衣，斯須改變如蒼狗。」你看，這雲兒一縷縷，一片片，一堆堆，一層層，似駐似游，悠然悠然。可是，眨眼工夫，卻又彩霞集聚，如千軍萬馬，鋪天蓋地，蜂擁著，擠壓著，湧向人所不知的處所。近世的中國文學思潮，其流向不也正像這空中的白雲？有時，它們各以不同的方式開闢著自己的文學航道；有時，卻又相互滲透，衝決了原有的文學堤壩，匯合成了一股洶湧的文學主流。它們來去匆匆，忽聚忽散，形態多變，是一個複雜的生命體。這本小冊子，我們雖意在探尋百年來文學思潮的變遷及其根由，某些部分還自認爲尙有心得；但是，就像我們對瞬息萬變的白雲很難作出準確的描述一樣，文學思潮的變幻，也決非用某種單一的視角、價值尺度和方法，就可以輕易得

其眞諦。我們不得不誠實地告訴讀者，本書關於思潮的敘述，充其量不過給讀者提供了一個並不算寬廣的思考空間。我們時刻期待著賢者的指教與超越。

20世紀的中國文學即將成爲過去，從而凝結爲瑕瑜互見的一塊。研究者決不能根據自己感情的好惡，輕率取捨，以偏概全。換言之，即不能對自己鍾愛者捧之又捧，對厭惡者視而不見，甚至故意抹殺。文學思潮的研究，應該首先尊重其固有的文學秩序，就像遊人必須承認同時存在著龍亭三湖一樣。人們不能因爲偏愛楊家西湖，就閉起眼睛，不承認潘家湖和楊家湖的存在。反之亦然。何況，三個大湖不僅有橋洞相連，而且它們之間還不停歇地湧動著暗流微波；其源也蓋來自同一母體：黃河。由於引黃渠道源源不斷地注入，才使得三個湖的水質一直保持著清澈和甘甜。黃河是潘家湖、楊家湖、楊家西湖共同的母親。由龍亭三湖，我聯想起了現實主義、浪漫主義、現代主義三大理論和創作潮流在20世紀中國的命運。它們在中國出現的時間雖然有先有後，文學價值有高有低，在讀者中的影響也有大有小，但它們卻各自具有自己的獨立形態。它們在相互挑戰、互補、交流、融合中發展著自己，有時甚至是消解著自己。他們共同吮吸著豐饒大地現實生活的乳汁成長起來。以寬容的目光，以遊客對待龍亭三湖的客觀態度，承認20世紀紛繁的，有時甚至是雜亂無序的中國文學思潮，它們擁有各自不同的生存權、發展權，承認它們都有所奉獻，又有所局限，這樣，思潮史呈現給讀者的將不再是貧瘠的文學荒漠，而是一個絢麗多彩的世界。

龍亭湖還直接影響著我的研究心態。世俗生活的困擾，有時免不了使我心浮氣躁，神情抑鬱。但只要一頭扎入水裏，生命開始與浪花嬉戲，從腦門到腳心，就頓時充滿著新鮮和清涼，獲得

一種禪悟般的快感，迅即化解了胸中的鬱積，感到格外的安閒和
寧靜。此時，在生活和研究對象面前，我不僅不再感到情感的疲
乏，思維的飢餓，而且，心頭還會湧起一種躍躍欲試的熱情。這
熱情，給我新的勇氣，去更加投入地感受人生，尋覓與研究對象
新的接近與溝通。

還有，我也忘不了泳友們對於我的研究心靈的塑造。同是湖
中戲水人，相逢何必曾相識。大家見面，懶於互通姓名，卻又一
見如故。這裏沒有尊卑，不分長幼，從湖水中竄出來，全都赤條
條。柳蔭之下，或蹲或站，或依或臥，身上還向下淌著水珠，嘴
裏就情不自禁地閒聊起來。話題天上地下，無所不涉。但最多的
還是傳遞里巷趣聞，笑罵寡廉者的卑瑣齷齪。有時也譏評時政，
指點人生。在這裏，大家似乎竟全忘記了人世的悲苦。當然，要
說這些泳者都已超塵出世，丟了煩惱，也不是。有時，爲了孩子
上個好學校，他們也在互作參謀，精心設計如何打通關節；有人
也在仔細打探治病的單方，尋找妙手回春的名醫。但儘管如此，
我經常在他們臉上看到的，還是那種特有的從容與瀟灑。他們活
得自在，活得單純，活得原始，全沒有似我這樣的知識者有時掛
在臉上的尷尬，以及提起筆來寫作時的拘謹和老調舊腔。在泳者
這個小小的天地裏，我益發感到：處於人欲橫流，市儈氣、銅臭
氣瀰漫的社會轉型期，楊家西湖，眞乃是人間的聖潔之地。在這
裏，或泳於水，或臥於岸，我不但有一種夢魂恬適的滿足感，而
且生長出了探索歷史活力與惰性的無限遐想，精神之鳥自由地遨
遊於無涯的天際。

當我由龍亭返程時，往往已是夜幕降臨時分。此時，湖面升
起的薄霧，像輕柔的紗幕，無聲地披在龍亭身上，把它打扮得分
外神秘朦朧。每當這個時候，我總是如呆如癡地向自己輕聲地發

問：龍亭，連同這一片汪洋碧波，莫非竟眞是造物者幻化在中原大地上的人間仙境？

1993年8月6日泳後

附記：對龍亭的愛，使這篇後記像脫韁之馬，只云龍亭何如，而竟無暇插入關於本書事務的應有説明，這是相當遺憾的。好在，托文學前輩尹雪曼先生的好意推荐，本書不久將在台面世，對於尚未踏足中原，目睹龍亭風采的朋友，後記如果能起到某種「導遊」作用，將是我始所未料的幸事。既然我們擁有共同的藍天，但願也能共同擁有這令人陶醉的龍亭。

（8月12日附志）